国家经济安全研究

中央财经大学中央高校基本科研业务费专项资金资助

公私合作特许经营项目
全生命周期财政风险监管技术研究

温来成 著

Research on Public Finance Risk Supervision Technology for
the Full Life Cycle of Public Private Partnership Franchise Projects

中国财经出版传媒集团

经济科学出版社
Economic Science Press

·北京·

图书在版编目（CIP）数据

公私合作特许经营项目全生命周期财政风险监管技术
研究/温来成著. -- 北京：经济科学出版社，2023.12
（国家经济安全研究）
ISBN 978 - 7 - 5218 - 4709 - 3

Ⅰ.①公…　Ⅱ.①温…　Ⅲ.①政府投资 - 合作 - 社会
资本 - 研究 - 中国　Ⅳ.①F832.48②F124.7

中国国家版本馆 CIP 数据核字（2023）第 069747 号

责任编辑：王　娟　李梦瑜
责任校对：王京宁
责任印制：张佳裕

公私合作特许经营项目全生命周期财政风险监管技术研究
GONGSI HEZUO TEXU JINGYING XIANGMU QUANSHENGMING ZHOUQI
CAIZHENG FENGXIAN JIANGUAN JISHU YANJIU
温来成　著

经济科学出版社出版、发行　新华书店经销
社址：北京市海淀区阜成路甲 28 号　邮编：100142
总编部电话：010 - 88191217　发行部电话：010 - 88191522
网址：www. esp. com. cn
电子邮箱：esp@ esp. com. cn
天猫网店：经济科学出版社旗舰店
网址：http://jjkxcbs. tmall. com
北京季蜂印刷有限公司印装
710×1000　16 开　21 印张　320000 字
2023 年 12 月第 1 版　2023 年 12 月第 1 次印刷
ISBN 978 - 7 - 5218 - 4709 - 3　定价：86.00 元
（图书出现印装问题，本社负责调换。电话：010 - 88191545）
（版权所有　侵权必究　打击盗版　举报热线：010 - 88191661
QQ：2242791300　营销中心电话：010 - 88191537
电子邮箱：dbts@ esp. com. cn）

前　言

　　《公私合作特许经营项目全生命周期财政风险监管技术研究》是以笔者承担的国家哲学社会科学基金项目公私合作特许经营项目全生命周期财政风险监管技术研究（批准号：15BZZ058）的研究成果为基础，进一步提炼而成的，基本包括了课题研究的主要成果，但一些国内外的典型案例，受篇幅约束，只好忍痛割爱。

　　本书的内容，涉及公私合作特许经营项目全生命周期财政风险监管技术，包括项目的识别、准备、政府采购、执行、移交等各个环节的财政风险管理技术。公私合作特许经营项目是政府与社会资本合作（PPP）项目的一个类别，政府是项目合作的一方，其所承担的风险，主要集中在财政风险方面。要实现公私合作特许经营项目建设、运营目标，为社会提供优质公共服务，满足社会公共需要，除社会资本方加强项目风险管控，讲信誉、守合同外，政府方也要管控项目的识别、准备、政府采购、执行、移交等各个环节的财政风险，保障项目建设、运营的顺利进行，实现项目预期目标。在项目的识别阶段，要做好物有所值评价和财政承受能力论证，把不适合的项目及时排除，将风险管控在地方财政的承受范围之内，不能把公私合作特许经营项目作为政绩工程、形象工程来推广；在项目准备阶段，要按照政府投资项目的项目建设运营行稳致远，从根本上防范和化解财政风险；在项目执行阶段，政府要按照特许经营协议的约定，及时向社会资本方支付财政补贴，防止政府方违约风险，以及社会资本方及项目公司向政府方索赔的风险。同时，监测项目公司的公共服务质量，以及盈利水平，防止出现暴利，损害社会公共利益的现象；在项目移交阶段，需要区分正常移交与非正常移交，以及特许经营协议对资产处置的规定，公正、合理地处理资产移交，维护公私双方利益，形成一个圆满的结局。同时，也有利于维护 PPP 项目的良好社会声誉，形成推动 PPP 模式发展的友好环境。

我国从改革开放后开始探索 PPP 模式，并在 2014 年后得到爆发式增长。近年来 PPP 模式在规范中前进，但从其特点及我国现阶段经济社会发展的实际情况分析，继续努力推行公私合作特许经营等 PPP 项目建设运营，具有十分重要的意义。首先，有利于动员更多的社会资源，增加公共物品供给，满足社会公共需要。我国现阶段的社会主要矛盾，是人民日益增长的对美好生活的追求和发展不平衡不充分之间的矛盾。人民对美好生活的追求，需要更多更好的教育、医疗、环境保护、社会保障等公共服务，但仅仅依靠政府财政筹集的资源是不够的，还需要通过 PPP 模式，动员更多的社会资本参与公共物品服务，扩大供给规模，优化供给结构，更好地满足城乡居民社会公共需要。其次，有利于充分发挥公私部门优势，引入竞争机制，提高公共物品供给效率和质量，并推动全社会资源配置效率的提高。和国有企业垄断经营相比，采用 PPP 模式有利于发挥公共部门和私人企业各自的优势，通过合作提供公共服务，可以增加竞争，促进技术进步，提高公共服务效率和质量，为社会提供优质的公共服务，并推动全社会资源配置效率的提高。最后，有利于培养契约精神，建立诚信社会，促进社会主义市场经济健康发展。市场经济是信用经济、法制经济，交易的双方讲信誉、守合同，才能降低交易成本，促进市场经济发展。在 PPP 项目建设、运营的过程中，需要公私双方遵守合同，履行各自的法律义务，才能达到合作提供公共服务，满足社会公共需要的目的。这一点对我国经济社会发展而言，仍然是十分必要的。也希望本书的出版发行，为学习、研究和支持 PPP 模式的各界人士提供参考，能为推动中国 PPP 模式的发展，贡献微薄之力。

本书的出版，得到了中央财经大学科研处及学校学术专著出版资助资金的大力支持。在课题研究过程中，李婷、马昀、陆红霞、陈青云和李萌等同学参加了资料的收集工作并撰写了部分章节初稿，在此一同表示感谢。由于本人水平有限，本书存在的不足之处，欢迎广大读者批评指正。

温来成

2023 年 4 月于中央财经大学中财——

安融地方财政投融资研究所

目 录

第 1 章

绪　　论

1.1　选题背景

公私合作特许经营模式，是广义的政府与社会资本模式（PPP，即 pub-lic-private partnership）的一种。政府为了更好地提供公共物品和服务，以授予特许经营权的方式，与社会资本利益共享、风险共担，在合作的过程中利用市场的激励约束机制，以及竞争机制，充分调动政府和社会资本合作的积极性，提高公共物品和服务的质量、效率。公私合作特许经营项目主要采用使用者付费、可行性缺口补贴的方式，在特许经营协议中有具体的排斥性条款，因此，在一定范围内，可以认为公私合作特许经营是 PPP 的一个组成部分。在现阶段，政府利用公私合作特许经营模式，吸引社会资本共同参与基础设施项目和社会公用事业项目的建设。通过 BOT（建设－运营－移交）、BOOT（建设－拥有－运营－移交）等方式，开展交通运输、水利、环境保护、市政工程、能源等领域的项目建设。

改革开放后，我国就开始了政府与社会资本合作模式的探索，其中一部分公私合作项目包含特许经营的条款，如 1995 年，国家计划委员会推广的几个 BOT 项目中，广西来宾电厂项目就属于特许经营的项目。随着市场经济的发展，我国进一步推行市政建设领域的特许经营模式。2004 年，当时的建设部发布了《市政公用事业特许经营管理办法》。但是，由于种种原因，我国包括 BOT 在内的 PPP 项目的发展较为缓慢。直到 2014 年，财政部和国家发改委公布了一系列的政策指南和合同范本，对于 PPP 项目的政府采购阶段、财政承受能力论证，以及特许经营等规章制度都作出了相关规定。这一时期 PPP 项目得到迅速发展。国家发改委、财政部等部门发布，于 2015 年 6 月 1 日起施行的《基础设施和公用事业特许经营管理办法》中规定，境内的能源、交通运输、水利、环境保护、市政工程等基础设施和公用事业领域的特许经营①活动适用该办法。

从项目数量看，到 2020 年 4 月，在财政部 PPP 项目库管理库的公私合作特许经营项目 20 个，总投资额为 125.87 亿元。从项目所处阶段来看，有 15 个项目处在执行阶段，5 个项目处在准备阶段；从所处行业看，包括市政工程、体育、城镇综合开发、水利建设、生态建设和环境保护，其中，市政工程项目最多，涉及公交、供热、供水、排水、污水、垃圾处理等。②而这一时期管理库中的总项目数为 9465 个，总投资额为 144086 亿元。在储备清单中，共有公私合作特许经营项目 7 个，总投资额为 16.68 亿元，主要涉及市政工程、生态建设和环境保护。而到 2020 年 2 月底储备清单中的总项目数为 3050 个，总投资额为 3.5 万亿元③。可以看出，在财政部 PPP 项目库中，公私合作特许经营类的项目所占比例较少，可能主要原因是特许经营的特殊性主要体现在基础设施和公用事业类项目中，其他类型的 PPP 项目不需要特许经营条款。在国家发改委系统的 PPP 项目统计中，2020 年 1 月上旬，各地已录入全国 PPP 项目信息监测服务平台的项目 7014 个，总投资 9.3 万亿元；其中，已通过项目审批、核准或备案，以及可行性论证、实施方案审查的重点，推进项目 4108 个，总投资 5.5 万亿元④，未明确单列公私合作特许经营项目。

从我国目前经济社会发展水平和阶段来看，仍然需要在基础设施和公用事业领域大力发展公私合作特许经营项目，以满足经济社会发展的公共需要。

---

① 指政府采用竞争方式依法授权中华人民共和国境内外的法人或其他组织，通过协议明确权利义务和风险分担，约定在一定期限和范围内投资建设运营基础设施和公用事业并获得收益，提供公共物品或公共服务。

②③ 根据财政部政府与社会资本合作中心网站公开资料整理得出。

④ 全国 PPP 项目信息监测服务平台即将在我委互联网门户网站上线运行 [EB/OL]. (2020-01-16). https://www.ndrc.gov.cn/fzggw/jgsj/tzs/sjdt/202001/t20200116_1219057.html.

我国虽然已经是世界第二大经济体，但还是世界上最大的发展中国家，现阶段还处在新型城镇化快速推进，经济发展进入新常态阶段。周期性矛盾与结构性矛盾叠加，经济面临下行压力，因此，在今后较长一段时间内，稳增长、调结构是经济工作的重点领域，需要进一步加强基础设施建设投资和城镇化水平的建设。采用公私合作特许经营模式，在增加基础设施和社会公用事业投入，提高公共服务效率，满足社会公共需要的同时，也会产生一定的财政风险。因此，系统性的识别和防范风险的发生，在 PPP 发展成熟的国家已形成共识，我国也要借鉴和学习这些国家的经验教训，防范和化解公私合作特许经营项目财政风险。对公私合作特许经营项目全生命周期的财政风险监管技术创新研究，是国内外共同关注的一个重要课题。

1.1.1　公私合作特许经营项目财政风险监管技术的国内研究背景

随着我国公私合作特许经营项目的发展，国内学术界也展开了这一领域的研究工作。公私合作特许经营项目根据行业特点、项目所提供的产品或服务、项目全生命周期以及投资回收期来看，一般不超过 30 年。由于项目的投资金额大、投资期限长，所以在整个项目全生命周期，公共部门和私人部门全程合作，建立起"利益共享、风险共担、全程合作"的共同体关系，从而提高公共物品或服务的供给效率。当前我国对于公私合作特许经营项目全生命周期的财政风险监管研究，主要表现为以下三个方面。

第一，公私合作基础理论方面研究。从公私合作内涵出发，虽然国内对 PPP 没有形成一个完整的统一的表述，但是大多数学者都认为，公私合作主要具有如下特征：公共部门和私人部门共同合作；合作的目标是为了提供公共物品或服务；在合作过程中强调公私部门间的利益共享、双方共赢；公共部门和私人部门间共担风险。由此可以看出，公私合作主要具有双方共同参与、利益共享、风险共担等特征。同时，许多学者认为采用公私合作的模式可以作为准公共物品的提供方式。

第二，对项目进行诊断和可行性分析，加强财政风险监管的技术手段。

如 2015 年中国财政学会 PPP 专委会指出，PPP 模式主要适用于政府负有提供责任又适宜市场化的公共服务、基础设施类项目。在公私合作特许经营项目的准入环节，进行立项监管，采用我国现有可行性研究方法，考察项目是否可行，避免财政资金的浪费，降低风险发生概率。

第三，项目的各个环节监控研究。如在合同环节，研究项目合同进行合理回报率价格管制，如特许经营收费公路的价格管制，提出合理回报率价格管制方法。在项目建设环节，明确划分土地征用责任，避免群体性事件发生，造成工期延误。在经营环节，我国开展的许多具有经营性质的 PPP 项目都有财政补贴，在承担风险方面，政府需要按合同规定及时、足额付款，要对项目的经营风险进行有效的分担，防止风险在政府间分配过多，而利益由政府承担过少的情况发生，等等。

当前，我国对于公私合作特许经营项目的财政风险监管，发布了《政府和社会资本合作项目财政承受能力论证指引》等关键文件，在实践中也取得了不错的成效，但还是存在很多问题。为了有效监控财政风险，建立科学、全面的财政风险监管技术与方法，仍需要进一步探索。

1.1.2 公私合作特许经营项目财政风险监管的国内政策背景

目前，我国还没有建立一部完整的政府与社会资本合作（PPP）的正式法律制度，顶层设计不足。现阶段，政府与社会资本合作主要依靠财政部和国家发改委发布的政策和部门规章。公私合作特许经营项目财政风险管理不完善。财政部推出了四批示范项目，国家发改委推出了三批示范项目，项目最多时，总投资额近 20 万亿元。[1] 从近年来财政部和国家发改委密集出台的各项政策措施中可以看出，加强财政风险的监管，已经成为公私合作特许经营项目需要把控的一个重点环节。

首先，从财政部颁布的相关文件可以看出，对于 PPP 项目的管理，主要从识别、准备、采购、执行、移交等方面进行规范。2014 年 9 月 23 日，

---

[1] 根据财政部政府和社会资本合作中心网站和国家发改委全国 PPP 项目信息监测服务平台公开资料整理得出。

党的十八届三中全会文件中提出"允许社会资本通过特许经营等方式参与城市基础设施投资和运营",财政部颁布了一系列文件密切配合,如《关于推广运用政府和社会资本合作模式有关问题的通知》,这标志着 PPP 项目管理向规范化、科学化发展。2014 年 11 月 29 日,颁布的《政府和社会资本合作模式操作指南(试行)》,就 PPP 项目从识别、准备、采购、执行、移交等各环节,规定了具体操作流程,这标志着 PPP 操作开始规范化。2014 年 12 月 31 日,颁布了《政府和社会资本合作项目政府采购管理办法》,开始规范 PPP 项目的政府采购行为,PPP 项目的采购呈现规范化发展态势。2015 年 4 月 7 日,颁布了《政府和社会资本合作项目财政承受能力论证指引》,专门规范保障政府切实履行合同义务,防范和控制财政风险。

其次,国家发改委也制定和发布了一系列的政府与社会资本合作政策文件。2014 年 12 月 2 日,发布了《国家发展改革委关于开展政府和社会资本合作的指导意见》,鼓励和引导社会投资,增强公共物品供给能力,在促进"调结构、补短板、惠民生"领域提出了具体的指导意见。同时,附件中也规定《PPP 项目进展情况按月报送制度》,及时建立 PPP 项目库,按照《政府和社会资本合作项目通用合同指南》来安排项目的运行。2015 年 5 月,国务院批转发改委关于 2015 年深化经济体制改革重点工作中,就提出了为了促进激发社会投资的活力,要积极地推广 PPP 模式,同时还出台了特许经营管理办法,主要针对基础设施领域和公用事业领域。2017 年 10 月,发改委鼓励各地政府、金融机构、企业等创新合作机制和投融资模式,利用政府 PPP 方式,加快投资建设天然气储气调峰设施。

另外,多部委还发布了不同的政策法规,进一步规范 PPP 项目的运作,防范风险的发生。例如农业部于 2017 年 5 月 31 日发布《关于深入推进农业领域政府和社会资本合作的实施意见》、2017 年 6 月 8 日发布《关于做好 2017 年中央财政农业生产发展等项目实施工作的通知》,规定为配合国家的农业供给侧结构改革,加快构建现代农业综合体系,促进农业可持续发展,利用政府和社会资本合作模式、政府购买服务方式以及财政贷款贴息等方式,发挥财政资金的引领性作用,调动社会金融资本的投入力度,从而支持现代农业建设;保监会于 2018 年 1 月 8 日发布《关于加强保险资金运用管理支持防范化解地方政府债务风险的指导意见》规定，保险机构开展政府和社会资本合作（PPP）等保险资金运用创新业务，要遵循审慎合规原则。

目前财政部、发改委及其他主管部门对政府与社会资本合作（PPP）制定了相应的政策规范，对公私合作特许经营项目的全生命周期财政风险监管具有十分重要的作用。同时，现行政策在诸多方面，还存在一些亟待解决的问题，需要深入研究。

1.1.3 公私合作特许经营项目财政风险监管的国际研究背景

20世纪70年代新公共管理运动后，英国等国的公共服务领域开始了范围较为广泛的公私合作方式（PPP），主要以其政府参与全过程经营的特点受到国内外广泛关注。例如，英国的PPP项目就经历了私有化阶段、立约承包阶段、私人投资行动阶段，并最终形成了PFI的典型形式。同时，许多国家也通过对PPP项目的不断探索尝试，使得PPP项目日渐成熟。许多走向PPP实践前列的国家，无论采取哪种方式，都非常注重财政风险管理，如显性的财政承诺以及或有负债的管理。具体项目的监管主要体现在以下四个方面。

第一，PPP模式是公共物品的一种有效提供方式。如1987年美国萨瓦斯认为，物品和服务是不同提供机制的对象，对物品和服务进行分类后，可确定其在政府部门和非政府部门之间的地位。对纯公共物品、准公共物品和私人产品的提供进行了详细的阐释。认为PPP模式主要是公共管理部门与私人部门之间进行的一种全面合作。进行合作的目的，并不仅仅是利用私营部门的资本来建设城市基础设施。因此，PPP模式不仅仅是一种项目融资模式，更重要的是一种基础设施项目经营的管理模式，需要加强对其项目的监管，完善管理技术，确保项目健康持续运行。1990年美国的政治经济学家埃莉诺·奥斯特罗姆提出，要通过公民社会自主治理的方式来提供公共物品，不能完全依靠政府的力量。因此，PPP模式是一种私人可以有效参与公共物品提供的方式。

第二，公共部门参与项目时要加强自身建设，利用模型和工具等实证方法，对特许经营项目的适用性和预期收益进行评估，防范财政风险，维护公共利益。在基础设施建设的领域，大多数国家采用公私合作伙伴模式，如2008年达霖·格里姆赛和莫文·K·刘易斯将基础设施建设中建立公私合作伙伴关系的理论与实践结合起来，探讨了风险管理等政府监管内容。同样，公私合作特许经营项目如何加强监管，以及对项目进行合理评估是一个重点。公共部门通过项目适用性评估准则、收益－风险决策机制等模型和工具，对特许经营项目的适用性和预期收益进行评估。在公私合作中，加强对公共部门的监督，从而增强双方的信任感。因此，从公共部门的利益角度出发，加强公私合作特许经营项目的监管是必要的。

第三，从项目的全生命周期出发，对PPP项目实行绩效评估机制，在不同的项目阶段都要加强监管，预防财政风险的发生。如政府在签订公私合作合同前，要加强对项目的监管，为公共部门建立以规避财政风险为目的的项目咨询系统；以制度规范等作为分析指标，重点分析地方政府对公私合作项目监管的特点；为了使资金的效用得以最大限度地发挥，将部分风险收集并转移给私人合作者；从全生命周期角度对PPP项目实行绩效评估机制，是化解项目风险的关键。因此，从项目的全生命周期以及项目的各个阶段来看，对项目进行事前、事中、事后的监管是必需的，也是防范风险发生的一个有效途径。

第四，PPP项目过多带来政府预算软约束，导致地方政府债务加重。从IMF 2016年以来的多份工作报告中可以发现，政府为规避财政限制和预算约束，会延迟财政支出责任，造成财政风险加大；过度使用项目，会造成地方政府变相融资，加大经济风险；政府通过现金流的改变，影响整个项目中政府支出的总净现值，导致政府债务最终增加。

因此，从国外的研究视角来看，对于公私合作特许经营项目进行全生命周期的监管，已经研究多年，并且已经深入到微观领域，运用实证分析的方法对项目进行合理的绩效评估，同时运用模型和工具，对项目的进行事前和事后的绩效评估。对于公共部门的职责也做出了具体的规定，通过防腐败的制度设计框架来加强对公共部门的监督和管理，避免财政资金的浪费。但是目前国外的研究大多集中于预算软约束和负债管理上面。

1.2 选题意义

2015 年 6 月《基础设施和公用事业特许经营管理办法》出台后，财政部、发改委等相关部门也连续出台了多个鼓励"政府与社会资本合作"从事公共基础设施建设或公共服务的政策性文件和行政性规章，各级政府也相继颁布了许多地方的 PPP 项目管理制度，项目的总投资额最高时达到 20 多万亿元。但是 PPP 项目在迅速发展过程中，出现了法律规范缺失，债务敞口增大等问题。如缺乏合理的风险分担机制和合理的利益约束机制，政府会承担较高的财政风险，也影响私人企业对公私合作的信心。因此，在项目合作的全生命周期中，要加强财政的监管，预防财政风险的发生，以促进 PPP 项目规范、健康和可持续发展为目标，更好地促进政府和社会资本的合作，增强双方合作的信心。

1.2.1 理论意义

研究公私合作特许经营项目全生命周期的财政风险监管技术，在理论方面，能够对相关学科的发展作出一定的贡献。从最直接的财政学科来看，党的十八届三中全会中提出，深化财税体制改革，建立跨年度预算平衡机制，建立现代的财政制度。现代财政制度的重要内容之一，就是要实施中期财政规划管理，编制完整的可以反映政府资产负债情况的综合性的财务报告。而公私合作特许经营项目作为一种提供公共服务的方式，特别是在财政支出绩效管理中，由于其建设周期较长，资金规模大，不仅需要年度预算收支管理，更需要中长期财政规划的支持，以拓宽政府的融资渠道，确保项目建设资金的充足，达到预期目的，也需要理论研究的大力支持。

通过公私合作特许经营项目全生命周期财政风险监管技术研究，运用财政投资、财政补贴等财政政策工具，探索在我国市场经济条件下政府与私人资本合作，履行政府管理职责，开展国家政权建设的规律，满足社会公共需要，推动有中国特色社会主义事业的顺利发展，在分析公私合作特许经营项目的全生命周期财政风险监管中，主要涉及政治学、经济学、公共管理学、法学等相关理论作为指导思想。通过对多个学科相关理论基础的分析，在我国当前经济发展的新常态背景下，总结财政风险监管对于公私合作特许经营项目的重要性，把握政府和市场之间的关系，引导社会资本参与公共物品供给，运用政府的公共职权，权衡公私之间在项目全生命周期中不同阶段的作用，共同发挥公私部门的作用，从而促进项目目标的实现，并概括出项目财政风险监管技术的运行规律。因此，加强项目的财政风险监管，有助于从以下几个方面丰富我们的理论研究。

首先，从财政学科发展的角度来看，课题对公私合作特许项目各项管理环节进行全方位研究，探索如何防范和化解系统性财政风险发生，有利于归纳总结公私合作特许经营项目财政风险管理规律。在公私合作识别阶段，总结财政承受能力论证、物有所值论证的规律，防范和化解财政风险。特别是财政承受能力论证，体现了公私合作特许经营项目直接的财政风险，需要在借鉴国际经验的基础上，建立符合我国实际和特色的财政承受能力论证的方法、技术和制度，这也是本书需要重点研究的领域之一；在准备阶段，研究公私合作特许经营项目实施方案编制与财政风险控制的关系，探索如何将财政风险控制的理念转化为具体的、可操作的制度，从而有效控制财政风险，实现公私两利；在采购阶段，探索如何选择优秀的合作方，如何签订较为完善的公私合作特许经营协议，保证项目顺利建设和运营，维护政府财政利益，有效控制财政风险。特别是在公私合作特许经营协议中，需要把项目建设和运营中的各种风险，以协议条款的形式，在政府与社会资本方之间分配，政府方的风险就是直接的财政风险。

项目协议是长达三十多年的时间里维系政府和社会资本方关系的纽带，在公私合作特许经营项目管理中具有十分重要的地位，也是控制的财政风险的重要环节；在建设阶段，需要研究政府和社会资本方如何有效合作，按期保质保量完成项目建设任务；需要探索新时期政府在协助社会资本方取得土地使用权等方面的规律，保证项目建设的需要。在项目运营阶段，需要研究政府如何履行公私合作特许经营协议，在社会资本方按协议保质保量完成公共服务的前提下，及时、足额支付给社会资本方财政补贴等费用，防止违约风险，维护政府信用。同时，监管项目运营，及时处理各类新情况、新问题，防范和化解财政风险，维护政府利益。在移交阶段，验收 BOT 等项目的资产，合理处置项目回购等事项，减少财政损失，有效管控财政风险，等等。这些研究，对有中国特色财政学理论的发展，都具有重要意义。

其次，从公共管理学的角度来看，研究公私合作特许经营项目中公共部门和私人部门如何共同参与，提高公共服务的效率和质量，更好地满足社会公共需要，是我国现阶段转变政府职能的重要任务。在传统政府治理模式下，公共服务主要采用公共生产公共供给方式，主要存在的问题是垄断和效率低下。而采用公私合作特许经营的方式提供公共服务，则需要研究如何让社会积极主动的参与项目，如采用特许经营条款，使用者付费的方式，保证项目建成后期正常运转，并带来相应的经济效益，满足其合理回报的需要。

政府在公私合作特许经营过程中，需要转变职能，既要和社会资本方开展合作，共同提供公共服务，提高公共服务效率与质量，又要发挥政府的监督职能，降低财政风险，维护社会的公共利益。从我国经济社会发展的实际情况看，目前新型城镇化发展迅速，基础设施和社会公用事业需求量大，在采用公私合作特许经营模式时，需要探索项目全生命周期过程中，如何引入市场的竞争机制，转变政府职能，加强监管，创造政府和社会资本合作共赢的局面，降低财政风险发生的概率，防范系统性风险的出现。这些问题和规律的研究，也有利于中国特色公共管理理论的发展。

最后，从法学的角度看，研究公私合作特许经营项目财政风险监管技术，有利于丰富和发展中国特色的法学理论。公私合作特许经营项目中，政府与社会资本方合作，在长达 30 多年的时间里，为社会提供公共服务，而维系两者之间关系的是特许经营协议，支持特许经营协议的力量则是国家完善的法律制度。市场经济是一种信用经济、契约经济，也是一种法治经济，没有完善的法律制度，难以保证信用的实现。目前，在我国公私合作特许经营项目发展的过程中，法律法规体系尚不完善，我们需要进一步研究如何加强法律制度建设，规范政府和社会资本方行为，使公私双方都能讲信用、守合同，合作为社会提供公共服务，从而降低财政风险发生的概率，避免对财政支出形成压力，维护政府财政的稳定。因此，本课题的研究，对于有中国特色的社会主义法学理论的发展，具有十分重要的意义。

1.2.2　实践意义

从经济社会发展阶段来看，尽管我国已是世界第二大经济体，众多产品和消费居世界第一位，但从人均收入水平看，仍是世界上最大的发展中国家，各地区经济社会发展不平衡，新型城镇化仍在快速推进过程中，基础设施和社会公用事业需求量巨大，仅靠传统的公共物品供给模式，已难以有效满足社会公共需要。而推行公私合作特许经营模式，政府作为 PPP 项目的参与主体，承担着必要的财政支出责任，在财政部颁布的《政府和社会资本合作项目财政承受能力论证指引》① 中，要求实施 PPP 项目全生命周期监管，对股权投资、运营补贴方式、双方承担的风险划分，以及相应的其他措施，都在财政支出责任中进行明确规定，通过财政承受能力评估，把控 PPP 项目的财政支出规模，有效防范和控制财政风险，从而实现 PPP 全生命周期的顺利发展。其中，对于每个环节都要加强技术监管，定性和定量分析相结合的方式，提高监管技术水平，从而防范财政风险的发生。这样，有利于推进我国 PPP 模式的健康发展，减轻政府的财政支出压力，分散投资风险、防范和化解地方政府债务风险，以及激发非公有制经济发展动力和活力，从而增加公共物品供给规模，提高供给效率和质量，推动国民经济平稳发展，促进产业结构调整，推进供给侧结构改革，实现国家经济社会发展战略。

具体而言，通过对公私合作特许经营项目全生命周期财政风险监管技术研究，具有以下实践意义。

第一，研究公私合作特许经营项目全生命周期财政风险监管技术，有利于充分调动私人资本参与公共物品供给的积极性，提高公共服务效率和质量，满足社会公共需要。如前所述，在我国新型城镇化推进过程中，基础设施和公用事业需求巨大，仅靠政府财政投资难以满足社会需要。而推行公私合作

---

① 关于印发《政府和社会资本合作项目财政承受能力论证指引》的通知 ［EB/OL］. (2015 - 04 - 14). http: //jrs. mof. gov. cn/zhengcefabu/201504/t20150414_1216615. htm.

特许经营模式，有利于调动社会资本参与基础设施和公益事业领域的公共服务，更好地弥补财政资金不足。社会资本方在参与项目过程中，可以利用其丰富经验和先进的管理技术，与政府密切合作，完成各项考核任务，提高公共服务的质量和效率，更好地满足居民和企业的公共需要，促进国家的现代化建设。

第二，研究公私合作特许经营项目全生命周期财政风险监管技术，有利于减轻地方政府举借债券债务的压力。当前，我国经济增长下行压力增大，传统行业产能过剩，"营改增"完成后，地方政府缺乏主体税源，使得财政收入增长缓慢，债务增加较快。如果地方政府在本辖区内提供更好的公共物品和公共服务，就必须拥有足够的财政资金，但是从目前来看，在税收增长有限的情况下，通过发行债券维系地方政府支出的压力越来越大。因此，通过公私合作特许经营的方式，吸引私人资本投资地方基础设施和公用事业，提高财政风险监管技术水平，有利于减轻地方政府财政支出压力，减少地方政府债务发行，降低财政风险，实现地方经济社会的可持续发展。

第三，研究公私合作特许经营项目全生命周期财政风险监管技术，有利于转变政府职能，提高政府公共服务能力。通过发展公私合作特许经营项目，一方面可以减少政府过多直接参与微观经济活动的力度，转变政府职能。另一方面，利用市场机制，将社会资本的一些管理方式、技术运用到政府和社会资本合作领域，提高公共物品和服务的质量。公私合作特许经营模式全生命周期财政风险监控，可以让政府和社会资本方按合同办事，双方开展公平的合作，在一个完全公开透明的环境下进行合作，不仅仅可以实现政府的简政放权，还可以更好地转变政府职能，实现国家治理的现代化。

第四，研究公私合作特许经营项目全生命周期财政风险监管技术，有利于政府和社会资本共担风险，促进公私合作特许经营项目规范发展。在政府和社会资本双方的风险分配上，将风险分配给最有能力承担的主体，保证遵循"最优承担"原则，实现利益共享，风险共担。通过全生命周期财政风险监管技术，在项目运作的环节，正确处理政府财政风险与社会资本所承担的风险的关系，严格控制财政风险的发生，在公私合作特许经营范围内，保障项目建设和运营的顺利进行，也有利于社会资本方获得合理回报，有效管控其所承担的风险，最终实现公私合作，共同为社会提供优质公共服务的目的。

因此，通过政府与社会资本合作的公私特许经营项目全生命周期的财政监管，从政府的角度看，可以减轻财政负担、切实转变政府职能、提高公共物品的供给效率和质量；从社会资本方的角度看，可以提高民间资本参与公私特许经营项目投资力度，扩大民间资本的投资范围，降低项目全生命过程中各种风险，减少项目成本费用的发生，获得合理回报，从而达到公私双方合作共赢的目的。

1.3　研究框架

1.3.1　研究对象

本书研究对象是：公私合作特许经营项目在全生命周期的财政风险监管技术，主要包括研究开发公私合作特许经营项目全生命周期关键环节的财政风险监管模型，以及项目全生命周期财政风险监管手册。借鉴国内外先进经验，即怎样运用风险评估模型等技术手段，对项目各个环节、各个方面的财政风险进行识别、预警和处置。因此，在项目各个环节和阶段都需要财政的监管来促进公共部门和私人部门长期顺利合作，为社会提供优质公共服务。

1.3.2　研究框架

根据公私合作特许经营项目的前期论证、项目采购、合同签订、项目建设、项目运营、项目回购等全生命周期的主要环节，研究如何运用监管技术，有效管控财政风险，达到项目建设和运营目标。本书的具体研究框架有如下八个方面。

第一，绪论部分。首先介绍了本课题的研究背景，基于 2014 年财政部、国家发改委发布的一系列政府与社会资本合作政策指南，以及 2015 年国家发改委、财政部等八部委颁布的《基础设施和公用事业特许经营管理办法》，对公私合作特许经营项目在我国的发展背景进行了详细的分析，发现公私合作特许经营项目在全生命周期中的每个阶段，都需要严格把控财政风险。研究公私合作特许经济项目全生命周期的财政监管技术，具有重要的理论意义和现实意义。从理论上来看，研究这一课题，可以促进中国特色的公共财政理论、公共管理理论和法学理论的发展，总结公私合作特许经营项目财政风险防范和化解的规律、转变政府职能、促进法制建设。从实践上来分析，研究该课题，有利于提高公共物品和服务的供给效率，实现帕累托改进，达到社会整体福利的最大化；有利于减轻地方政府债务发行的压力，转变政府职能，合理分配项目风险，真正实现公共部门和私人部门的长久合作，促进项目的安全落地和顺利发展，为社会提供优质公共服务。

第二，文献综述部分。通过国内外文献的整理和分析，在公私合作特许经营项目发展的目的识别阶段、准备阶段、采购阶段、执行阶段、移交阶段分别进行了文献的整理，国内对于公私合作特许经营项目在每个阶段的财政风险监管都有研究，并且也有不少政策建议可供参考。但是具体的财政风险监管的技术手段研究不足，一些监管的政策执行性较差。

第三，公私合作特许经营项目的识别与财政风险管理。这部分重点分析项目发起阶段，主要运用物有所值和财政承受能力的技术和方法，对项目进行筛选，以有效控制项目财政风险。本书介绍了我国现行的政策和制度，分析了存在的问题，并提出了对策建议。

第四，公私合作特许经营项目的准备与财政风险管理。在准备阶段，主要进行项目实施方案的编制和审批阶段。根据我国现行体制，公私合作特许经营项目属于政府投资范围，在项目完成采购和开工建设之前，需要履行一系列的审批程序，报告发改系统的项目建设书、可行性研究报告的审批，以及土地、环保、规划等主管部门的审批。对项目实施机构而言，需要聘请专业的咨询机构来协助开展项目实施方案的编制等工作。本书在这一个阶段财政风险控制中存在的问题，并提出了相关的政策建议。

第五，公私合作特许经营项目的采购与财政风险管理。这个阶段主要是政府通过采购选择优秀的社会资本方作为合作者，以及确定公私合作特许经营协议的重要条款。因此，采购主体、客体、方式等要明确，对不同的采购方式进行科学的评估，合理确定采购方式的选择。所选择社会资本方的经济技术实力、管理能力，以及市场信用，对项目建设和运营具有决定性影响，一旦选择失误，就可能给国家财政带来巨大的风险。而对项目实施方提交的采购合同要组织专门的评审专家进行评审，从而确定最终的采购结果，并对确定的采购合同进行财政风险的专门评估。在谈判环节，要调动社会资本的主观能动性，结合项目的风险分配方案让公私共同承担风险。在签订公私特许经营协议阶段，要重点审查协议的关键条款，避免后期出现调整风险分配格局的变化，从而影响政府责任，导致财政风险发生。在这一部分，本书研究了我国现阶段公私合作特许经营项目的采购与财政风险管理的现状，以及存在的问题，并提出了相应的政策建议。

第六，公私合作特许经营项目的执行与财政风险管理。在执行环节，包括建设和运营两个具体阶段，这也是公私合作特许经营项目两个最核心的阶段。在项目建设阶段，融资、建设等风险由社会资本方承担。一般情况下，融资环节政府不作出更多的承诺，而应真正发挥社会资本方的作用，撬动民间资本进入项目，从而顺利地实现项目的建设和运营。在项目建设过程中，涉及土地的使用可能面临拆迁、征地，因此政府部门要协助社会资本方，切实做好前期的工作，保证拆迁补偿的合理性，以此获得当地居民的支持，使项目能按期开工。在建设后期，要对工程质量、工程成本、工程期限等进行有效监督，确保项目可以如期交付使用，避免财政风险的发生。在项目建成投入运营后，应按照事先签订的特许经营协议的规定履约，降低财政风险发生的概率。如政府支付方式和项目后期的利益分享，以及具体的项目违约后的惩罚和超额完工的奖励等。同时，还要对公私合作特许经营项目的一些应急情况进行处理，对项目协议加强管理，避免外部环境的变化导致政府行政执行力不足，从而导致项目成本增加，加重政府的财政支付责任。本书分析了我国公私合作特许经营项目在执行阶段存在的问题，并提出了相应的政策建议。

第七，公私合作特许经营项目的移交与财政风险管理。项目移交是公私合作特许经营项目建设运营的最后一个环节，需要根据项目的具体情况以及公私特许经营协议的具体规定，完成项目移交，控制财政风险。由于方案设计、资产交割、性能测试、绩效评价等存在风险，为了保证项目可以顺利移交，需要进行风险把控，最好选取有经验的第三方咨询机构协助完成移交工作。对于不能正常移交的项目，要完成后续的资产处置、评估等相关手续，尽量做到减小财政支付责任。本书分析了我国公私合作特许经营项目的移交阶段存在的问题，并提出了相应的政策建议。

第八，公私合作特许经营项目财政风险管理的国际经验研究。通过对典型发达国家和发展中国家的公私合作特许经营项目财政风险管理的经验总结，并重点分析这些国家的典型案例，分析其中共性特征，取其精华，为我国公私合作特许经营项目整个生命周期的过程中，财政风险管理的具体的实践操作提供借鉴，并为我国后续的项目开展提供理论和实践的经验总结、提供有价值的参考。

本书的研究路径图如图 1 – 1 所示。

1.3.3　研究内容

本书具体分析了公私合作特许经营项目在不同阶段财政风险监控的重点管理，主要研究内容如下。

一是公私合作特许经营项目诊断、可行性分析中财政风险监管技术研究。本书主要研究：在项目诊断中，通过公私特许经营项目全生命周期成本——效益财政风险分析，看能否达到物有所值，否则，该项目的建设、经营，就会带来财政损失风险；对项目诊断能达到物有所值的项目，运用财政风险监管模型，分析其在本地区建设、运营的政治、经济和技术困难导致的财政风险。通过本书研究，将不符合公私合作特许经营要求的项目排除，防范项目中途失败导致的财政风险。

二是公私合作特许经营项目合同价格管制财政风险监管技术研究。在公私特许经营项目中，政府价格管制承诺是关键环节之一，也是项目合同财政风险监管指数的重要指标，本书需要研究的问题有：价格管制标准承诺及其财政风险的模型分析。即价格承诺水平是否可能使私人投资者获得超过合理

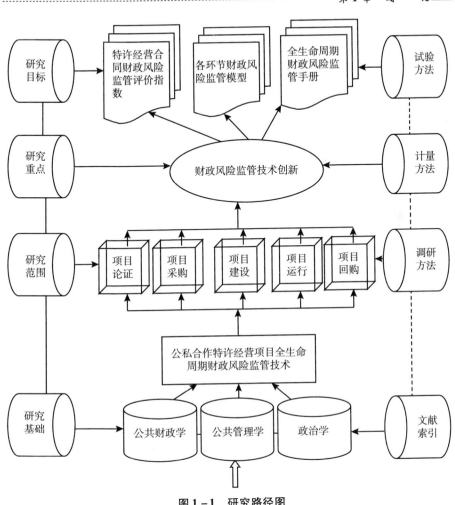

图 1–1　研究路径图

回报得到暴利，而政府财政收入遭受损失；价格管制承诺与市场供求联动的财政风险模型分析，分析如市场需求发生重大变化，政府财政承担损失的程度及承受力；价格管制与通货膨胀率、汇率风险重合的财政风险模型分析，即在项目 30 年全生命周期中，物价、汇率的金融波动可能产生的财政风险。

三是公私合作特许经营项目合同政府补贴承诺财政风险监管技术研究。由于项目的公益性，政府补贴承诺在项目合同中具有重要地位，也是合同财政风险监管指数的重要因素之一。本书主要研究内容有：财政补贴标准及其财政风险的模型分析。以社会平均利润率等为标准，分析承诺补贴标准是否过高，是否超过了合理回报底线，形成私方投资者暴利，造成财政损失的风险；财政补贴与项目公司公共服务质量挂钩设置是否合理及其财政风险的分析，如财政补贴的公共服务质量标准过低，则会有引发财政补贴效率损失的风险；财政补贴资金到位率及其财政风险的模型分析。

四是公私合作特许经营项目建设政府土地征用、房屋拆迁财政风险监管技术研究。本书主要研究项目逾期风险评估分析。例如，不能按期完成土地征用、房屋拆迁，影响建设工期，政府可能遭受项目建设承包商的索赔，发生巨额财政支出的情况；运用企业的财务指标比较分析方法，对土地拆迁过程中的资产进行评估、对回迁户进行合理的安置以及补偿方式等进行评估，使用成本风险分析的方法来合理评估风险，不得让各种补偿成本超过预算；当发生恶性社会事件时，要对群体性事件有一个风险评估，设定相应的方法来分析社会风险。

五是公私合作特许经营项目建设经营融资承诺财政风险监管技术研究。本书主要研究：利用风险分配矩阵，分析政府融资承诺的合理性及风险。一般情况下，融资风险由投资者承担。但在项目亟须建设，私人合作者选择范围有限，且存在融资困难等条件下，政府等公共部门可承诺部分融资；分析政府融资抵押、担保等事项不落实，资金不到位，引起项目公司索赔的可能性；建立风险监管模型，分析项目公司主营业务收入、营业成本等财务指标，预测项目公司违约而需要财政偿还债务的概率，以及对政府财政收支平衡的冲击。

六是公私合作特许经营项目合同执行再谈判机制设置财政风险监管技术研究。主要有项目合同编制财政风险监控手册，监管项目运营过程，检测合同再谈判机制的环境；在项目全生命周期运行中，再谈判频率设置的合理性；构建风险评估模型，分析再谈判触发机制设置的合理性，如通货膨胀预期下的服务价格调整、业务量变化的上下限等，预测在生命周期内通货膨胀率、汇率等变化，对项目运行产生的财政风险；运用模型分析在不同再谈判设置条件下财政风险的大小，以及政府应对策略，如谈判修正合同有关条款等。

七是公私合作特许经营项目政府回购财政风险监管技术研究。由于项目的公益性，如项目失败，政府被迫收购项目公司，财政将付出巨大代价。本书主要研究：在项目建成运营过程中，编制财政风险监控手册，及时检测项目公司生产经营状况，以及收费收入、财政补贴、生产成本等财务信息，必要时启动谈判机制，调整收费标准、财政补贴，兼顾投资者、消费者和政府三方利益，保证项目公司正常运行，尽可能减少项目公司失败，地方财政逼迫回购的风险；建立项目运行风险评估模型，当项目经营的主客观条件消失，不需要存在时，及时中止项目，防止财政损失风险的扩大。

本书研究的难点和重点主要体现在：公私合作特许经营项目存在合同财政风险评价、财政风险监管技术、项目全生命周期财政风险监管手册的科学性、规范性、可操作性。如何运用先进计量分析方法，与定性研究相结合，保证公私合作特许经营项目全生命周期财政风险监管技术研究，达到这一领域的领先水平。

1.3.4 研究方法

本书的研究方法主要有：文献综述法，实证分析法和规范分析法。本书首先搜集了国内外有关公共物品供给提供公共服务的相关文献资料，总结出其他国家公共服务供给过程中几乎都存在着财政资金有限这样一个弊端，在缓解我国地方政府财政压力的时候，公私合作特许经营模式作为一种公私合作的方式进入大众视野，因此通过对大量文献资料以及典型案例的总结整理，并运用演绎和归纳法，来分析我国的公私合作特许经营项目的现状及存在的问题。针对公私合作特许经营项目全生命周期的风险监管，需要提高财政资金的使用效率，化解地方政府债务风险，切实做好转变政府职能，优化公共物品的供给效率，提高公共服务水平。

其次，实证分析法主要是运用案例分析法，通过当前对我国及国内公私合作特许经营项目领域研究较早国家的经验借鉴，分析国内外的相关数据和典型案例，通过观察并进行总结，得出公私合作特许经营项目建设运营的基本规律。

最后，规范分析法主要是从公共服务供给的角度出发，对传统政府提供公共服务和特许经营公共服务供给进行分析和对比，在当前经济社会发展环境下，采用公私合作特许经营项目可以更好地满足政府的职能需要，同时也应加大对项目的风险监控，从而降低发生财政风险的可能。从财政监管的角度出发，对项目的全生命周期进行合理的把控，从而提高政府的公共服务供给的效率。

1.4　研究的难点、重点、创新点和不足

本书从公私合作特性经营项目全生命周期来研究财政风险监管技术，运用财政投资、财政补贴等财政政策工具，探索在我国市场经济条件下政府与私人资本合作，履行政府管理职责，开展国家政权建设的规律，满足公共需要，推动中国特色政治学、公共管理学，以及公共财政学理论发展。

本书研究的难点、重点是：公私合作特许经营项目合同财政风险评价指数、财政风险监管技术模型、项目全生命周期财政风险监管的科学性、规范性、可操作性。如何运用先进计量分析方法，与定性研究相结合，保证公私合作特许经营项目全生命周期财政风险监管技术研究达到这一领域的领先水平。

本书的创新点主要有以下几点：

第一，在公私合作特许经营项目的识别阶段，提出建立财政承受能力的动态监测，即不仅在识别阶段开展财政承受能力论证，而且在政府采购、项目执行阶段，也要进行 PPP 项目的财政承受能力论证，以检验前期工作的质量和问题，并及时进行校正，控制财政风险。同时，各级政府财政部门每年开展本级所有公私合作特许经营项目的财政承受能力论证，以修正政府财政政策，控制财政风险。第二，在公私合作特许经营项目政府采购阶段，提出严格公私合作特许经营协议审查，编制财政风险指数，强化风险管控，并初步提出了一级指标体系。第三，在公私合作特许经营项目执行阶段，提出精准评估项目土地评估审批、征用的周期，合理安排工期，防止政府违约；提

出完善公私合作特许经营协议价格调整机制，兼顾公私双方利益、改革价格管理体制，减轻政府财政补贴负担、建立价格激励机制，提高社会资本项目经营积极性、建立健全价格监督体制，维护公私双方的利益；提出在公私合作特许经营项目付费方式中，需要注意的一个问题，就是谨慎使用可用性付费方式。第四，在公私合作特许经营项目的移交阶段，提出坚持公私合作项目长期经营的方针，将退出作为例外情况处理。规范社会资本退出机制，降低政府财政风险；严格控制政府回购项目，减少政府财政风险；对于因违约形成的项目终止，依协议严格划分违约责任承担风险。

由于本人能力和水平的不足，导致本书还有许多不足之处：第一，对公私合作特许经营项目全生命周期财政风险监管具体技术手段研究不够，特别是定量的研究方法还存在不足。第二，监管技术政策建议的精细化程度，有待进一步提高。这将会在后期的研究中进行补足和修正。

第2章

文献综述

2.1 国外文献综述

2.1.1 项目识别

保劳斯卡斯（Paulauskas，1996）较早提出并阐释了公私合作项目的 VFM 评价，明确提出 VFM 评价是在以既定项目建设为目标的同时，通过最低的全生命周期成本使之实现的思想。[①]

阿肯托耶、贝克和哈德卡斯尔（Akintoye、Beck & Hardcastle，2002）认为，PFI 项目应重点关注风险评估透明度，并且公共部门参照标准（PSC）由于过于侧重通过货币衡量的收益和支出影响指标，而忽略了诸如服务质量和政策目标等与资金价值相关的成本与收益，因此并不是一个完整而准确的评价方法。[②]

格里姆赛（Grimsey，2005）等学者在对近 30 个国家和地区的 VFM 评价

[①] Paulauskas F L. Variable frequency microwave（VFM）curing，processing of thermoset prepreg laminates. Final report［R］. Office of Scientific & Technical Information Technical Reports，1996.

[②] A. Akintoye，M Beck，C Hardcastle. Framework for Risk Management and Management of PFI Projects，Final Report［R］. Glasgow：Glasgow Caledonian University，2002.

方法进行了全面的比较之后,又结合英国及澳大利亚多年的具体实践,最终阐述了实践中 PSC 方法的基本假设和组成,并指出在英国,PFI 项目通常是一种长期的投资,因此在这个投资过程中容易产生诸多事先不可预测的改变,包括信用风险和操作风险等,所以会产生一定的机会成本,而在这种情况下单单以贷款利率作为 PSC 方法的折现率,显然是考虑不足的,他们认为,这种选择折现率的方法过于保守,会低估了财政资金的机会成本。综上所述,为体现财政资金真正价值,PSC 方法折现率的选择应该充分衡量财政资金的机会成本。①

沙乌尔（Shaoul,2005）指出,单纯通过分析政府资金的变动计算 VFM 存在缺陷,应当扩大 VFM 计算范围,把社会因素等外部因素的影响也考虑进去。②

苏美拉和库尔森（Sumaira & Coulson,2008）深入地研究了英国财政部的 2004 年版与 2006 年版 PFI 招标准则,并仔细地分析了几个 VFM 定量评价中的关键因素,包括生命周期、如何选择折现方法、税费成本、利润率和风险的处理,同时还指出 PSC 的财务模型过于烦琐复杂,过度依赖历史数据,非常容易出错。③

舒加特（Shugart,2008）列举了澳大利亚维多利亚州、英国、爱尔兰、南非等国家及地区 PSC 计算方法中,折现率选择考虑因素以及选择方法,然后为给发展中国家提供经验,作者站在风险评估的角度进行考虑,对确定折现率这一关键估值进行了深入的探讨。④

埃丝特、阿尔伯特和斯蒂芬（Esther、Albert & Stephen,2009）根据社会研究理论提出,对于"物有所值"理论,如果只是站在政府项目建设成本的角度来评价并不公允,应该更关注社会大众以及项目受益对象的反应,因

---

① Darrin Grimsey, etc. Are Public Private Partnerships Value for Money [J]. Accounting Forum, 2005, 29: 345-378.

② Jeans Shaoul. A critical financial analysis of the Private Finance Initiative: selecting a financing method or allocating economic wealth [J]. Critical Perspectives on Accounting, 2005, 16: 441-471.

③ Sumaira H. Malik, Neil Coulson. The male experience Of infertility: a thematic analysis of an online infertility support group bulletin board [J]. Journal of Reproductive and Infant Psychology, 2008, 26 (1): 18-30.

④ Shugart. C. Discount Rates [R]. PPPs and the Public Sector Comparator, 2008.

此应加入社会反应的这一评价指标。①

克雷里（Kerali，2014）同样认为，想要使物有所值理论更具说服力，不应该只是把政府的相关项目成本加起来，这种评价方法有失公允，应该在此基础上加入经济、效用等评价因素，使得评价方法更加全面。②

伊斯梅尔（Ismail，2010）等深入地分析了爱尔兰、中国香港、澳大利亚、南非等国家和地区 PSC 评价模型，并从中提炼获取了 PSC 评价方法的关键要素及组成部分，以此提供了建立 PSC 模型的依据。③

卡达鲁（Khadaroo，2010）提出，在进行物有所值计算时，由于当前方法在对规划项目、设定服务标准和协议细则等方面进行前提假设时主观性过强，主要通过主观感受来给出评估结果，更多是一种定性化的评价，因此缺乏让人信服的数据资料，也就不能准确客观地反映物有所值的真正价值。④

艾伦（Allan，2011）认为，可转移给私人部门的风险在物有所值评价过程中应成为一个关键考量因素。其中最需要关注的因素便是转移风险的成本，在物有所值评价方法的具体实践过程中，应该将这种向私人部门转移风险发生的成本纳入考量，才能获得准确的转移风险价值。因此，真正的转移风险价值应可在转移风险价值原值基础上扣除转移风险所花费的成本。⑤

克鲁兹和马克斯（Cruz & Marques，2014）通过对两个 PPP 医疗项目案例进行类比比较，分析了折现率的变动将如何影响 PSC 方法的评价结果，结论指出折现率的变动与 PSC 的变化幅度有较大相关度，并且如果一个项目的运营成本越高其受折现率变动的影响也会更大。⑥

---

① Esther Cheung, Albert P. C. Chan, Stephen Kajewski. Enhancing value for money in public private partnership projects: Findings from a survey conducted in Hong Kong and Australia compared to findings from previous research in the UK [J]. Journal of Financial Management of Proper tyand Construction, 2009 (1): 7 – 20.

② Henry Kerali. Public Sector Comparator for Highway PPP Projects [R]. World Bank, 2014: 3.

③ Ismail. K, Takim. R, Nawawi. A. H & Egbu. C. Public Sector Comparator (PSC): A Value for Money (VFM) Assessmen Instrument for Public Private Partnership (PPP) [C]. United Kingdon CIBTG72 – Public Private Partnership, 2010: 172 – 187.

④ Iqbal Khadaroo. The actual evaluation of school PFI bids for value for money in the UK public sector [J]. Critical Perspectives on Accounting, 2008, 19: 1321 – 1345.

⑤ Allan R J. PPP: are view of literature and Practice IC [D]. Saskatchewan Institute of Public Policy Paper, 2011.

⑥ Cruz. C. O & Marques. R. C. Theoretical Considerations on Quantitative PPP Viability Analysis [J]. Journal of Management in Engineering, 2014 (30): 122 – 126.

兰姆（Lamb，2015）认为，在考虑 PSC 方法中折现率这一关键因素时，由于政府部门是从支出的角度出发进行考量，所以主观性较强，而将这一过程放在市场测试环境中时，则需要额外考虑个人收入因素，在这种情况下，政府部门从支出角度出发选取的折现率就会因为个人收入的影响而不再是最优折现率。[1]

冢田（Tsukada，2015）认为，在 PFI 模式中，针对不同行业的实际情况，应该使用不同的物有所值评价，应用不同的评价指标，并在此理论上的第一次提出了 PSC 影子投标定价的方法，使物有所值评价模式在不同行业领域都更具有科学合理性。[2]

2.1.2 项目准备

2.1.2.1 风险识别

塔赫和麦卡弗（Tah & Mccaffer，1993）通过问卷调查法，对 PPP 项目中的风险因素进行调查识别，并在此基础上使用层次分析法对这些风险因素进行分类。[3]

格里姆赛和赖文斯（Lewis，2002）集中研究如何对 PPP 模式的风险因素进行分类，他们深入研究大量的 PPP 项目后，将这些风险因素归为九类，分别是：金融风险、技术风险、环境风险、运营风险、建设风险、回收风险、不可抗力风险、政策风险以及项目缺省风险，并在分类基础上根据各个风险的特点归纳其评价指标，从而建立起一套较为系统的风险评价体系。[4]

利伯（Lib，2003）将 PPP 项目风险分为宏观风险、中观风险和微观风

① Douglas Lamb, Anthony Merna. Development and Maintenance of a Robust Public Sector Comparator [J]. Journal of Structured Finance, 2015.
② Tsukada S. Adoption of Shadow Bid Pricing for Enhanced Application of "Value for Money" Methodology to PPP Programs [J]. Public Works Management & Policy, 2015, 10 (1): 86 –95.
③ Tah, J. H. M., Thor, A. and Mc Cafifer. Contractor project risks contingency allocation using linguistic approximation [R]. Computing Systemin Engineering, 1993, 4 (2 –3): 81 –93.
④ Darrin Grimsey, Mervyn K. Lewis. Evaluating the risks of public private partnerships for infrastructure projects [J]. International Journal of Project Management, 2002 (20): 107 –118.

险。宏观风险主要是与宏观环境变化联系密切的国家政策或行业层面的风险；中观风险是指项目实施过程中，项目建设主体直接承受的风险；微观风险是指在 PPP 项目建设过程中由于政府部门和社会资本利益分歧或无法界定责任边界等情况导致的风险。这种分类方法在 PPP 风险分担方面做出了初步探索。[1]

齐尼迪斯和安杰丽德斯（Xenidis & Angelides, 2010）基于项目全生命周期角度，深入分析了 BOT 项目的财务风险，最终确定了与财务风险相关的27个风险因素。[2]

佩雷戈里诺（Pellegrino, 2013）等学者通过分析大量文献的方法，对PPP 项目进行了风险识别，归纳总结了两种对 PPP 项目进行风险分类的方式。[3]

阿米雅和陈（Ameyaw & Chan, 2013）在阅读大量文献的基础上，对6个加纳水务 PPP 项目案例进行详细分析，识别了其中存在的 40 个风险因素，并针对时间延误、责任分担边界模糊、公众不支持等关键风险因素提出了相应的风险应对措施。[4]

邹和李杰（Patrick X. W. Zou & Jie Li, 2013）在对某一具体高速公路PPP 项目的研究基础上，通过阅读大量文献对该案例进行风险识别，并从全生命周期的角度出发提出了风险识别框架。[5]

科斯坦蒂诺（Costantino N, 2015）等在研究高速公路 PPP 项目时，运用问卷调查法及 Delphi 法对风险进行了识别。[6]

阿米雅、艾伯特（Albert, 2015）采用模糊综合评价法，探讨了发展

① LiB. Risk Management of Public/Private Partnership Projects [M]. Scotland: Glasgow Caledonian University, 2003: 88 – 92.

② Xenidis Y. , Angelides, D. The financial risks in build-operate-transfer-projects [J]. Construction Management and Economics, 2010, 23: 431 – 441.

③ Pellegrino R, Vajdie N & Carbonara N. Real option theory for risk mitigation in transport PPP [J]. Built Environment Projeet and Asset Management, 2013, 3 (2), 199 – 213.

④ Ameyaw, EE, Chan, APC. Identifying public private partnership (PPP) risks inmanaginwater supply projectsin Ghana [J]. Journal of Facilities Management, 2013, 11 (2): 152 – 182.

⑤ Je Li, Patrick X, W Zou. Fuzzy AHP – based risk assessment methodology for PPP projects [J]. Journal of Construction Engineering and Management, 2013, 137 (12): 1205 – 1209.

⑥ Costantino N, Gunnigan L, etal. Risk Management in Motorway PPP Projects: Empirical-based Guidelines [J]. Transport Reviews, 2015, 35 (2): 162 – 182.

中国家 PPP 供水项目中的风险水平。通过文献阅读以及问卷调查，初步统计并分析得到了与供水合作关系有重大关联的 22 个关键风险因素。研究指出，相比发达国家，发展中国家具有较高的风险水平。模糊综合评价法总体上证明了金融风险是其中最关键的风险因素，其次是法律和社会政治。①

陈和兰姆等学者（2015）集中研究了中国水利相关的 PPP 项目，并进行了深入分析，最终总结归纳了 37 个关键风险因素，并按照这些风险对评价结果的影响程度进行了排序。②

萨斯托克（Lina María Sastoque, 2016）等学者在对结果进行概率分布调整的基础上，尝试对物有所值方法完成定量分析项目风险这一改善，同时还对识别 PPP 项目合作方各自所需承担的风险进行了进一步的尝试。③

什雷斯塔（Shrestha, 2017）等学者从政府部门建设基础设施角度出发，将 PPP 项目根据风险因素分为五个阶段，并对五阶段之间风险因素的联系进行了深入研究分析，结论指出基础设施项目同时存在内部系统与外部环境两方面的风险。④

2.1.2.2 风险评价

国外学者在对 PPP 项目的风险评价深入研究时进行了多种方法的尝试，主要有：模糊数学法、敏感性分析法、AHP 法等。

伍德沃（Woodward, 1995）在问卷调查的基础上，就一系列对 PPP 项目进行风险评价的方法展开了深入的研究，并得出结论：敏感度分析法是选择关键风险的主要方法。⑤

---

① Effah Ernest Ameyaw, Albert P. C. Chan. Evaluation and ranking of risk factors in public-private partnership water supply projects in developing countries using fuzzy syntheticevaluation approach [J]. Expert Systems With Applications, 2015, 42 (12).

② Chan A. P. C. , Lam P. T. L, Wen Y. , et al. Cross-sectional analysis of critical risk factors for PPP water projects in China [J]. Journal of Infrastructure Systems, 2015, 21 (1): 401 – 4031.

③ Lina María Sastoque, Carlos Alejandro Arboleda, Jose Luis Ponz. A Proposal for RiskAllocation in Social Infrastructure Projects Applying PPP in Colombia [J]. Procedia Engineering, 2016, 42 (12): 145.

④ Shrestha A, Chan T, Aibinu A, Chen C and Martek I. Risk Allocation Inefficiencies inChinese PPP Water Projects [J]. Journal of Construction Engineering and Management, 2017, 144: 4.

⑤ Woodward D G. Use of sensitivity analysis in build. own. operate. transfer projec evaluation [J]. International Journal of Project Management, 1995, 13 (4): 239 – 246.

宋格（Songer，1997）等人在对收费公路的风险进行评估的过程中，从计量的角度利用蒙特卡罗模拟法，计算得出了有关 PPP 项目的风险发生可能性大小，以及发生风险所造成的损失多少。[①]

程特（Chengt W，2001）在对中国台湾地区交通方面的 PPP 项目融资风险进行深入研究的基础上，应用模糊数学法、德尔菲法以及层次分析法，建立了多准则、多因素的风险模型。[②]

陈和杨（Yeung，2011）等通过阅读大量文献，并对文献进行整理统计的基础上，罗列出 34 个在中国 PPP 项目实践中存在的主要风险因素，与此同时还应用了实证分析法，根据重要性对这 34 个风险要素进行了排序。[③]

欧阳万福（Wanfu Ouyang，2011）等通过比较三种 PPP 融资模型，总结归纳得到了 26 个假设和 16 个变量，并通过深入研究英国和印度的项目试点，整合专家意见，最后结合四个利益相关方的合同，以最低的财政投入和最高产出指标为标准，从定量的角度确定了最佳的 PPP 融资模式。[④]

唐和沈（Tang & Shen，2013）等研究澳大利亚基础设施 PPP 项目存在的风险因素，主要从四个角度，包括风险、采购过程、融资、利益相关方等方面分别阐释了各自对项目的影响及程度大小。[⑤]

亚德夫和比拉杰达尔（Yadav & Birajdar，2015）在对基础设施 PPP 项目的风险进行评估时，主要应用了风险矩阵的方法，从而得以将风险的影响及严重程度定量的表示出来，并在数值基础上根据各风险的重要程度对风险进行排序。[⑥]

---

① Songer A D，Diekmann J，Pecsko R S. Risk analysis for revenue dependent infrastructure projects [J]. Construction Management and Economics，1997（4）：377－382.

② Cheng J H. A view of public and private sectors for Taiwan's BOT transportation project financing using fuzzy multi-criteria methods [J]. Proceedings of the 10th IEEE International Conference on Fuzzy Systems. Australia，The University of Melbourne，2001，12（2）：356－359.

③ Chan A. P. C，Yeung J. F. Y.，Yu C. C. P. Empirical study of risk assessment and allocation of public-private partnership projects in China [J]. Journal of Management in Engineering，2011，27（3）：136－148.

④ Wanfu Ouyang，Ou Yi-tong. The Study on Rural Infrastructure Financing Model Researchbased on PPP Mode [C]. International conference on computer ongineering and applications，2011.

⑤ Tang L.，Shen Q.，Skitmore M.，et al. Ranked critical factors in PPP briefings [J]. Journal of Management Engineering，2013，29（2）：164－171.

⑥ Ashwini Yadav，Prof. B. V. Birajdar，Risk Assessment for PPP Infrastructure Projects [J]. International Journal of Novel Research in Engineering and Science，2015，2（1）：31－34.

刘和洛夫（Liu & Love，2016）等学者提出当前澳大利亚对 PPP 项目风险进行评价时只重点关注了成本、时间、质量这三个指标，但由于 PPP 项目建设周期长，不可预测的风险发生概率较高，因此若想要更加系统科学地对 PPP 项目进行风险评价，就必须从全生命周期的角度对其进行评价。①

2.1.2.3　风险分担

帕特里克和兰姆（Patrick T & Lam，1999）认为，应该以项目参与方各自自身的风险承受能力和对风险的控制能力为依据，决定应如何分配风险，并通过建立 PPP 项目风险系数与风险分配合理性的函数关系，更加有效地解决了参与方之间分担风险的问题。②

道格拉斯·拉姆（2005）在《项目融资：为私营融资项目融资——英国的实践和策略》一文中指出："英国的私营主导融资（PFI）和公私合伙融资（PPP）之所以得到发展和广泛应用，主要是得益于英国的政治体系、较低水平且稳定的利率和通货膨胀率，以及标准化的合同文件。"他认为在对风险进行管理的过程中，应主要采取风险规避、风险减弱和风险吸收三种策略。③

卡利迪尼迪（Kalidinidi，2005）将 PPP/BOT 风险管理过程总结归纳为四个阶段：风险管理计划、风险识别、风险评估分析以及风险监测与控制。④

李冰和阿金托耶（LiBing & A. Akintoye，2005）在深入研究英国 PPP 项目的风险分配情况的过程中，在运用检查表法的基础上对数据进行分析，并得出结论：公共部门应更多地承担宏观和微观风险，或者与私营部门共同承担。与此同时，由于私人部门对利率、汇率等经济指标更具市场敏感性，因此，大多数中观层面的风险应该由私人部门来承担。对于多数情况下项目参与方不能明确风险归属的情况，风险需要公私双方共同承担。研究结果显示，

---

① Liu J., Love P. E. D., Smith J.. Praxis of performance measurement in public-private partnerships: moving beyond the Iron triangle [J]. Journal of Management in Engineering, 2016, 32 (4): 04016004.

② Patrick T, Lam I. A sectoral review of risks associated with major infrastructure projects [J]. International Project Management, 1999, 17 (2): 77 – 87.

③ 道格拉斯·拉姆. 项目融资：为私营融资项目融资——英国的实践和策略 [C]. BOT/PPP（特许经营）项目融资国际前沿论坛，2005.

④ Dr. Satyanarayana N Kalidinidi. 印度 BOT 公路项目关键风险的识别、评估和分担 [C]. BOT/PPP（特许经营）项目融资国际前沿论坛，2005.

在 PPP 项目的初级阶段，就应该建立高效的风险分担机制。①

马蒂纳斯和史蒂芬（Martinus & Stephen，2006）提出了风险分担的几个基本原则：风险应该由更有能力控制风险的一方承担；公私双方都应该具备识别项目风险的能力；公共部门和私人部门都应该具有一定的风险预防和风险承受的能力；公私双方不能逃避承担风险。②

卢斯莫尔（Loosemore，2006）等学者提炼归纳了现有 PPP 模式风险分担机制的原则，并聚焦于风险与收益应相匹配这一原则进行深入研究分析，认为在 PPP 项目实践中，对于公共部门与私人部门之间风险的划分，需要结合收益进行分配。③

弗朗西斯卡和美达（Francesca & Medda，2007）为了深入研究 PPP 交通基础设施项目，在对 PPP 项目进行风险分担时，以动态信息为背景依据，引入了讨价还价博弈论，并建立了报价仲裁博弈模型，以确定风险更应该由哪方利益相关者来承担。④

罗兹贝（Roozbeh，2009）为了确定风险分担比例，通过问卷调查法搜集了以往一些 PPP 项目的风险分担比例数据，并结合现有数据的方法，最终确定了最佳的分担比例。但他认为该过程程序繁杂、结果不够客观极具争议，故在确定风险分担方案前，各参与方应进行充分谈判以达成统一意见。⑤

金和张（Jin & Zhang，2011）在研究了多个传统多重线性回归和模糊评价方法之后，总结了之前方法的不足，为了提高 PPP 项目风险分担机制的准确性，提出将模糊数学和 BP 神经网络方法相结合来完善 PPP 项目的风险分担机制。⑥

---

① Li B, Akintoye A, Edwards C. The allocation of risk in PPP/PFI construction projects in the UK［J］. International Journal of Project Management，2005，11（23）：25 – 35.

② Martinus P. Abednego, Stephen O. Ogunlana Good project governance for proper risk Allocation in public-private partnership in Indonesia［J］. 2006（24）：622 – 634.

③ Loosemore M, Raftery J, Reilly C, Higgon D. Risk management in projects［J］. Taylor & Francis, 2006（6）：32 – 34.

④ Francesca Medda. A game theory approach for the allocation of risks in transport public private partnerships［J］. Science Direct，2007，25：213 – 218.

⑤ Roozbeh Kangari. Risk Management Perceptions and tends of US. Construction［J］. Engineering and Management，2009（12）：442 – 449.

⑥ Jin X. H. , Zhang G. . Modelling optimal risk allocation in PPP projects using artificial neural networks［J］. International Journal of Project Management，2011，29（5）：591 – 603.

艾力热扎和莫里马德雷扎（Alireza & Moliammadreza，2014）等学者在研究马来西亚 PPP 项目的基础上，为达到缩短时间、降低成本和提高质量等目标，建立了多目标优化函数以确定公私双方风险分担的方式和各自比重。①

奥利韦拉（Oliveira，2016）等学者为体现投标过程中利益相关者风险偏好对财务支持的敏感程度，提出了博弈论模型来证明两者之间的关联。②

2.1.2.4 监管架构

鲁滨逊（Robinson，2001）提出，对于确定 PPP 项目收入分配方案，以及制定社保制度来说，一种有效的决定方式是通过公众投票，而为使这种决策方式更加科学有效，就需要完善的监管机制和系统的政府规制进行约束。③

欧文·E·休斯（2001）在《公共管理导论》一书中详细论述了引入私人部门对于市级政府基础设施的供给具有重要的作用，同时论证了在私人部门提供服务时，政府部门有必要进行有效监管，因为如果让私人部门在不存在竞争的环境下仅依靠自身意愿提供产品和服务，将会严重损害公众利益。④

库马拉格瓦米（M. M. Kumaragwamy，2001）和张（2001）从政府监管的角度出发，对 PPP 模式进行研究，并提出在 PPP 模式中，政府一方面需要制定相应的政策规定，为 PPP 模式的健康稳健运行提供良好的外部条件，以此来吸引更多的私人企业进入公共领域提供服务；另一方面，还应对私人部门进行严格的监管，以保障企业在提供产品和服务时不会损害公共利益。⑤

庞西里（Pongsiri，2001）认为，随着越来越多的私营部门投入公共领域从事公共物品和服务的提供，为了避免出现市场失灵的可能性，以及保障私

① Alireza V. 5 Mohammadreza Y. , Zin R. M. , et al. An enhanced multi-objective optimization approach for risk allocation in public-private partnership projects：a case study of Malaysia［J］. Canadian Journal of Civil Engineering，2014，41（2）：164 – 177.

② Matheus Oliveira，Joana Ribeiro，Rosário Macário. Are we planning investments to fail？Consequences of traffic forecast effects on PPP contracts：Portuguese and Braziliancases［J］. Research in Transportation Economics，2016，59：167 – 174.

③ Robinson B. Paying the proper price to manage risk. Balance sheet［M］. Birmingham：MCB university press，2001.

④ 欧文·E·休斯. 公共管理导论（第二版）［M］. 彭和平等，译，北京：中国人民大学出版社，2001.

⑤ Kumaraswamy M M，Zhang X Q. Governmental role in BOT – led infrastructure development［J］. International Journal of Project Management，2001，19（4）：195 – 205.

人部门的公平竞争，政府应当通过建立更加系统详细的法律框架来明确公共部门和私营企业之间的权利和责任划分，从而得以最大程度地维护社会利益。①

拉福特和蒂洛伊尔（Laffont & Tirole，2001）为了进一步优化政府采购和政府监管，以博弈理论为基础，利用机制设计工具建立了可以剖析政府与企业双方最优权衡的信息监管机制。②

格里姆西和莱文斯（Grimsey & Lewis，2002）以苏格兰污水处理厂项目为例，具体分析了该 PPP 项目中蕴含的风险因素，提出公共部门和私营企业要合理确认双方承担的风险比例，做好潜在风险的识别和预防，尽可能减少风险发生的可能性，使 PPP 项目在可控范围内稳健开展。③

古德利夫（Goodliffe，2002）分析了英国对于 PPP 模式是如何进行管控规定的同时，选取航空项目作为引证举例，得出结论：PPP 项目成功实施的重要因素，是政府部门应该对价格这一关键指标进行严格监管。④

斯帕克曼（Spackman，2002）通过对西方发达国家在 PPP 项目上积累的诸多实践经验进行研究总结，发现他们都先后建立起了比较完善的法律法规，以规范 PPP 模式运作，因此，斯帕克曼指出政府如果要保证 PPP 项目的成功实施，应该为企业营造良好的法律环境。⑤

彼得森（Petersen，2010）通过对丹麦的失败 PPP 项目进行原因总结，发现都具有一个共同问题，就是在政府监管方面存在不够完善的地方，因此，彼得森认为要想有效推进 PPP 项目实施，应该优先对各项监管指标作出详细规定。⑥

---

① Pongsiri N. Regulation and public-private partnerships［J］. Centre on Regulation & Competition Working Papers，2001，15（6）：487 - 495.

② Laffont，Jean Tirole. Competition in Telecommunications［M］. The Congress of Cataloging publication，2001：4.

③ Grimsey D. Lewis M K. Evaluating the risks of public private partnerships for infrastructure projects［J］. International Journal of Project Management，2002，20（2）：107 - 118.

④ Goodliffe M. The new UK model for air traffic services—a public private partnership under economic regulation［J］. Journal of Air Transport Management，2002，8（1）：13 - 18.

⑤ Spackman M. Public-private partnerships：lessons from the British approach［J］. Economic Systems，2002，26（3）：283 - 301.

⑥ Petersen O H. Regulation of public-private partnerships：the Danish case［J］. Public Money & Management，2010，30（3）：175 - 182.

洛曼（Lohmann，2014）等通过实证研究得出结论，认为政府防范私人部门进入公共领域而造成的市场失灵和行业混乱现象，加强监管是重要途径之一。①

莫塔和莫雷拉（Mota & Moreira，2015）指出，PPP 相关法律法规是否完善、市场竞争是否充分，以及政府监管是否有效，是决定 PPP 项目能否成功的三条关键因素。②

萨瓦斯（2015）在书中写到，在 PPP 基础设施项目中，政府应当明确自身进行有效监管的身份和职责，对私人部门行为进行法律层面的约束，以防止私人机会主义危害公众利益。除了以政府自身力量进行监管外，还应尽可能发挥社会力量进行协同监管。③

党（Dong，2016）等学者在对中国和美国的 PPP 模式进行对比研究后，发现无论是发展中国家还是发达国家，政府监管在 PPP 项目的建设过程都发挥着举足轻重的作用。④

刘等学者（2016）运用实证方法，对 PPP 项目顺利实施的关键因素进行研究分析，指出政府监管的力度发挥了至关重要的作用。⑤

2.1.3　项目采购

2.1.3.1　选择优秀的社会资本

罗伯特（Robert，1992）在对比了政府部门选择 BOT 项目特许经营者的

① Lohmann Christian，Rötzel Peter G. Opportunistic Behavior in Renegotiations Between Public – Private Partnerships and Government Institutions：Data on public-private partnerships of the German Armed Forces [J]. Transportation Research Part a – Policy and Practice，2014，17（3）：387 – 410.

② Mota J，Moreira A C. The importance of non-financial determinants on public-private partnerships in Europe [J]. Journal of Management in Engineering，2015，33（7）：1563 – 1575.

③ E. S. 萨瓦斯. 民营化与 PPP 模式：推动政府和社会资本合作 [M]. 周志忍等，译，北京：中国人民大学出版社，2015.

④ Dong Z，Wang M，Yang X. Comparative study of China and USA public private partnerships in public transportation [J]. Journal of Modern Transportation，2016，24（3）：1 – 9.

⑤ Liu T，Wang Y，Wilkinson S. Identifying critical factors affecting the effectiveness and efficiency of tendering processes in Public – Private Partnerships（PPPs）：A comparative analysis of Australia and China [J]. International Journal of Project Management，2016，34（4）：701 – 716.

多个实例后，总结得出 6 个标准，分别是：企业家精神，主要指合理评估风险、处理好与政府的关系；选择适合的项目，主要指正确预测政府所需资金、项目由私人部门来运营更有效、项目提供的公共物品或服务是垄断的；一流的项目团队，主要指企业在行业内居于领导地位、具有长期谈判的实力；技术方案富于创新性，主要指技术有效、创新，且成本较低；融资方案具有竞争性，主要指成本低、自有资金比例合理、特许价格较为合理、建设期和特许运营期相对较短、能准确预测需求；其他特殊方案，主要指一定程度让利政府等。[①]

阿萨杜扎曼（Asaduzzaman，2015）等认为，私人部门的融资对 PPP 模式影响很大，一般来说，私人部门融资越具有竞争性，政府部门越容易与其合作，并且这样公私双方的合作也更具有稳定性。[②]

2.1.3.2 采购管理制度

罗比纳（Lobina，2005）在比较了各国供水业和污水处理业的 PPP 项目后，指出私人部门在参与这些行业时，政府大多采取限制性竞争方式，即采用单一投标人或无限制投标的特许权形式。[③]

2.1.3.3 合同体系设计

尼萨尔（Nisar，2007）认为，取得 PPP 项目的预期目标，要精细地平衡长期投资和资产管理的效率，并需要将重心放在圆满结束 PPP 合同风险转移的战略上。[④]

马克斯和伯格（Marques & Berg，2010）提出风险在政府与企业之间的

---

① Robert L. K. Tiong. Critical success factors in winning BOT contracts [J]. Journal of Construction Engineering and Management，1992，118（2）：217 – 228.

② Mohammed Asaduzzaman，Jari Kaivo-oja & Jari Stenvall·Sari Jusi. Strengthening Local Governance in Developing Countries：Partnership as an Alternative Approach [J]. Public Organiz Rev DOI，2015，（4）：3 – 5.

③ Emanuele Lobina. Problems with Private Water Concessions：A Review of Experiences and Analysis of Dynamics [R]. Water Resources Development，2005，21（1）：55 – 87.

④ Tahir M. Nisar. Risk Management in Public – Private Partnership Contracts [J]. Public Organization Review，2007，7：1.

不合理分配，限制了私营部门参与 PPP 项目建设的可能性。[①]

马克斯、伯格（2011）研究发现，公共部门和私营企业合作时的不对等关系，往往导致公共部门将更多的风险转移给企业[②]

以斯帖和陈（Esther & Chan A P C，2011）发现政府腐败失信，无法实现承诺，违反合同，是一项影响较大的风险因素。[③]

伯格（2013）指出，在公私双方就项目签订 PPP 合同后，政府可能不会完全履行合同义务，因为当届政府可能不是基于纯粹建设基础设施的目的，或项目可持续发展的角度开展 PPP 项目，而只是为了参加选举完成政绩进行项目建设。[④]

马克斯（2011）在其文章中利用风险分析、风险识别、风险分类、风险分配、概率和影响量化，最终确定了减轻和最小化风险措施，以此来管理和分担风险。[⑤]

2.1.4 项目执行

2.1.4.1 价格机制影响因素

科尔夫和班克（Kerf M & Bank W，1998）研究了 PPP 模式下，特许经营价格受通货膨胀率、利率、汇率、消费者需求、要素价格等因素的影响。[⑥]

谢和张（Xie J & Cheung Y K，2007）等人构建了蒙特卡洛模拟方法下的

① MARQUES R，BERG S. Revisiting the strengths and limitations of regulatory contracts in infrastructure industries ［J］. Journal of Infrastructure Systems，2010，16（4）：334 –342.

② Rui Cunha Marques，Sanford Berg. Risks，Contracts，and Private – Sector Participation in Infrastructure ［J］. Journal of Construction Engineering and Management，2011，11：925 –932.

③ CHEUNG Esther，Chan A P C. Risk Factors of Pubilc – Private Partnership Projects in China：Comparison between the Water，Power and Transportation Sectors ［J］. American Society of Civil Engineers，2011，137（4）：409 –415.

④ BERG S. Best Practices in Regulating State-owned and Municipal Water Utilities ［C］. Economic Commission for Latin America and the Caribbean，2013.

⑤ Rui Cunha Marques，Sanford Berg. Risks，Contracts，and Private – Sector Participation in Infrastructure ［J］. Journal of Construction Engineering and Management，2011，11：925 –932.

⑥ Kerf M，Bank W. Concessions for Infrastructure. A Guide to their Design and Award ［C］. World Bank – Technical Papers，1998：51 –60.

PPP 合作期模型，研究得出物价水平、交通需求、变动成本等对价格有着非常重要的影响。[①]

2.1.4.2 定价机制研究

叶苏邓，罗伯特 L 和丁（Sudong Ye，Robert Li & K. Tiong，2003）运用蒙特卡洛模拟的方法，分析了以私营企业收回投资并获取一定收益为前提，利用 PPP 模式中部分要素的变动来弥补有关风险，从而达到平衡风险和获得利润的双重目的。[②]

马菲（Maffii S，2010）等研究了社会边际成本定价法在道路 PPP 项目中的运用，同时列举了在 PPP 模式下社会边际成本定价法可能出现的问题，并给出了解决方案。[③]

埃文胡伊斯（Evenhuis E，2010）等也运用社会边际成本定价法对道路 PPP 项目中的定价机制进行分析，分析主要包括该方法在回报机制、项目移交方面的影响途径，并提出给予企业收入以弥补其长期平均成本的方法，同时也会造成企业的逆向激励。[④]

2.1.4.3 激励监管机制研究

世界银行的经济学家克莱恩（Klein，1998）通过研究特许权合约的关键影响因素，提出起草特许经营权合同的主要标准是合同要清晰易懂，且条款应该具有可充分理解性，减少模糊措辞，从而尽可能减少再谈判的可能，并且特许经营权合同应该给特许权获得者预留一些调整余地，以便随环境变化提出更有创新性的解决方案，并辅以激发私营方合作伙伴参与热情的激励方案。激励方案应包括成本的分担和定价安排、与履约绩效相关的罚金和奖金、

---

① Ng S T, Xie J, Cheung Y K, et al. A simulation model for optimizing the concession period of public-private partnerships schemes [J]. International Journal of Project Management, 2007, 25 (8): 791 – 798.

② Sudong Ye, Robert L. K. Tiong. The effect of concession period design on completion risk management of BOT projects [J]. Construction Management& Economics, 2003, 21 (5): 471 – 482.

③ Maffii S, Parolin R, Ponti M. Social marginal cost pricing and second best alternatives in partnerships for transport infrastructures [J]. Research in Transportation Economics, 2010, 30 (1): 23 – 28.

④ Evenhuis E, Vickerman R. Transport pricing and Public – Private Partnerships in theory: Issues and Suggestions [J]. Research in Transportation Economics, 2010, 30 (30): 6 – 14.

保险安排等。①

伊斯追特（Istrate，2011）等认为不合理的激励、监管机制、缺乏专业人才或者政府部门积极性不足都会对项目实施造成负面影响。

2.1.4.4　付费方式研究

凯西（Casey，2001）在根据收益产生原理对收益分配进行相应研究的基础上，对风险管理过程、当前资本价值的未来风险和收益等参数进行研究，以了解其对收益分配的影响。②

古德利夫（Goodliffe，2002）认为，要激发投资者参与 PPP 项目的热情，就要更加有效地控制建设成本，因为合理的成本才能够为投资方带来更丰厚的收益。③

赛文斯（Savas，2000）将政府和社会资本提供公共服务的制度安排分为十种具体形式，其中属于 PPP 范畴的有合同承包、特许经营和政府补助三种。这三种制度安排的共同特征是私人部门为公共服务的生产者，公共部门是制度安排者。④

耶斯科姆（Yescombe，2007）认为，政府支付费用应考虑以下几点：（1）建设期内的收入；（2）项目延期完工影响；（3）政府投入的资本支出（Capex）；（4）支付给政府的资本支出（例如，PPP 合同中的部分项目已由政府资金建成的情况）；（5）对政府的付费（例如，项目公司向政府支付一定价格的"特许经营费"）。⑤

多奇亚（Dochia，2009）等认为，政府付费机制具有六大特点：（1）将项目的设计、建设、融资和运营维护风险转移给社会合作者；（2）适用于没

① Michael Klein. Bidding for Concessions——The Impact of Contract Design ［R］. The World Bank Group：Finance，Private Sector and Infrastructure Network，1998：158.

② Christopher Casey. Corporate valuation，capital structure and risk management：A stochastic DCF approach ［J］. European Journal of Operational Research，2001，135：311 - 325.

③ Mike Goodliffe. The new UK model for air traffic services-a public private partnership under economic regulation ［J］. Journal of Air Transport Management，2002，8：13 - 18.

④ 萨瓦斯. 民营化与公私部门的伙伴关系 ［M］. 北京：中国人民大学出版社，2002：69 - 89.

⑤ Yescombe，E. R. Public - Private Partnerships Principles of Policy and Finance ［M］. Amsterdam：Elsevier，2007：223 - 241.

有直接收入、绩效或运营产出易于定义和控制等特点的项目；（3）可与政府债务类比，限制政府义务和社会合作者收益上限；（4）导致政府承担需求风险；（5）给社会合作者极大地提高建设、运营、维护效率的激励；（6）部分或完全让步于其他政府债务。①

2.1.4.5　绩效评价研究

巴克利（Barclay，2008）将平衡记分卡方法与 PPP 项目管理相结合，创造性地提出了 PPP 项目绩效记分卡。②

布林克霍夫（Brinkerhoff，2002）对公私合作特许经营关系进行研究，并提出对特许经营合作伙伴关系进行绩效评价的框架，绩效评价指标主要有合作实践程度、合作履行情况以及合作的效率等。③

斯塔德勒（Stadtler，2016）认为，评估 PPP 项目时，在评估了成本和利益的基础上，还应将利益相关者的需求纳入考虑范围。④

郎（Low，2005）等为了进行项目绩效研究，通过实证研究法，以苏格兰 64 个 PPP 项目（共涉及 64 个公共部门）以及 41 个私营部门为调查对象，向其发送调查问卷。调查表明 PPP 绩效指标应当包含 4 个部分，分别是：采购过程、设计建设过程、运营绩效评价以及资金价值。此外郎还详细地研究分析了导致 PPP 项目绩效水平不同的原因。⑤

2.1.4.6　合同调整研究

拉赫曼（Rahman，2002）等认为，要想确保项目的成功，在公私双方签订

①　Dochia S, Parker M. Introduction to Public – Private Partnerships with Availability Payments［R］. Public Works Financing, 2009.

②　Corlane Barclay. Towards an integrated measurement of IS project performance：The projectperformance scorecard［J］. Information Systems Frontiers, 2008, 10 (3)：331 – 345.

③　Jennifer M. Brinkerhoff. Assessing and improving partnership relationships and outcomes：aproposed framework［J］. Evaluation & Program Planning, 2002, 25 (3)：215 – 231.

④　Lea Stadtler. Scrutinizing Public – Private Partnerships for Development：Towards a BroadEvaluation Conception［J］. Journal of Business Ethics, 2016, 135 (1)：1 – 16.

⑤　Caroline Low, Daniel Hulls, Alan Rennison. Public Pribate Partnerships in Scotland and Evaluation of Perfoemance［J］. Expert Systems with Applications, 2005, 3.

公平明确的合同的前提下，还应考虑利益相关者的态度及其相互之间的关系。①

卢米诺（Lumineau，2012）等认为，由于在项目实施过程中治理机制会影响利益双方之间的关系，甚至可能会对项目绩效产生影响，因此，为了研究应该如何为项目匹配合适的治理机制，卢米诺等人将合同从合同控制性和合同协调性两个方面进行划分，并将治理机制体现为两者之间的平衡。②

多明格斯（Domingues，2014）等认为，合同的不完整性会导致出现不可预见的事件引起合作双方之间的冲突，导致合同僵化，这种情况下，私营部门会因担心合同的适应性而导致投资不足，甚至会导致 PPP 项目的失败。③

加涅培（Gagnepain，2013）等学者表示，再谈判意味着合作双方不遵守合同条款，偏离合同的预期目标。④

布鲁（Brux，2010）认为，通过改善合同的方式进行再谈判，是为双方带来利益的机会。⑤

冈萨洛（Gonzalo，2016）提出，对于已生效的合同，必须采取更灵活的方式，使合同的监督更加透明，并受到公众的监督；监管机构应提供必要的工具（行政规则、条例等），以此作为合同履行时权利和义务的参考。为使上述措施得以实现，执行部门和立法部门应加强监管体系，从加强监管技术水平和保护财务水平自主权两方面，进行相关法律和标准的完善和制定。⑥

马克斯（2018）提出，监督 PPP 合同，即监督机构或合同经理为确保合同目标实现，必要时可以选择重新谈判和更改合同条款。解决 PPP 合同再谈判问题，可通过增加灵活性合同和建立常规性再谈判机制。增加灵活性的合

① Rahman M M, Kumaraswamy M M. Joint risk management through transactionally efficient relational contracting [J]. Construction Management & Economics, 2002, 20 (1): 45 - 54.

② Lumineau F, Henderson J E. The influence of relational experience and contractual governance on the negotiation strategy in buyer-supplier disputes [J]. Journal of Operations Management, 2012, 30 (5): 382 - 395.

③ DOMINGUES Se'Rgio, ZLATKOVIC Dejan. Renegotiating PPP Contracts: Reinforcing th-e 'P' in Partnership [J]. Transport Reviews, 2014, 2: 204 - 225.

④ GAGNEPAIN P, IVALDI M, MARTIMORT D. The cost of contract renegotiation: evidence from the local public sector [J]. The American Economic Review, 2013, 103 (6): 2352 - 2383.

⑤ BRUX J. The dark and bright sides of renegotiation: an application to transport concession contracts [J]. Utilities Policy, 2010, 18 (2): 77 - 85.

⑥ GONZALO R D. The contractual and administrative regulation of public-private partnership [J]. Utilities Policy, 2016, 4: 109 - 121.

同，可减轻合同的不完整性，在监督机构的监督下，可定期进行再谈判。[①]

2.1.4.7　工程期限研究

古斯奇（Guasch, 2004）指出，特许经营项目的特许建设经营期限由许多因素决定，包括资产的获利能力、总投资、经营成本、使用者价格表和折旧等。特许期在一定程度上体现了投资收回的年数，对于未来收益不好预测的项目特许期越长风险越大。[②]

陈和李（2002）通过现值法，从投资人角度出发，确定 BOT 项目的最少特许权期限；从政府角度出发，确定 BOT 项目最长的特许权期限，最后综合考虑两种角度和 BOT 项目的经济寿命期来确定项目的特许权期限。[③]

2.1.5　项目移交

2.1.5.1　正常移交与非正常移交

贝拉西（Belassi, 1996）等人认为，造成项目无法完成的主要原因包括预期收益与实际收益差距过大、需求有所变化、技术不到位、管理薄弱等。[④]

王守清、罗伯特和森（1999）在研究中国 BOT 项目利用合同规避政治风险时，指出自中国建设第一个 BOT 项目开始，国际调查机构就着手研究中国 BOT 项目的风险，其主要成果包括：识别风险因素、制定应对这些风险的措施、通过对来宾 B 电厂特许权协议中的合同条款进行研究构建了一个适合中国 BOT 项目的风险管理框架。对来宾 B 电厂特许权协议进行分析时，主要研

---

①　MARQUES R C. Regulation by contract: Overseeing PPPs [J]. Utilities Policy, 2018 (50): 211 – 214.

②　Guasch, J. Luis. Granting and Renegotiating Infrastructure Concessions: Doing It Right, Washington, D. C. [R]. World Bank, 2004.

③　L. Y. Shen and H. Li. Alternative concession model for BOT contract projects [J]. Journal of Construction Engineering and Management, 2002, 128 (4): 326 – 330.

④　Belassi W, Tukel O I. A new framework for determining critical success/failure factors in projects [J]. International Journal of Project Management, 1996, 14 (3): 141 – 151.

究了该项目中的关键风险因素，包括法律政策变更风险、腐败风险、审批风险以及政府违约导致项目被没收的风险。[①]

弗鲁恩（Forune，2006）等认为，项目发生重大变更、成本严重超支等情况，是项目提前终止的原因。[②]

帕帕亚诺努（Papaioannou，2006）等研究发现，导致项目终止的主要原因包括：缺乏适宜的市场环境、政府部门效率低、私营企业合作经验不足、项目融资困难、法律环境不够完善。[③]

马哈林安（Mahalingam，2010）认为对电厂 BOT 项目来说，运营失败的原因包括未按时完成项目、汇率改变、公众未按预期进行使用消费，以及各种不可抗力因素等。[④]

皮斯（Puentes，2011）等认为由于政府部门需要满足公共利益，维护公共形象，因此当公众对项目有所不满或进行抵制时，政府通常会采取提前终止 BOT 项目的措施。[⑤]

阿尔恩特（Arndt，1998）通过对墨尔本城际公路 BOT 项目的研究，提出政府部门进行回购时，除了要计算私人资本前期投入的建设成本，还应考虑运营期间的各种相关费用、投资的机会成本、私人投资者的合理回报等因素。[⑥]

王等（2000）通过研究广西来宾 B 电厂 BOT 项目，提出政府部门在制定相关政策法规时，为提高私人资本的投资热情，应该尽可能减少社会资本的投资风险。如果是由于法律变动造成项目提前终止，那么政府部门在回购时

①　Wang Shouqing, Robert L. K. Tiong, Seng Kiong David Ashley. Political Risks：Analysis of key contract clauses in china's BOT project ［J］. Journal of Construction Engineering and Management，1999，6：190 - 197.

②　Fortune J, White D. Framing of project critical success factors by a systems model ［J］. International Journal of Project Management，2006，24（1）：53 - 65.

③　Papaioannou P, Peleka M. Recent Experience on Success and Failure Stories from Funding Large Transportation Projects in Greece：Ist International Conference on Funding Transportation Infrastructure ［C］. Alberta：Lanada，2006.

④　Mahalingam A. PPP Experiences in Indian Cities：Barriers, Enablers, and the Way Forward ［J］. Journal of Construction Engineering & Management，2010，136（4）：419 - 429.

⑤　Istrate E, Puentes R. Moving Forward on Public Private Partnerships：U. S. and International Experience with PPP Units ［R］. Brookings Foundation，2011.

⑥　Arndt R H. Risk Allocation in the Melbourne City Link Project ［J］. Journal of Structured Finance，1998，4（3）：11 - 24.

应向私营企业提供合理的补偿。①

兰（Lay, 2002）等提出，在政府部门对私人资本进行补偿时，应将造成提前终止的因素、违约造成的损失程度、项目过去和未来的价值、项目履约时间等因素都予以考虑，从而确定补偿程度。②

欧文（Irwin, 2010）等表明，在澳大利亚，如果是由于私营企业自身的原因导致项目提前终止，一般要由第三方机构对项目价值参照市场价格进行评估后确定的估值为标准来确定补偿。如果是由于不可抗力因素造成项目终止，则应补偿项目公司持有项目股份的账面价值和项目债权人的债务额。若因为政府原因造成项目提前终止，那么除了要偿还项目债务额外，政府还应就股东损失进行补偿。③

2.1.5.2 资产评估

迪克西特（Dixit, 1995）等人认为，投资者可以通过实物期权法寻求一种最大化项目市场价值的方法，实物期权法指利用投资中蕴含的期权获取收益，并能在不确定性条件下中寻求更大的价值。④

陈等（2006）基于东道国政府为提高 BOT 项目价值而提供的包括最低收入保证、补贴和担保在内的各种收益保障形式，应用蒙特卡罗模拟法，构造了贴现现金流模型，并以马来西亚—新加坡公路项目为例，应用该贴现现金流模型计算出政府不支付补贴和政府提供收益保障弥补收入不足这两种情况的分界值。⑤

———————————

① Wang S Q, Tiong L K. Case study of government initiatives for PRC's BOT power plant project ［J］. International Journal of Project Management, 2000, 18（1）: 69 - 78.
② Lay M G, Daley K F. The Melbourne City Link Project ［J］. Transport Policy, 2002, 9（3）: 261 - 267.
③ Irwin T, Mokdad T. Managing Contingent Liabilities in Public - Private Partnerships ［R］. World Bank report, 2010.
④ DIXIT K V, PINDYCK R S. The option approach to cap-ital investmen ［J］. Harvard Business Review, 1995, 73（3）: 105 - 114.
⑤ CHEAH C Y J, LIU J. Valuing governmental support in infrastructure projects as real options using monte carlosimulation ［J］. Construction Management and Economics, 2006, 24（5）: 545 - 554.

2.2 国内文献综述

2.2.1 项目识别

在项目识别阶段，主要涉及的材料有项目建议书、可行性研究报告、初步实施方案、物有所值评价报告和财政承载能力论证报告等。而在财政风险监管过程中，物有所值论证和财政承受能力论证是重中之重。财政部《政府和社会资本合作模式操作指南（试行）》第八条中规定："财政部门（政府和社会资本合作中心）会同行业主管部门，从定性和定量两方面开展物有所值评价工作。定量评价工作由各地根据实际情况开展。定性评价重点关注项目采用政府和社会资本合作模式与采用政府传统采购模式相比能否增加供给、优化风险分配、提高运营效率、促进创新和公平竞争等。定量评价主要通过对政府和社会资本合作项目全生命周期内政府支出成本现值与公共部门比较值进行比较，计算项目的物有所值量值，判断政府和社会资本合作模式是否降低项目全生命周期成本。"

2.2.1.1 物有所值评价

孙慧等人（2009）提出"物有所值评价是用来评价政府、组织等机构是否能够通过项目全周期的管理运营，从项目的产品或服务中获得最大收益的一种评价方法，对项目的价格、质量、资源利用、目标实现程度、时效性以及长期运营效果等因素进行定性和定量的分析评价"。同时，详细阐述了物有所值的两种评价方法及计算方法，并分析其局限性。一种方法是成本效益评价法，通过比较每种方案的成本和收益，选择出最优的决策方案。其局限性是在选择折现率时，需要有大量的数据佐证，前提假设较多，需要大量计算，并且在数据可得性方面不太具有可操作性。第二种方法是公共部门参照标准与PPP对比法，计算出PSC，进而将LCC与PSC进行比较。在计算时，需要作出风险相关的假设，但一旦假设条件有所改变时，计算得到的二者的大小关系会发生改变，从而使得假设条件的选择非常困难。[①]

李佳嵘、王守清（2011）基于我国国情，提出了 PSC 各构成要素在我国的计算和应用方法的改进建议。PSC 计算公式：PSC = 初始 PSC + 竞争中立调整 + 转移风险 + 自留风险。在初始 PSC 部分，需要在现金流量表的现金流出项添加利息分项；对于固定资产残值部分，由于我国常见的做法是无偿转移给政府，因此不会在期末获得残值收益，即我国的现金流量表该项为零；此外，由于税收差异，竞争中立调整部分会根据传统模式和 PPP 模式进行相应调整，所以将税收从初始 PSC 部分放入竞争中立调整部分。在风险调整部分，引入 PSC 的初期，用简单的风险定量方式更为合理，并易于推广；折现率的选取可以参照可行性研究报告的折现率计算。在应用流程改进方面，建议在可行性研究表明项目可行后编制 PSC，设立专门机构对 PPP 项目进行管理，邀请同一批专家对项目进行考核评估，取代目前随机抽取专家参与项目的形式，以及向大众公布 VFM 值，并组织专门机构对 VFM 和 PSC 的计算过程加以监督。[②]

刘勇、肖翥和许叶林（2015）分析了由于 VFM 评价标准缺失与 PPP 模式立项决策体系的制度性缺陷，我国现行基础设施建设 PPP 项目评价与立项决策过程中存在问题，包括 VFM 评价标准与方法的缺失，导致 PPP 模式实施绩效难以评价，不利于提高公共部门 VFM；政府部门为追求政绩盲目启动 PPP 项目，容易忽略风险分担、VFM 等程序的基本原则；私人部门不能充分识别项目风险等。同时他们结合国情提出应及早建立专门的 PPP 项目管理部门以规范 PPP 模式的发展；现阶段基础设施建设 PPP 模式宜采用 PSC – PPP 对比法作为标准评价方法；应加紧建立 PSC 评价标准与程序等政策建议。[③]

---

① 孙慧，周颖，范志清. PPP 项目评价中物有所值理论及其在国际上的应用 [J]. 国际经济合作，2009（11）：70 – 74.
② 李佳嵘，王守清. 我国 PPP 项目前期决策体系的改进和完善 [J]. 项目管理技术，2011，9（5）：17 – 22.
③ 刘勇，肖翥，许叶林. 基础设施 PPP 项目评价与立项决策的再思考——基于 PPP 模式的国际实践经验 [J]. 科技管理研究，2015，35（8）：185 – 190.

2.2.1.2 财政承受能力论证

财政承受能力论证是指识别、测算 PPP 项目的各项财政支出责任，科学评估项目实施对当前及今后年度财政支出的影响，为 PPP 项目财政管理提供依据。财政部《政府和社会资本合作模式操作指南（试行）》第九条中规定，"为确保财政中长期可持续性，财政部门应根据项目全生命周期内的财政支出、政府债务等因素，对部分政府付费或政府补贴的项目，开展财政承受能力论证，每年政府付费或政府补贴等财政支出不得超出当年财政收入的一定比例。"2015 年 4 月 14 日，财政部发布《政府和社会资本合作项目财政承受能力论证指引》，该文件称通过论证采用 PPP 模式的项目，各级财政部门应当在编制年度预算和中期财政规划时，将项目财政支出责任纳入预算统筹安排。其中，地方政府每年全部 PPP 项目从预算中安排的支出责任，占一般公共预算支出比例不应超过 10%，各地可根据实际情况制定具体比例。

黄徐会（2016）为证明财政承受能力论证的设置是否合理，整理了英国每年承担的 PPP 债务规模，借助因子分析法生成变量，并建立宏观经济指标、PPP 合同资本价值两个变量与 PPP 债务之间的线性回归关系，得出英国每年开展的 PPP 项目规模会随宏观环境的变化同向变动，并被控制在一定范围内的结论，由此肯定了中国开展 PPP 项目前期论证时考虑财政承受力的做法。①

吴艳芳（2017）认为，论证主体和立项主体身份的重合，以及各种支出责任界定不清等原因，造成了财政承受能力论证结果的"不可信任性"，并在此基础上，提出为建立可信任的财政承受能力论证体系的三点建议：一是建立拥有专门的 PPP "归口"管理部门的管理体系，解决 PPP 项目多头管理的弊端，明确事权责任、支出责任，防止"自己监督自己"现象的产生。二是对于不同类别的财政支出责任采用不同的管理方法，并严格确定财政支出责任测算的内容、范围和计算公式，从而提升支出责任论证的可信性。三是积极引入政府支付违约保险，以便发生一些政府预算外的不可控风险时，在

---

① 黄徐会. 财政承受力约束下的 PPP 模式研究［D］. 广州：暨南大学，2016.

一定程度上会化解政府的履约危机和风险。[①]

温来成、孟巍（2017）指出，现如今出台的有关财政承受能力论证的部门规章法律层级不高，不利于充分发挥论证作用，且财政承受能力论证定量方面多采用近似值进行估算，会对后续 PPP 预算执行、管理、评估带来不利影响。此外，公私双方会为了自己的利益降低财政承受能力论证的准确性，导致有关 PPP 的政府预算管理和监督缺乏有效性，因此应进一步明确 PPP 项目财政承受能力论证的范围。根据实际情况的不同，各级财政公共预算支出额的上限可以有所差异，还要提高财政承受能力论证的制度层级，加强论证的权威性和必要性。[②]

王丽慧（2018）指出，财政承受能力论证实践中存在的主要问题有：工作基本委托中介咨询机构实施，但这些机构对财政支出责任的认识并不全面准确，这将直接影响财政承受能力的论证结果；在缺乏基础数据和操作经验的情况下，"人为"操作空间就变得很大。因此，可以简化测算方法，测算数只作为采购控制价使用，并不代表实际支付的数据，从而减少人为因素的影响。[③]

2.2.2 项目准备

项目准备阶段包括三个环节：管理架构组成、实施方案编制和实施方案审核等环节。

2.2.2.1 风险识别

风险识别作为 PPP 项目风险管理的第一步，目前已经发展得较为完善，国内外进行风险识别的方法相差无几，主要包括案例分析法、德尔菲法、问卷调查法、故障树法、头脑风暴法等。

[①] 吴艳芳. 论可信任的 PPP 财政承受能力论证机制 [J]. 财会月刊, 2017 (5): 27－32.
[②] 温来成, 孟巍. 政府和社会资本合作（PPP）项目预算管理及风险控制 [J]. 河北大学学报（哲学社会科学版）, 2017, 42 (6): 78－85.
[③] 王丽慧. 简化程序统一论证——完善 PPP 项目财政承受能力论证的思考 [J]. 财会学习, 2018 (7): 44－45.

孙淑云、戴大双（2006）等在研究高速公路 BOT 项目风险分担的过程中，总结出 BOT 项目主要包括 8 种类型的风险，分别是政治风险、法律风险、金融风险、完工风险、运营风险、市场风险、技术风险和自然风险。[①]

张智勇（2016）从私人投资者的角度出发，通过风险矩阵法识别了影响高速公路 PPP 项目投融资的主要风险因素，并根据这些风险因素提出了相应的管理防范措施。[②]

2.2.2.2 风险评价

风险评价作为识别风险和分配风险之间的关键过渡环节，主要工作包括将风险发生的可能性，以及这些风险导致的后果进行定量的测算比较，并以量化比较后获得排序作为获取关键风险因素的依据，采用针对性的风险控制方法对关键风险进行预先防范或降低风险发生的可能性。目前国内关于风险评价的方法包括：定性、定量及两者相结合三种方法，比较常见的数学方法有层次分析法、神经网络分析法、模糊综合评价法等。

韩亚品、蒋根谋（2009）为完善 PPP 项目的风险评价，对建立的 PPP 项目风险评价指标体系进行了敏感性分析，再利用概率分析法得到了不同风险因素对评价指标的敏感程度、风险发生的概率大小和变动临界值。[③]

向鹏成、宋贤萍（2016）分析了融资成本、偿债能力、资金使用效率和信用四个风险要素之间的关系，并运用系统动力学方法构建了 PPP 项目融资风险评价模型，最后根据这些风险提出了相应的解决措施。[④]

2.2.2.3 风险分担

目前国内外关于风险分担的研究集中于两个方面，一方面是通过定性和

① 孙淑云，戴大双，杨卫华. 高速公路 BOT 项目特许定价中的风险分担研究［J］. 科技管理研究，2006（10）：154－157.
② 张智勇. PPP 模式下高速公路项目投融资风险管理研究［D］. 北京：中国科学院大学（工程管理与信息技术学院），2016.
③ 韩亚品，蒋根谋. 敏感性分析及其改进在 PPP 项目风险评估中的应用［J］. 水利科技与经济，2009，15（1）：1－3.
④ 向鹏成，宋贤萍. PPP 模式下城市基础设施融资风险评价［J］. 工程管理学报，2016，30（1）：60－65.

定量两种方法来确定 PPP 项目风险分担的原则和方式。定性方法包括调查问卷法、专家访谈法等，定量方法包括层次分析法、模糊综合评价等。另一方面是根据各参与方的特点，确定其在 PPP 项目中各自需要承担的具体风险及分担比例，主要分析方法包括分配矩阵法、建立数学模型法、博弈论等方法。

刘新平、王守清（2006）认为风险分配的目的，是降低风险发生的概率、减少风险发生导致的损失以及控制风险管理成本，使政府部门与私人部门都能积极地参与到 PPP 项目建设中，且由于预先分配好风险责任范围，因此任何一方都不需要为另一方的过失负责。基于以上目标，PPP 项目的风险分配原则主要有三条：将风险分配给对风险最具有控制力的一方；承担的风险越大，所得收益越多；风险是有上限的。①

李丽红、朱百峰等学者（2014）通过对 PPP 项目失败案例进行整理和分析，发现项目失败的最关键原因是风险分担的不合理。因此为建立一个合理的 PPP 项目风险分担机制，他们提出了三点原则，即风险分担应由对风险最具控制力的一方承担、风险分担与收益相匹配、风险分担应该是一个动态调整的过程。②

常雅楠、王松江（2016）为研究中国"一带一路"背景下的 PPP 项目风险分担机制，运用了随机合作博弈模型对公私双方之间的风险分担进行分析，确定了公共部门和私营部门各自的风险分担比例。③

2.2.2.4 监管架构

王守清、刘婷（2014）提出，为加强对我国 PPP 项目的监管，应加快国家层面的 PPP 立法和制订全国性的 PPP 项目实施指南，同时设立中央和省级的专门 PPP 机构，在市级地方政府之下设立专门的 PPP 中心，以综合多个部门的职责。PPP 项目的立项和审批应重点考虑四个方面的问题：（1）应该做哪个项目？（2）这个项目是否采用 PPP 模式？（3）应采用哪种具体模式（如

---

① 刘新平，王守清. 试论 PPP 项目的风险分配原则和框架 [J]. 建筑经济，2006（2）：59 – 63.
② 李丽红，朱百峰，刘亚臣，张舒. PPP 模式整体框架下风险分担机制研究 [J]. 建筑经济，2014，35（9）：11 – 14.
③ 常雅楠，王松江. "一带一路"背景下基础设施 PPP 项目风险分担研究 [J]. 科技进步与对策，2016，33（16）：102 – 105.

BOT、BOOT、TOT 等)？项目收益由谁支付？如何定价和调价？（4）需要监管哪些方面？相关政府部门、媒体、公众等的职责与权力如何确定，等等。除此之外，还应建立统一的项目信息发布机制，做到公开、公平和公正，以利于提高效率，防止腐败。[1]

温来成等学者（2015）提出整合现有 PPP 机构，在各级政府设置专门的政府 PPP 监督管理中心，专门负责 PPP 项目的全生命周期财政风险监管，协调 PPP 学术研究和中介服务组织发展等。同时，在有关业务主管部门设立本部门的 PPP 管理机构，与政府 PPP 中心相互配合。对于不同的 PPP 项目，PPP 中心安排专门人员负责采购、建设、运营和回购等环节的财政风险监管，及时化解财政风险。[2]

王俊豪、徐慧和冉洁（2017）提出，应改变目前监管主体只由政府部门负责的现状，改为包括社会公众、学术组织和民间机构等在内的多元化评价主体，构建科学的城市公用事业 PPP 监管绩效评价指标体系，并根据评价结果建立奖惩机制，实现对监管机构权利的约束，提高监管效率。[3]

柯洪、王华等学者（2019）通过比较当前的监管现状，梳理出了我国 PPP 项目监管体系的不合理之处，并提出在对 PPP 项目进行决策的过程中，相关政府部门尤其是审计部门在保持客观中立的前提下，要对决策行为进行监督，重点对 PPP 项目潜在财政风险进行监管把控，同时加大信息公开程度，保障公众在 PPP 项目关键节点的知情权、管理权及监督权，进一步完善多主体监督体系。[4]

2.2.3 项目采购

PPP 项目在完成项目识别和项目准备后，能否顺利实施，关键在于采购

---

① 王守清，刘婷. 对加强我国 PPP 项目监管的建议［J］. 经济研究参考，2014（60）：14 – 15.
② 温来成，刘洪芳，彭羽. 政府与社会资本合作（PPP）财政风险监管问题研究［J］. 中央财经大学学报，2015（12）：3 – 8.
③ 王俊豪，徐慧，冉洁. 城市公用事业 PPP 监管体系研究［J］. 城市发展研究，2017，24（4）：92 – 99.
④ 柯洪，王华，杜亚灵，温莎娜. PPP 项目监管体系及其改善研究——基于中国管理情境［J］. 价值工程，2019，38（7）：10 – 15.

环节。财政部《政府和社会资本合作模式操作指南（试行）》（以下简称《指南》）、《政府和社会资本合作项目政府采购管理办法》（以下简称《办法》）对 PPP 项目采购方式和采购程序作了明确规定：首先做好项目采购前的准备工作，然后选择适当的采购方式，最后开展资格预审。具体说来，《指南》和《办法》明确了 PPP 项目采购资格预审包括准备资格预审文件、发布资格预审公告、邀请社会资本参与、进行资格预审、提交资格预审结果报告等环节。而编制项目采购文件，其内容一般应包括采购邀请，项目内容和要求，合同主要条款，竞争者须知，竞争者的资格、资质要求以及应提交的资格、资质、资信及业绩证明文件。其具体步骤为：首先，竞争者须提交响应文件的格式、内容和编制要求，对采购程序的规定和相关政策依据说明，提交响应文件截止时间、开启时间及地点，保证金交纳的数额和方式及不予退还的情形，项目评审方法、评审标准，确定中标或成交的原则以及具体程序，对签订项目合同的程序和要求等内容。然后，发布采购公告，发售采购文件，组织现场考察或召开采购答疑会，成立评审小组，接收社会资本提交的响应文件，举行开标仪式或召开采购会，进行评审，评审结束后，进行采购结果确认谈判，签署确认谈判备忘录，公示采购结果及拟定的合同文本，公告采购结果，签署合同。最后，PPP 项目采购活动结束后，采购单位应按采购文件规定向社会资本退付保证金。

2.2.3.1 PPP 适用法律

徐剑锋（2014）认为，PPP 模式的实质是政府购买服务，但基于我国《中华人民共和国政府采购法》以及相关的法律法规将政府采购局限于一定范围之内，并不等同于公共采购范围，且政府采购与重点招投标的采购方式和程序各自独立，因此 PPP 项目适用法律究竟是《中华人民共和国政府采购法》（以下简称《政府采购法》）还是《中华人民共和国招标投标法》（以下简称《招标投标法》）尚未完全理顺。①

刘婧湜、王守清（2015）分别从适用项目的属性、政府的角色、选择特

---

① 徐剑锋. PPP 项目，政府采购不应"缺位"［J］. 中国政府采购，2014（11）：60 – 61.

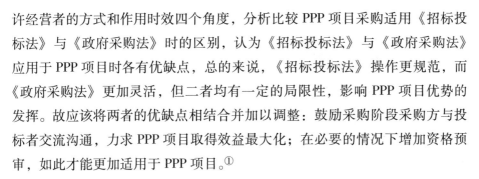

许经营者的方式和作用时效四个角度，分析比较 PPP 项目采购适用《招标投标法》与《政府采购法》时的区别，认为《招标投标法》与《政府采购法》应用于 PPP 项目时各有优缺点，总的来说，《招标投标法》操作更规范，而《政府采购法》更加灵活，但二者均有一定的局限性，影响 PPP 项目优势的发挥。故应该将两者的优缺点相结合并加以调整：鼓励采购阶段采购方与投标者交流沟通，力求 PPP 项目取得效益最大化；在必要的情况下增加资格预审，如此才能更加适用于 PPP 项目。[①]

2.2.3.2　选择优秀的社会资本

仇保兴、王俊豪（2003）在指出特许经营招投标竞争不充分的问题后，进一步阐述了造成这种竞争不足的两个原因：一方面，参与投标的企业之间通过共谋的方式谋取最大利益，造成参与竞标的企业数量越少；另一方面，某家投标企业相比其他企业拥有更大的战略优势，也会在一定程度上打击企业参与竞标的积极性，造成参与竞争的企业数量减少。[②]

徐玉环（2014）指出选择 PPP 社会资本合作方的方式不合理的问题，现如今大多数政府部门是通过招投标的方式。但当 PPP 项目涉及各方在全生命期内各种复杂安排时，例如利益共享、风险分担、绩效评估等问题，应给予双方充分的谈判空间，但由于招投标严格的程序，合作双方可谈判余地小，会造成 PPP 项目的优势无法得到充分发挥，此时招投标模式不适用于遴选 PPP 社会资本合作方。[③]

陈金鑫（2018）指出，为选择适合的社会资本，在 PPP 项目采购和合同订立阶段需，要建立合同财政风险评价模型。而运用该模型选择适合的社会资本投资人时，不仅要考虑社会投资者的资产状况，还要关注其技术能力和项目管理经验等，最终判断该私人投资方是否具备履行合同、建设

① 刘婧湜，王守清. PPP 项目特许经营者选择研究——基于《招标投标法》与《政府采购法》的适用性比较［J］. 建筑经济，2015，36（7）：9－12.
② 仇保兴，王俊豪. 中国城市公用事业特许经营与政府监管研究［M］. 北京：中国建筑工业出版社，2014：1－3.
③ 徐玉环. PPP 与政府采购［J］. 招标采购管理，2014（11）：16－18.

项目的能力。[①]

2.2.3.3 采购管理制度

何意灏（2015）指出，首先，竞争性磋商方式的使用范围主要是 PPP 项目的内容范围，但在该模式下，政府和社会资本之间会不断谈判，导致项目招投标的时间增加和效率低下。其次，社会资本方提交的项目方案在包含创新部分的情况下，会导致竞争性磋商效率不高，甚至无法达成合同。因此，竞争性磋商模式会导致创新性方案缺乏竞争力，抑制了 PPP 项目的创新可能性，不利于 PPP 项目方案的发展和完善，不利于鼓励社会创新。[②]

季雪颖（2016）指出，竞争性磋商采购方式中磋商小组的组成在磋商过程和评审过程固定不变，可能导致专家成员无法涉及各个专业领域，在评审阶段失去客观性；磋商过程耗费时间长、成本高；磋商小组的自主权会产生寻租空间，滋生腐败等问题。因此，建议政府应该为竞争性磋商采购方式加大推广力度；建立多方参与的监管体系，包括内部监督、司法监督和社会监督；建立透明公正的作业程序；给予落选供应商补偿以鼓励更多的企业参与竞争从而提高提案的质量。[③]

梁雪（2018）基于实践中应用单一来源采购方式的案例进行分析，发现大多数案例选择单一来源采购方式，这是由于 PPP 项目缺乏竞争而导致的被动选择。在这些案例中，可能是由于大型国有企业选择了更加优质的项目，因此项目中标企业多为民企。此外，采用单一来源采购模式的行业中污水处理行业的项目最多，市政工程中部分技术紧缺行业也选择单一来源采购方式。[④]

2.2.3.4 合同体系设计

王守清、柯永建（2008）根据 PPP 合同文件的签约方不同，将合同类型

---

① 陈金鑫. 防控 PPP 项目财政风险的对策建议 [J]. 中国财政, 2018 (11): 62 – 63.
② 何意灏. 中国 PPP 项目立法问题研究 [D]. 昆明：云南大学, 2015.
③ 季雪颖. PPP 项目竞争性磋商政府采购机制研究 [D]. 上海：华东政法大学, 2016.
④ 梁雪. 单一来源采购在 PPP 项目中的应用 [J]. 施工企业管理, 2018 (11): 78 – 81.

主要分为了四类：特许权协议、履约合同、贷款合同、股东协议，又根据合同内容不同将合同文件分为五类，分别是：融资相关文件、项目和公司相关文件、政府支持和保证相关文件、担保和保险相关文件、专家意见或咨询顾问相关文件。①

陈阵香、陈乃新（2015）等学者基于学界对合同性质的六种认识，将这些性质归纳为三大类：第一类是民事合同在内的私法；第二类是诸如授权、行政合同在内的公法；第三类是包含经济合同法在内的公法私法混合说。他们认为 PPP 合同既非民事合同，也非行政合同，应该是经济合同。②

李莹莹（2016）总结说学界针对 PPP 合同的法律性质一直存在行政合同、民事合同和混合性质合同的多种争论，她认为 PPP 合同应属于行政合同下的经济行政合同，这样才能为产生的纠纷提供确切的解决机制导向。③

卫志民、孙杨（2016）认为，若要规范 PPP 项目合同内容，就要令政府和社会资本投资方在合同的内容方面达成一致。要确定合理的风险分担机制，双方需要对彼此承担的风险有清晰的认识，并按照风险应由对风险更具控制力的一方来承担的原则，来确定双方承担的风险比例。④

代国斌、郝荣文和顾艳芳（2018）总结了 PPP 项目合同常见的风险，包括不重视 PPP 项目合同条款的必要性，常使用口头承诺导致遭受损失，造成项目的停滞；PPP 合同大多以财政部或国家发改委的合同指南为模板起草，未能根据项目具体情况做针对性的调整，导致遇到问题时无所适从；PPP 项目大多运行周期长，合同条款过于僵化会增加执行合同的难度。因此，应尽可能将承诺条款化、合同化，针对具体项目应通过双方协商细化合同条款，并在订立合同时预留调整空间，在项目实际执行过程中不断地协商予以变更、调整，避免后续出现不确定风险。⑤

① 王守清．柯永建．特许经营项目融资［M］．北京：清华大学出版社，2008.
② 陈阵香，陈乃新．PPP 特许经营协议的法律性质［J］．法学，2015（11）：24－29.
③ 李莹莹．PPP 合同法律性质探析［J］．理论导刊，2016（5）：107－109.
④ 卫志民，孙杨．民营企业参与"PPP项目"的制约因素分析［J］．江苏行政学院学报，2016（3）：56－61.
⑤ 代国斌，郝荣文，顾艳芳．谈 PPP 项目合同常见问题［J］．工程建设与设计，2018（S1）：77－79.

2.2.4 项目执行

项目执行需要 20～30 年的时间，这是 PPP 项目产生物有所值、发挥效益的关键阶段。项目执行阶段通常包含包括八个环节，分别是项目公司设立、融资管理、项目建设、试运营、绩效监测与支付、合同履约管理、应急管理和中期评估。

2.2.4.1 价格机制影响因素

孙燕芳、周曲艺（2015）分析了污水处理、垃圾处理、收费公路和城市轨道交通四个行业 PPP 项目的交易结构及盈利模式，总结得出针对不同项目，为保证项目对私人部门的吸引力，可以采取一些利益协调措施的结论。其中，污水处理和垃圾处理类 PPP 项目，可以通过担保最低业务量和调整特许价格，使私人投资者的预期收益得到保障；对于收费公路类 PPP 项目，可以通过开发公路沿线房地产项目，或者投资物流商贸、传媒领域等多元化经营策略，来保障私人部门经营收益；对于难以实现盈利的城市轨道交通项目，政府可以给予支付补贴来保证私人部门的稳定收入。[①]

滕铁岚、袁竞峰和李启明（2016）基于国内外成功或失败的案例，归纳梳理了城市轨道交通 PPP 项目四种典型的回报机制，并总结得出城市轨道交通 PPP 项目回报机制的设计要点，即政府资本支持、客流量对项目收益的带动作用、拓展项目的盈利空间、合理的利益分配机制以及相关政策法规配套的完备性。[②]

（1）定价机制研究。李明顺（2011）等在交通基础设施 PPP 项目中引入实物期权方法，并完善了 Black - Scholes 实物期权定价模型。此外，还对基于 Greeks 指标的实物期权单因素敏感性分析方法和基于 Monte Carol 模拟的实

———————————

① 孙燕芳，周曲艺. 我国不同行业 PPP 项目的交易结构对比分析 [J]. 建筑经济，2015，36 (6): 9 - 11.
② 滕铁岚，袁竞峰，李启明. 城市轨道交通 PPP 项目回报机制的案例对比分析 [J]. 建筑经济，2016，37 (2): 31 - 35.

物期权多因素敏感性分析方法进行了研究，最后结合具体项目案例验证了模型的有效性。①

严景宁、刘庆文（2017）从现金流量分析的角度出发，在考虑了特许经营期限、项目投资回报率、工程投资额、年供水量和通货膨胀率五项关键要素的基础上，构建了针对水库PPP项目的特许定价模型。②

沈菊琴、施文君和王朝霞（2018）在社会利益和企业利益最大化的基础上，以净现值、内部财务收益率理论为定价基础，考虑了政府支付意愿及支付能力、社会资本投资方风险与利益偏好和风险分担机制三个因素后，构建了PPP项目定价及回报机制决策模型。并通过案例测算验证了该模型的可操作性和有效性。③

（2）调价机制研究。张丹青（2015）为使PPP项目价格调整机制更加科学，机制应该包括价格调整原则、价格调整启动条件、价格调整周期、价格调整模型和外部保障环境。并以控制项目投资回报率为目标，建立了系统动力学角度的价格调整机制模型，调整收费价格。④

2.2.4.2 激励监管机制研究

陈晓红、郭佩含（2016）研究了如何通过投资补贴、收入补贴和需求保证这三种补偿方式，来激励社会资本放弃延迟期权。⑤

乔文珊（2018）运用委托代理理论构建了PPP项目静态绩效激励模型并加入了再审核的两阶段动态绩效激励模型。同时，针对静态绩效激励模型，乔文珊从企业最优努力水平和政府效益最优化两方面进行分析，针对融入再审核的两阶段动态绩效激励模型，则详细分析了再审核周期、绩效标准、奖

① 李明顺，陈涛，滕敏. 交通基础设施PPP项目实物期权定价及敏感性分析［J］. 系统工程，2011（3）.
② 严景宁，刘庆文. 基于CAPM模型的水库PPP项目特许定价建模及仿真［J］. 南昌航空大学学报（社会科学版），2017（4）：26－34.
③ 沈菊琴，施文君，王朝霞. PPP项目回报机制选择研究［J］. 价格理论与实践，2018（9）：131－134.
④ 张丹青. PPP项目价格调整机制研究［D］. 南京：南京林业大学，2015.
⑤ 陈晓红，郭佩含. 基于实物期权的PPP项目政府补偿机制研究［J］. 软科学，2016（6）：26－29.

罚系数和政府补贴等激励参数。[1]

2.2.4.3 付费方式研究

刘伟华等学者（2016）综合考虑了包含公私双方的投入比例、风险分配系数、项目执行度、贡献度以及创新度在内的多种影响收益分配的因素，采用了模糊综合评价方法和直觉模糊集的相关理论，对传统的 Shapley 理论进行修正，并运用修正的理论构建了高速公路 PPP 项目的收益分配模型。[2]

何艳、李慧思等（2017）为比较非经营性和准经营性 PPP 项目的盈利状况，以吉林省松原市 2015 年城区园林绿化项目和北京地铁 4 号线为例，研究了这两个案例的盈利模式及经营状况，针对其存在的一些问题提出，可以通过优化成本结构、管理债务风险、提前规划现金流、来保持稳定的资金来源、捆绑资源开发权等一系列措施来改善盈利状况。[3]

袁涛（2018）指出，在政府补偿盈利模式中，涉及政府补偿不足和政府补偿过度两方面的问题，对此他提出可以通过设立 PPP 项目补偿基金、以奖代补和建立动态补偿模式等方法，解决政府补偿盈利模式中存在的问题。而在使用者付费盈利模式中，则存在私营企业借机牟取暴利、公共物品或服务定价不合理等问题，他提出可以通过建立更完善的沟通机制，来满足 PPP 项目参与方利益最大化，或建立超额利润分享机制等方法，解决使用者付费盈利模式中存在问题。[4]

郑皎、侯嫚嫚（2018）筛选出包括政府、社会资本方与公众在内的 5 个一级影响因素，以及包括财政能力、私人部门服务质量、项目价值在内的 8 个二级影响因素，并通过分析这些关键因素提出在设计公益性 PPP 项目付费机制时，社会资本的风险偏好与企业运行成本应该重点纳入政府考量，从而

① 乔文册. 基于政府视角的 PPP 项目运营阶段的动态激励机制研究 [D]. 杭州：浙江大学，2018.

② 刘伟华，侯福均. 基于修正 Shapley 值的高速公路 PPP 项目收益分配模型 [J]. 项目管理技术，2016，14（12）：7 – 12.

③ 何艳，李慧思，贾香萍. 对 PPP 模式盈利性的研究 [J]. 商业会计，2017（24）：14 – 17.

④ 袁涛. PPP 项目盈利模式研究 [D]. 绵阳：西南科技大学，2018.

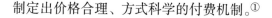

制定出价格合理、方式科学的付费机制。[①]

2.2.4.4　绩效评价研究

PPP 项目绩效评价是从确定项目实施 PPP 融资模式开始，从项目利益相关方——政府部门、投资方、承包方、供应商、施工方、社会公众等的要求和关心的目标利益出发，对项目实施、运营以及移交等全生命周期各阶段相关的经济、风险、技术、环境等各方面因素，从项目投入、产出、过程控制、结果、社会影响等角度进行全面客观的评价。

赵国富、王守清（2007）建立了主要用于评价 BOT 或 PPP 项目社会效益的指标体系，该体系通过对 4 个一级指标和 12 个二级指标进行评分，从而全面地反映被评价项目的社会效益价值大小。[②]

贾康、孙洁（2010）指出，由于项目绩效评价的存在，因此政府可以对自身行为进行有效的内部控制，从而提高政府运行的效率，有助于政策目标的实现。[③]

袁竞峰、季闯（2012）为满足不同利益相关方的需求，运用 KPI 方法构建了 PPP 项目的评价指标模型，指标包括项目的物理特征、财务融资和市场开发、创新和学习型组织的构建、利益相关者满意度以及其他可以反映建设、运营、维护和移交阶段的指标，反映了绩效评价在不同阶段发生的变化。在此基础上，他们提出了虚拟标杆的概念，通过对建立的 PPP 项目绩效目标与 KPI 相关矩阵进行虚拟量化，将其分别变为"最有价值"和"绩效目标"虚拟标杆，进而建立了 PPP 项目综合绩效评价体系。[④]

张亚蕾、胡振（2015）指出，PPP 项目包括政府、企业、公众和公共项目三主体一客体，应该基于主客体之间的逻辑关系建立这四个维度的公私合

①　郑皎，侯嫚嫚. 公益性 PPP 项目政府付费机制影响因素［J］. 土木工程与管理学报，2018，35（6）：149 – 156.
②　赵国富，王守清. BOT/PPP 项目社会效益评价指标的选择［J］. 技术经济与管理研究，2007（2）：31 – 32.
③　贾康，孙洁. 平衡计分卡（表）方法在财政支出绩效评价中的应用设计初探［J］. 山东经济，2010（1）：5 – 10.
④　袁竞峰、季闯. 国际基础设施建设 PPP 项目关键指标研究［J］. 工业技术经济，2012（6）：109 – 120.

作有效性评价体系，并提出公私合作有效性评价应当在多个阶段进行。①

叶晓甦、戚海沫（2015）通过研究 PPP 项目合作效率的主要影响因素，建立了制度监管、契约管理和建设运营三个方面的评价指标体系，并利用因子分析法分析得出影响 PPP 合作效率的首要因素是政府政策，履行能力也会极大地影响合作效率的实现。②

2.2.4.5 合同调整研究

赖丹馨、费方域（2010）认为，由于 PPP 项目合作关系普遍时间较长，一般项目周期为 15～30 年，而长时间经济与政治环境也会不稳定，因此 PPP 合同普遍具有不完整性。③

郭培义、龙凤娇（2015）当前 PPP 合同在履行及变更方面都缺乏相应的法律环境作支撑。而不完善的法律制度导致在 PPP 合同发生争议时法律依据不足，争端难以解决，因此会制约社会资本参与建设 PPP 项目。④

卫志民、孙杨（2016）指出，限制社会资本参与 PPP 项目的阻碍因素之一是法律法规不完善。在 PPP 合同制定过程中，政府部门与私营部门的地位存在天然不平等，政府部门占优势地位，因此需要相应的法律环境，由司法部门为企业提供救助以保障其合法权益。然而当前我国存在法律层级不够、管理办法政出多门和协调性差等问题，因此当 PPP 合同出现争议时，没有切实可行的法律依据做支撑，不能有效及时地解决问题。⑤

陈志敏等学者（2015）建议，可以通过引入第三方监督机构对 PPP 合同进行监督，从而建立起更加透明的监督体系，有效防止利益相关方彼此之间进行利益输送。同时，还提出为解决频繁的合同再谈判问题，应该建立起有

① 张亚蕾、胡振．公共项目公私合作（PPP）有效性评价体系研究［J］．建筑经济，2015（5）：34－36.
② 叶晓甦、戚海沫．PPP 合作效率关键影响因素研究——基于控制权视角［J］．项目管理技术，2015（4）：9－14.
③ 赖丹馨，费方域．公私合作制（PPP）的效率：一个综述［J］．经济学家，2010（7）：97－104.
④ 郭培义，龙凤娇．PPP 模式推进过程中的问题及建议［J］．建筑经济，2015，36（8）：11－14.
⑤ 卫志民，孙杨．民营企业参与"PPP 项目"的制约因素分析［J］．江苏行政学院学报，2016（3）：56－61.

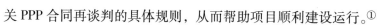

关 PPP 合同再谈判的具体规则，从而帮助项目顺利建设运行。[①]

王远胜、周中举（2017）认为，要保证合同再谈判的顺利进行，避免"敲竹杠"等问题出现，签订合同的双方要对合同达成的前提和各自立场充分理解，达成合意，且为应对未预见风险发生的可能性，要保证合作过程中双方信息保持透明。[②]

2.2.4.6　工程期限研究

李启明、申立银（2000）为建立预测特许权经营期数量的模型，详细分析了帮助确定特许权经营期的原则和重要影响因素，并提出合理准确地预测特许权期限，是保证政府部门和私营部门各自利益有所保障的关键内容之一。[③]

2.2.5　项目移交

项目移交，通常是指在项目合作期限结束或者项目合同提前终止后，项目公司将全部项目设施及相关权益以合同约定的条件和程序移交给政府或者政府指定的其他机构。PPP 项目特许经营期满后，项目公司便需要将项目的经营权（或所有权与经营权同时）向政府移交。项目移交的过程主要分为移交准备、项目资产评估、项目性能和功能测试、资产交割、项目绩效评价五个阶段。

项目移交的基本原则是，项目公司必须确保项目符合政府回收项目的基本要求。项目合作期限届满或项目合同提前终止后，政府需要对项目进行重新采购或自行运营的，项目公司必须尽可能减少移交对公共物品或服务供给的影响，确保项目持续运营。

① 陈志敏，张明，司丹. 中国的 PPP 实践：发展、模式、困境与出路 [J]. 国际经济评论，2015（4）：5，68－84.
② 王远胜，周中举. 论政府实施部门 PPP 项目合同风险管理——基于不完全契约理论的分析 [J]. 西南民族大学学报（人文社科版），2017，38（4）：99－105.
③ 李启明，申立银. 基础设施 BOT 项目特许权期的决策模型 [J]. 管理工程学报，2000（1）：43－47.

2.2.5.1 正常移交与非正常移交

深圳市外经贸局课题组（2003）以沙角 B 电厂为例，对在项目实施过程中出现的转让延误问题、BOT 项目相关税收政策规定滞后问题等做了深入的研究，并提出应该加强 BOT 项目相关的法律制度和法律环境建设；进一步完善有关 BOT 项目到期转让的税收政策；着重分析 BOT 合同中关键条款的研究；加强对专业人才的培养。[1]

严兵、阮南（2003）通过分析多个国内外电力行业 BOT 项目的失败经验，提出导致电厂 BOT 项目运营不力的原因包括项目工期拖延、汇率变化、公众交费意愿改变甚至抵制消费以及种种不可抗力因素。[2]

程国庆、梁振东和费国平（2003）认为，BOT 项目提前终止的原因包括工期拖延时间过长、建设未完停工、项目公司失去经营项目的意愿，或者无法继续经营项目、在运营期间出现重大阻碍以及不可抗力因素等。[3]

程小伟（2006）认为，当 BOT 项目提前终止时，若想合理地确定回购补偿，首先应该明确项目提前终止的原因，并合理分配政府部门与私营企业各自应承担的责任。[4]

亓霞、柯永建和王守清（2009）通过识别分析国内 PPP 项目中存在的主要风险因素，总结出项目中主要存在 13 类风险：法律变更风险、审批延误风险、政治决策失误风险、政治反对风险、政府信用风险、不可抗力风险、融资风险、市场收益不足风险、项目唯一性风险、配套设备服务提供风险、市场需求变化风险、收费变更风险、腐败风险。并指出由于政府失信可能性的存在，PPP 项目的移交可能无法按照合同规定的期限进行，从而可能给社会资本投资方带来损失，同时，也指出国内 PPP 项目面临的另一主要风险是收

---

① 深圳市外经贸局课题组. 我国 BOT 项目到期转让存在的问题及对策［J］. 开放导报，2003，7：44－45.
② 严兵，阮南. 信用风险：BOT 项目融资成败的关键——国内外电力行业项目融资案例分析［J］. 国际经济合作，2003（1）：46－49.
③ 程国庆，梁振东，费国平. 高速公路采用 BOT 方式的探讨［J］. 公路，2003（S1）：121－124.
④ 程小伟. 我国 BT 建设模式相关问题分析［J］. 上海企业，2006（11）：51－53.

费变更风险。①

刘宁、戴大双和吴海西（2010）认为，建设基础设施项目时通常存在前期投资资产多，而建设期和资金回收期相对较长、资金结构复杂、资金成本高等问题和风险。然而 PPP 项目又多数有关基础设施项目，因此 PPP 项目承受着较大的投资风险的同时，还会受到其他不确定条件的影响。②

李刚（2011）根据风险表现形式的不同，详细研究了 BOT 项目移交阶段存在的风险，尤其是道德风险，并指出在移交阶段导致道德风险发生的主要原因，是信息不对称和经济理性人假设。③

石磊、孙晓丽（2011）通过研究日本 BOT 失败项目，提出导致项目失败的原因之一，是社会资本方缺乏资金以及使用者需求不足。④

程海群、洪国安（2011）提出，导致 BOT 项目暂停甚至终止的原因，有政府对项目公司股权转让的过度限制、政府单方面决定是否收回授权或另授他人、同类项目竞争过于激烈导致项目公司收益下降、严重拖延工期等。⑤

宋金波、宋丹荣和孙岩（2012）认为，技术水平不足、政府决策错误、不可抗力因素和相关法律法规的缺乏，均会导致项目停止建设或运营。⑥

党伟（2013）根据性质的差异，将导致 BOT 项目提前终止的影响因素分成三类：政府部门过失、项目公司过失和非过失因素。⑦

黄小洛（1996）认为，无论项目终止是由政府过失引起，还是由于项目公司过失引起的，在合同中都应该规定政府部门向项目公司支付的金额应足以令项目公司还清其所借债务。⑧

---

① 亓霞，柯永建，王守清. 基于案例的中国 PPP 项目的主要风险因素分析 [J]. 中国软科学，2009（5）：107 – 113.
② 刘宁，戴大双，吴海西. BOT 项目实物期权评价方法研究综述 [J]. 大连理工大学学报：社会科学版，2010（3）：38 – 43.
③ 李刚. BOT 融资模式移交阶段风险分析 [J]. 合作经济与科技，2011（12）：60 – 61.
④ 石磊，孙晓丽. BOT 项目风险转移的悖论——以日本 – BOT 失败项目为研究对象 [J]. 管理案例研究与评论，2011，04（4）：248 – 256.
⑤ 程海群，洪国安. BOT 项目特许经营权合同中的法律风险防范 [J]. 现代商业，2011（17）：173 – 175.
⑥ 宋金波，宋丹荣，孙岩. 垃圾焚烧发电 BOT 项目的关键风险：多案例研究 [J]. 管理评论，2012，24（9）：42 – 50.
⑦ 党伟. 基于博弈论的 BOT 项目提前终止补偿研究 [D]. 大连：大连理工大学，2013.
⑧ 黄小洛. 公路 BOT 项目特许权协议中的若干规定 [J]. 公路，1996（5）：38 – 42.

曹连新、李晓东（2008）则认为，若是项目终止是由于社会资本方违约所致，那么政府只需要赔偿项目公司50%的投资额。[①]

潘海鸿（2004）为了确定经营性公路项目的补偿额度问题，研究分析了钱江三桥案例，并提出了四种解决补偿问题的方法，分别为：以可行性研究报告中的数据为依据，就是根据可行性报告中预测的收益作为标准来确定最终的补偿额度；净收益加增幅确定补偿方案，就是以项目公司最近一年的净收益，或最近几年的净收益平均值为基数，假设未来运营过程中收益增幅与以前年度相同，并将增幅设定为未来一定年限的补偿；取得合理回报的补偿方法，就是政府部门除了要对项目公司的初始投资进行补偿外，还应给予项目公司初始投资的25%～40%的补偿额作为合理回报；"虚拟收费"补偿法，就是在项目终止后，根据统计观测到的实际交通量为准，按原有收费标准计算虚拟收费额，并以该收费额为依据给予私人投资者一定补偿。[②]

王会峰、张燎（2006）认为，确定回购补偿主要有两种方法：一种方法是考虑到不同的项目终止情况，事先在特许权经营协议中确定计算每种情况的回购补偿金额的公式；另一种方法是在特许权经营协议中约定项目回购或提前终止时，政府部门根据项目回购或终止时的债权债务关系、资产评估值等情况给予私人投资者一定的补偿。[③]

2.2.5.2 资产评估

王广起、贾秀兰（2005）指出，PPP项目在移交阶段，可能会面临资产流失的风险。[④]

李晓军、华栋和侯建朝（2010）研究了境外电源BOT项目开发、建设、运营和移交四个阶段的风险，并提出了相应的风险应对措施，指出在移交阶段私人投资者可能会因为不公正的资产评估程序，或者不公正的项目移交程

① 曹连新，李晓东. BOT投资方式风险的识别与管理 [J]. 城镇供水，2008（3）：81-85.
② 潘海鸿. 经营性收费公路提前终止收费补偿方式的分析研究 [J]. 运输经理世界，2004（11）：16-18.
③ 王会峰，张燎. 特许权项目终止时的公平补偿 [J]. 施工企业管理，2006（6）：22.
④ 王广起，贾秀兰. BOT投融资模式的风险管理 [J]. 中国给水排水，2005（9）：85-88.

序而造成收益减少。①

敬松、黄蓓蓉（2004）提出，对在建交通工程项目运用市场法进行资产评估时，所得到的结果不准确，这是因为在建项目施工进度不确定，不同的工程其区位条件、规模大小也大不相同，因此，无法在市场上找到其他可比项目。②

王慧（2007）提出，虽然收益法的基本原理简单，但由于项目预期收益和折现率等参数的准确性受评估主体的主观选择影响，因此这种资产评估方法在实际操作中难度很大。③

邹湘江、王宗萍（2008）认为，可以应用 B－S 期权定价模型计算 BOT 项目的期权价值，通过分析具体案例中投资者的决策过程，确定相关参数，最后提出项目的总价值为净现值和扩展期权价值之和。④

严玲等学者（2009）主要研究了 BT 项目回购价款受哪些因素影响，以及这些因素对回购价款产生影响的作用机理，以此为基础，提出了能够帮助政府控制 BT 项目回购价款的措施。⑤

杜亚灵、尹贻林（2011）指出控制 BT 项目投资的关键是如何优化回购契约，以"权责利对等"为原则设计回购契约，帮助政府在 BT 项目建设期的投资过程中处于控制地位。⑥

2.3 文 献 述 评

2.3.1 项 目 识 别

物有所值评价，是在项目初期所做的一个综合评价，其结果可以决定一

① 李晓军，华栋，侯建朝. 境外电源 BOT 项目风险管理研究 [J]. 华东电力，2010，6（6）：834－838.
② 敬松，黄蓓蓉. 市场比较法和收益法在在建工程评估中的改进应用 [J]. 经济师，2004（6）：16－17.
③ 王慧. 我国房地产评估中收益法应用研究 [D]. 西安：长安大学，2007.
④ 邹湘江，王宗萍. 环境基础设施 BOT 项目实物期权模式决策 [J]. 吉首大学学报（自然科学版），2008，29（3）：112－115.
⑤ 严玲，赵华，杨苓刚. BT 建设模式下回购总价的确定及控制策略研究 [J]. 财经问题研究，2009（12）：75－81.
⑥ 杜亚灵，尹贻林. 回购契约视角下政府对 BT 目的投资控制研究 [J]. 科技管理研究，2011，31（23）：176－179.

个项目是否适合 PPP 模式，而在项目末期，物有所值结果为验证 PPP 项目是否真正"物有所值"提供了标准。

就国外研究而言，由于 PPP 模式兴起及应用较早，经过这么多年的实践运用经验，各研究学者已经对 PPP 项目的物有所值评价取得了比较全面深入的成果。学者研究方向主要有定性评价、定量评价、物有所值评价的不足，以及如何对物有所值评价模型进行优化。并且在运用物有所值评价时，各国都根据自身的实际国情完善物有所值方法的细节，使其更能满足本国项目发展的需求。尽管国外对于 PPP 项目物有所值的研究已经发展到极为成熟的地步，但由于物有所值评价模型需要极其严格的历史数据做支撑，因此，我国在应用物有所值模型时不能一味地生搬硬套，还应结合本国国情对物有所值模型进行完善。

相比国外研究来说，国内对 PPP 模式的研究分析开始得相对较晚，近些年来，我国学者对物有所值的研究方向主要分为两个方面：物有所值的评价和物有所值的概念。此外，我国在对 PPP 项目进行物有所值评价的过程中，缺乏科学系统的 VFM 评价框架，而更多依靠专家经验或者可行性研究报告的数据进行评价，以此来决定是否有开展项目的必要。因此，科学的评价方法的缺失，导致我国 PPP 模式在科学性、合理性方面尚且存在诸多不足。若要解决这些问题，就需要对 PPP 项目进行全周期的、科学合理的物有所值评价。

2.3.2　项目准备

从国外已有的研究可以看出，国外关于 PPP 模式的风险管理研究发展得较为完善。大体来说，由于研究较多，国外学者对 PPP 模式中政府监管问题理解较为深入，通过更多地结合实际案例对政府监管进行探究分析，逐渐形成了相对完善的政府监管体系。从实践层面来看，政府监管在发达国家的 PPP 项目中发挥着不可或缺的作用，在意识到政府监管的重要性后，发达国家也逐步建立起了成熟的政府监管体系。深入了解和分析了发达国家的 PPP 项目政府监管模式和实际操作经验后，总结出以下特点：一是监管有法律依据和法律保障。政府能够有效监管 PPP 模式，离不开完善的法律法规保障。虽然不同国家的政府监管模式各有不同，但都以完善严谨的立法为基础。美国、英国、德国等国家在进行公用事业市场改革前，为保证政府监管权力的有效性，在各行各业都颁布了与 PPP 模式监管有关的法律法规。二是监管机构要保持独立性。无论是地方主导模式还是中央主导模式，监管机构的设置都是相对独立的。三是监管需要建立第三方监督机制，保障公众利益。这些经验能够为我国 PPP 项目的风险管理研究提供一定程度上的借鉴。但由于各个国家所处的环境、经济发展状况、国家政策等都存在差异，因此可能会导致不同国家 PPP 项目实施过程中的风险类型、风险起因及作用机制都大不相同。

相比国外学者来说，国内学者对 PPP 模式的研究起步较晚，研究有待深入，研究方向主要集中在基础理论方面，如定义、特点、分类以及 PPP 模式与其他融资模式相比优势如何等。近年来随着研究的不断深入，国内学者开始更多地关注 PPP 项目中的政府监管问题。相比发达国家，我国 PPP 模式的法律环境建设不够完善，到目前为止国内学者在立法、设计监管机制、设置独立监管机构、建立第三方监管机构等方面均有一定研究，但与此同时，我国 PPP 项目政府监管过程中可用的法律依据依然不够充分，监管体系也有待加强。目前，国内 PPP 项目仍多是采用传统政府采购和投资的审批、监管程序，且存在政出多门、机构繁杂、缺乏专门独立的 PPP 监管机构以及监管能力平平等问题，导致 PPP 项目因缺乏有效的监督和及时修正，不规范的行为愈发严重的现象。因此，我们可以从国外更丰富的实践经验中学习总结，吸收国外 PPP 项目中政府监管相关的重要成果，不断进行法律法规的补充和制度完善，加强法律环境建设，设置专门的监管机构保障机构独立性，委托第三方机构进行监管，并结合中国国情开发更具有中国特色的监管机制。

2.3.3　项目采购

2.3.3.1　选择优秀社会资本的标准

国外学者在研究特许经营者的选择标准时，很多时候都会忽略掉特许经营项目运营期限较长蕴含风险更大的问题。此外，每项研究或多或少都会受到国家、案例项目类型等因素的综合影响，而且大多数实证研究列举的案例数量较少，样本有限，无法避免随机因素的不良影响，因此，会导致不同学者在进行特许经营者选择标准制定时存在诸多不同见解。

2.3.3.2 特许经营合同

国外学者对 PPP 合同的研究，相较于国内来说更加全面系统，也更加深入。新加坡、澳大利亚和英国等国相继建立了本国的 PPP 项目操作指南，明确了 PPP 项目中各合同之间的关系。目前国外学者对 PPP 相关合同的研究，主要集中在合同风险管理、合同形式、特许权协议具体条款制定等方面。

近年来，国内学者主要从 PPP 合同性质归属、合同条款总体设计，以及特定项目的合同形式几方面，进行 PPP 合同的研究和探讨。虽然国内对 PPP 合同的研究不断深入，但由于 PPP 项目的全生命周期性，合同必将影响 PPP 项目建设的整个生命周期，因而应该更多地从系统的角度制定和调整 PPP 相关合同。

2.3.4 项目执行

2.3.4.1 价格机制

就我国而言，PPP 项目尚处于发展阶段，对于 PPP 项目价格机制的研究不够深入。国外学者在研究价格机制时，主要集中于定价方法的设计和定价模型的构建，但对定价过程中政府角色的转变缺乏关注和研究。到目前为止，我国学者在价格机制方面较为关注定价方法的研究，大多文献研究通过运用实物期权法、博弈论法、现金流量模型法、多目标规划法、系统动力学法等手段，对定价方法进行研究。而针对价格机制不同的方面我国的研究还存在诸多问题。

（1）从定价方面看，大部分学者更多的研究如何建立有效准确的定价模型，但由于这些模型中的变量往往难以量化，因此在实际操作中效果大打折扣。此外，在建立模型的过程中，未能全面考虑某个行业内影响价格变化的全部因素，因此依据此模型确定的价格就会存在偏差，并不能代表最公正的价格。而在实际应用模型的过程中，大多数学者通过将案例带入模型进行检验的方法来证明模型的有效性，但由于样本量太少，存在随机因素的影响，因此这种证明方法缺乏说服力。

（2）从调价方面看，国内研究往往不能将所有影响价格的因素纳入模型进行考量，而且大部分学者会采用专家打分法确定价格影响因素的权重，但这种方法主观性太强，得出的结果缺乏科学合理性。此外，国内在价格调整周期和价格调整触发点的确定方面的研究尚需增加，以补充该研究领域的空白。

（3）从监管方面看，虽然很多学者探讨了如何对 PPP 全生命周期进行监督的问题，但专门研究价格制定后的监督机制的文献还是数量较少。虽然委托独立的第三方管理机构对项目进行监管的建议可以为价格监督机制提供参考，但还需要更加关注价格监管体系和监管流程方面的研究。

2.3.4.2 绩效评价

就绩效管理方面来说，国外的研究较为深入，虽然传统绩效评价方法还存在诸多不足，但国外学者正在研究新的评价体系来完善这些瑕疵，比如有关绩效管理模式理论方面的研究还需进一步加强。

相比之下，我国在公私合作项目的绩效评价方面研究内容主要是分析评价体系。目前国内主要采用关键绩效指标法、虚拟标杆法、成本效益分析法和平衡计分卡四种方法对 PPP 项目进行绩效评价。近年来，一些学者还利用 KPI 法开展绩效评价。尽管绩效评价的方法多样，但是每种方法都存在一定的局限性。首先，在不了解模型是否适合具体案例的情况下，直接借鉴现有模型，缺乏对具体案例进行的适应性调整，由此得到的评价结果不一定准确。其次，在选取评价指标时，没有针对具体的 PPP 项目案例进行指标遴选。最后，每个指标在绩效评价结果中所占的比重并不一定相等，因此就如何确定指标权重的问题还有待进一步讨论。

2.3.4.3 合同调整

完善的 PPP 合同对于 PPP 项目的顺利运营具有重要的作用，但由于 PPP 项目的长期运营性，无法保证合同在整个周期内的合理性。因此，为促进 PPP 模式的顺利展开，调整 PPP 合同具有重要的现实意义。总的来说，国外对 PPP 合同调整的研究更加深入也更加完整，相比之下我国对于 PPP 合同调整的研究开始较晚，发展仍存在许多不足，比如合同调整缺乏法律依据、合同调整的具体规则不确定等问题。

2.3.5 项目移交

目前，相较于建设和运营阶段来说，国外学者对于特许经营项目移交阶段的研究较少。在实际建设过程中，项目的移交阶段通常会出现诸如移交价格难以确定、工程完成时间拖延等一系列问题。由于特许经营期比较长，因此大部分国内项目还未进入移交期，这导致国内对于特许经营项目移交阶段的研究比较少，但以 BOT 等其他模式的项目作为研究对象可以发现，项目在发生非正常移交或政府提前收购等行为时，没有很好的风险管理方案和确定回购补偿的方法。

2.3.5.1 正常移交与非正常移交

BOT 项目提前终止并由政府回购，可能发生在建设期也有可能发生在运营期。目前国内外学者主要研究非正常移交的原因、影响回购补偿多少的因素、不同移交情况下补偿的具体计算方法等问题。

2.3.5.2 资产评估

PPP 项目投资中蕴含的不稳定性、不可逆性、管理灵活性决定了项目拥有实物期权特性。现有文献主要围绕 PPP 项目的实物期权价值进行研究。实物期权方法在传统评价方法的基础上，将不能被量化的不确定性纳入 PPP 项目的评估框架内，弥补了传统方法无法考量随机价值的不足。但由于实物期权法没有形成系统性的评价体系，因此在实践中的应用还不够广泛。

第 3 章

公私合作特许经营项目的
识别与财政风险管理技术

公私合作特许经营项目建设运营主要有五个阶段构成，分别是项目识别、项目准备、项目采购、项目执行和项目移交。其中，项目识别阶段是公私合作特许经营项目进入操作程序的第一个阶段，也是公私合作特许经营项目的基础工作和确保项目成功运行的关键。在选择公私合作特许经营项目时，首先要进行项目的识别，识别阶段的主要目的是系统性的分析项目，同时综合判断此项目是否适用于采取公私合作特许经营的方式，再根据结果筛选出合适的项目，进而建立项目库。具体来说，这一阶段的工作主要有：项目的发起与筛选、物有所值评价和财政承受能力论证。

公私合作特许经营项目周期长、资金需求大、关联方多且关系复杂。因此，在项目的全生命周期会存在诸多的财政风险，其中，前期的项目识别阶段，是导致财政风险的一个主要阶段。公私合作特许经营项目的发起与筛选、物有所值评价、财政承受能力论证任何一个程序出现问题，都会导致不适合采用公私合作特许经营模式的项目进入项目库，进而引发项目建设运营失败、公私双方分歧等一系列问题，给未来的财政风险埋下隐患。例如，项目没有按照要求开展物有所值评价和财政承受能力论证，或者没有对财政的支出责任进行合理的统筹评估，这些都有可能给公私合作特许经营项目带来财政风险。所以，对识别阶段的各项工作进行完善，加强识别阶段的财政风险管理，是降低公私合作特许经营项目财政风险的一项重要措施。

3.1 公私合作特许经营项目的发起与筛选

公私合作特许经营项目的发起与筛选，发生在物有所值评价和财政承受能力论证之前，是公私合作模式启动的关键点，严格把控发起和筛选是保证项目质量效益和顺利实施的关键。以下分别对公私合作特许经营模式的发起、筛选的概念和现状进行说明。

3.1.1 公私合作特许经营项目的发起

公私合作特许经营项目的发起，是公私合作特许经营项目的起点，通过进行大量前期工作，征集潜在项目。这一阶段的工作主要包括潜在特许经营项目的筛选、初步方案设计、可行性研究等。根据发起人的不同，公私合作特许经营项目的发起，可以分为由政府方发起和由社会资本方发起两种形式，目前我国的公私合作特许经营项目以政府方发起方式为主。

3.1.1.1 公私合作特许经营项目的发起方式

（1）政府方负责项目发起工作。财政部《政府和社会资本合作模式操作指南（试行）》（以下简称《操作指南（试行）》）中规定，由政府方发起公私合作特许经营项目是指由财政部门或者政府和社会资本合作中心为主体向交通、教育、医疗等行业主管部门征集项目。行业主管部门负责对潜在项目进行遴选和审核，潜在项目主要来源于国民经济和社会发展规划的新建项目、改建项目或者存量项目。

我国的公私合作特许经营项目以政府方发起为主，其主要目的和优势在于：一是有效化解地方政府的债务风险，解决地方政府融资难的问题；二是加快社会资本进入公共服务领域，通过突破社会资本进入公共服务领域的各种壁垒，充分提高社会资本的积极性，增强市场的活力；三是加快政府职能转变，将投资权和运营权放给企业，政府仅作为监管机构，建设人民满意的服务型政府。

（2）由社会资本方发起。根据《操作指南（试行）》规定，由社会资本发起公私合作特许经营项目，是指由社会资本通过项目建议书的方式，主动向财政部门或者政府和社会资本合作中心进行项目的发起工作。财政部关于印发《政府和社会资本合作项目财政管理暂行办法》的通知（以下简称《财政管理暂行办法》）中对社会资本发起 PPP 项目的流程做了进一步的规范，文件提出当社会资本方对项目进行发起工作时，要先让社会资本提交项目建议书，交由行业主管部门审核，当行业主管部门审核同意后，社会资本自行编制项目实施方案。

采用社会资本方发起方式的项目，一般是一些不在政府预算或政策框架范围内，或者项目的需求及目标还没有被识别的项目。相较于政府方发起项目来说，由社会资本方发起公私合作特许经营项目的目的和优势如下：一是相较于政府来说，社会资本方一般存在管理、技术、融资等方面的优势，通过社会资本方发起公私合作特许经营项目，社会资本可以充分利用以上优势获得合理的投资回报；二是公私合作特许经营项目在一定年限内给予社会资本特许经营权，使得社会资本获得垄断利益；三是社会资本通过发起公私合作特许经营项目，能提高企业在市场上的竞争力，占领更大的市场份额。

3.1.1.2　公私合作特许经营项目发起的现状

（1）国际现状。世界各国的公私合作特许经营项目多采用由政府方发起的方式。原因主要在于：首先，公私合作特许经营项目主要用于基础设施及公共服务领域，而政府的一个重要职能就是通过基础设施的建设和公共服务的提供，满足居民的基本生活需求，与公私合作特许经营项目的服务领域吻合；其次，基础设施的建设一般波及的范围比较广，在考虑是否建设基础设施时，不仅要考虑基础设施自身，还要充分考虑当地的实际情况，要符合当地城市和土地的总体规划，从宏观角度考虑基础设施的建设。而社会资本由于自身属性，获得信息存在局限性，例如关于城市总体规划等的一些具体信息一般无法得到，所以由社会资本发起的项目，一般局限于其可能接触的区域，这样在一定程度上打击了社会资本发起项目的积极性；最后，公私合作特许项目是一个综合性的项目，一般涉及交通、住建、环保、能源、教育、医疗、体育健身和文化设施等多个领域。对于多个领域信息，一般说来，政府内部的信息传递是比较顺畅的，所以由政府发起的项目，信息在政府内部快速流转，加快了立项过程，这也使得政府方发起要比社会资本发起简单。因此，政府发起方式成为公私合作特许经营项目发起的主流方式。

由社会资本方发起公私合作特许经营项目，是对政府方发起的一种有益补充。针对社会资本方发起项目，目前在世界各国存在两种截然不同的意见。一方面，一些国家认为，由社会资本方发起项目的透明度不高，社会资本可能过于在乎自身的利益，难以保证项目物有所值的实现，因此，这些国家完全反对由社会资本方发起项目；另一方面，一些国家则认为，社会资本凭借其自身的优势，既有利于资本使用效率的提高，还有利于公共物品和公共服务质量的提高，因此，这些国家允许社会资本方发起项目的方式。但是为了防范风险，提高项目的透明度，政府一般会为社会资本发起项目设置比较高的准入门槛，要求社会资本提供比较详细的提案。

（2）我国公私合作特许经营项目发起的现状。我国公私合作特许经营项目的发起方式，以政府发起为主，虽然由社会资本发起公私合作特许经营项目的形式是允许的，但是迫于现实操作中的困难，我国几乎不存在由社会资本方发起的公私合作特许经营项目。《财政管理暂行办法》提出了关于社会资本方发起项目的具体规定，提出了社会资本方发起项目的流程，并进一步明确了项目实施方案由社会资本方编制。

针对当前对于社会资本方发起项目的相关规定，我们认为当前存在的主要问题在于：第一，公私合作特许经营项目发起的根本目的，在于弥补公共物品和公共服务的不足，因此，项目的发起不仅要考虑项目的经济效益，还要考虑项目的社会效益。由社会资本方发起项目并编制项目实施方案，可能会由于社会资本方过于追求经济效益，而无法平衡社会效益和经济效益，最终导致过度追求项目的经济效益而忽视社会效益，从而违背公私合作特许经营项目发起的最初目的。第二，与政府方相比，社会资本方难以及时获得关于政府总体规划等相关信息，社会资本方发起的项目只能凭借自身能力获得信息，这可能导致社会资本方发起的项目不符合政府规划和政策，存在重复建设等问题。第三，社会资本方发起项目缺乏透明度。由社会资本发起项目并编制项目实施方案，使得作为发起者的社会资本方比其他的社会资本方掌握更多的项目技术信息。而项目实施方案对于后续项目的物有所值评价和财政承受能力论证等环节都起着至关重要的影响，掌握更多项目技术信息的社会资本更容易中标，这对于其他社会资本来说是不公平的。

3.1.2　公私合作特许经营项目的筛选

公私合作特许经营项目的筛选，是指项目发起后，财政部门对潜在的项目进行评估选择的步骤。该步骤将明显不适合采用公私合作特许经营模式的项目排除，并在此基础上确定备选项目。项目筛选是项目识别阶段的一个重要的步骤，通过对征集的项目进行初步甄别，排除不适合的项目，可以从源头上降低财政风险，保证项目后续可以顺利实施。

公私合作特许经营项目的筛选程序，根据《操作指南（试行）》规定，项目经过政府方或者社会资本方发起后，财政部门（政府和社会资本合作中心）会同行业主管部门筛选出一些具有潜力的备选项目，同时，财政部门（政府和社会资本合作中心）要根据筛选出来的结果，制订项目的中期开发计划和年度计划。如果某个项目需要年度开发计划，则应按照财政部的相关规定提供必要的材料。对于一些新建和改建项目，还要提供项目的可行性研究报告、产出说明以及项目后期的实施方案；同时，对于存量项目，要提供公共资产的历史资料、产出说明和后期的具体实施方案。另外，该文件还提出，对于那些投资规模较大、有着长期稳定的需求，抑或者那些价格调整机制较为灵活、有着较高的市场化程度的基础设施或者公共服务类的项目，比较适宜采用政府和社会资本合作模式。该文件为地方政府筛选公私合作特许项目提供了政策依据，公私合作特许项目的筛选，应该把重点放在项目及项目所在行业的政策环境、法律法规、投资规模、项目需求、风险分担、操作可行性等方面上，通过以上重点方面对项目进行分析筛选。

当前，我国公私合作特许经营项目筛选存在的主要问题在于：在项目的识别阶段，没有进行严格的项目筛选，有些地方政府推出的公私合作特许经营项目没有严格的标准，甚至想将所有的项目都做成公私合作特许经营项目，但是实际上，有很多的项目并不适合采用公私合作特许经营模式，对社会资本也缺乏吸引力。

3.2 公私合作特许经营项目的物有所值评价与财政风险管理

物有所值是公私合作特许经营模式的核心理念之一，贯穿公私合作特许经营项目整个生命周期。进行物有所值评价是公私合作特许经营项目评估的关键，这有利于实现公共利益的最大化，推动公私合作特许经营模式的规范有序发展，同时，对于解决目前公私合作特许经营项目质量良莠不齐、难以落地等问题也具有十分重要的现实意义。也正是因为物有所值评价所具有的现实意义，使得物有所值评价成为财政风险管理的一项重要工作，对降低公私合作特许经营项目财政风险起到了非常重要的作用。以下主要对物有所值评价的原理、现状及当前存在的主要问题进行分析。

3.2.1 公私合作特许经营项目物有所值评价的含义与现状

3.2.1.1 物有所值评价的界定

物有所值，从广义上理解，就是"所购物品或服务在符合使用者要求的同时，满足全寿命周期成本与质量的最佳组合"。① 作为项目决策的一种方法，物有所值评价用于判断采用公私合作特许经营模式提供的公共服务，是否优于政府传统投资方式，以及评估已执行的项目达到物有所值的程度。并对项目进行定性、定量分析的物有所值评价，在此基础上评价项目通过全生命周期的管理和运营，最终的产品和服务能否实现收益的最大化。作为公私合作特许经营模式体制和机制优势的体现，实现物有所值是实施公私特许经营模式的必备条件，

---

① 王守清，牛耘诗. 物有所值的理论研究与实践意义 [EB/OL]. (2016－05－16). https：//www. caigou 2003. com/zhengcaixixun/fuwucaigou/2101821. html.

也是财政部推进公私合作特许经营制度环境建设的重要一环。通过物有所值评价，可以实现公私合作特许经营模式填补政府传统投资模式的不足。

需要注意的是，物有所值并不是只强调成本，还要强调质量和风险，物有所值并不是指成本最低廉，因为低廉的成本也可能意味着较差的质量、较高的风险。而物有所值需要最优的成本、质量和风险转移组合，它存在于整个项目的生命周期。所以，在判断公私合作特许经营项目的成本或者价值的时候，同时还要考虑到项目的质量和风险，尤其要重视风险，要明确风险是有价值的，明确公私合作特许经营项目之所以优于政府传统投资模式与风险的转移密不可分。

3.2.1.2 物有所值评价流程

为推动公私合作特许经营项目物有所值评价工作有序开展，通过项目的物有所值评价，筛选适合采用公私合作特许经营模式的项目，根据其他有关规定，财政部制定了《PPP物有所值评价指引（试行）》（以下简称《评价指引（试行）》。公私合作特许经营项目物有所值论证流程主要包括四个阶段，分别是进行评价准备，之后进行定性的评价和定量的评价，最后要对信息进行管理。具体流程如图3-1所示：

财政部在《评价指引（试行）》中明确规定，物有所值评价的重要环节是定性和定量评价。当前我国物有所值评价数据缺失，所以，物有所值评价原则是以定性评价为主、鼓励开展定量评价工作。应该结合定性和定量评价的结果，来确定最终结论，并最终公布是否通过的结果。如果项目通过物有所值评价，接下来就可以进行财政承受能力的论证，如果项目没有通过物有所值评价，还有重新调整方案的机会，之后再进行物有所值评价，如果仍然无法通过，则项目最终不能采取公私合作特许经营项目的方式。

下面主要对物有所值评价的定性评价和定量评价两个阶段进行详细说明。

（1）物有所值定性评价。物有所值定性评价是当前我国公私合作特许经营项目采取的一种重要方式，此评价方法通常着眼于难以用货币衡量的因素。首先对定性评价指标进行专家打分，然后根据最后得分值确定项目是否通过定性评价。下面从定性评价的内容，定性评价的要求和定性评价的结论三方面，对物有所值定性评价进行说明。

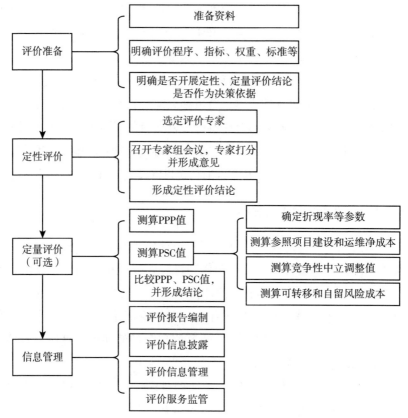

图 3-1　公私合作特许经营项目物有所值评价工作流程

资料来源：根据财政部《PPP 物有所值评价指引（试行）》绘制。

第一，定性评价的内容。在物有所值定性评价过程中，最为重要的是确定评价指标。评价指标主要包括两部分，一是基础评价指标，用于考核不同项目的共性因素；二是补充评价指标，主要是每个项目结合自身特点进行设定指标，不同项目的补充指标可以不同，考核的侧重点也存在差异，具体的物有所值评价指标介绍如表 3-1 所示。

表 3-1　　　　　　　　　　物有所值评价的基本评价指标

评价指标	考核内容
全生命周期整合程度	主要考核在项目全生命周期内，项目设计、投融资、建造、运营和维护等环节能否实现长期、充分整合

评价指标	考核内容
风险识别与分配	主要考核在项目全生命周期内，各风险因素是否得到充分识别，并在政府和社会资本之间进行合理分配
绩效导向与鼓励创新	主要考核是否建立以基础设施及公共服务供给数量、质量和效率为导向的绩效标准和监管机制，是否落实节能环保、支持本国产业等政府采购政策，能否鼓励社会资本创新
潜在竞争程度	主要考核项目内容对社会资本参与竞争的吸引力
政府机构能力	主要考核政府转变职能、优化服务、依法履约、行政监管和项目执行管理等能力
可融资性	主要考核项目的市场融资能力
补充评价指标	六项基本评价指标未涵盖的其他影响因素，包括项目规模大小、预期使用寿命长短、主要固定资产种类、全生命周期成本测算准确性、运营收入增长潜力、行业示范性等

第二，评价的要求。关于各项评价指标的具体权重，《评价指引（试行）》规定，基本评价指标的总体权重为80%，其余20%为补充评价指标。除了对总体权重作出规定外，还对各个指标的最高权重做了限制。具体来说，任一基本评价指标的权重不超过20%，任一补充评价指标的权重不超过10%。另外，项目的本级财政部门会同行业主管部门对每项指标制定明确的评分标准，每项指标的不同得分对应不同等级，81~100分对应"有利"，61~80分对应"较有利"，41~60分对应"一般"，21~40分对应"较不利"，0~20分对应"不利"。

财政、金融、会计等各个行业的经济专家与工程技术、项目管理和法律方面等专业的专家共同组成专家组进行定价评价。项目的本级财政部门会同行业主管部门共同组织召开专家会议。在会议召开以前，要将项目的相关材料送至评审专家手中。在会议召开过程中，专家要进行充分的讨论，并对项目按照评价指标依次打分，在进行加权平均算法计算指标权重后，得到最终结果，并形成最终的专家组意见。

第三，定性评价的结论。经过上一个阶段的打分结果，项目的本级财政部门会同行业主管部门根据最终形成的定性评价结果对项目进行评定，在原则上，打分结果高于 60 分，证明项目通过了物有所值评价；如低于 60 分，则认定为项目未通过物有所值评价。

（2）物有所值定量评价。公私特许经营项目在全生命周期内进行风险分配和成本测算，以及数据的收集工作构成了物有所值定量评价的重要工具，是后期项目决策和绩效评估的重要依据。目前，国际上主要有两种常见的物有所值定量评价方法，一种是成本效益分析法；另一种是公共部门参照标准法（又称"PSC 评价法"）。目前，国际上公私合作特许经营项目比较成熟的国家有英国、加拿大、德国、澳大利亚、日本、南非等，这些国家的物有所值评价大多采用公共部门参照标准法。我国物有所值定量评价方法，也是公共部门参照标准法。如果采用公私合作特许经营模式的绩效结果和采用传统政府投资方式的绩效结果相同，则通过对公私合作特许经营项目在全生命周期内的政府方净成本的 PPP 现值和公共部门的 PSC 值进行对比，判断其大小后，用来分析最终采取公私合作特许经营的方式是否可以降低项目的成本。关于定量评价的计算公式为：VFM = PSC 值 − PPP 值，VFM 的具体数值决定定量评价的结果。PPP 值与 PSC 值是物有所值定量评价计算的两个关键的要素，下面主要对 PPP 值与 PSC 值进行进一步的说明。

第一，公共部门比较值（PSC 值）的计算。PSC 值是指在项目全生命周期内采用政府传统投资方式，与采用公私合作特许经营模式产出绩效相同的条件下，政府全部成本的现值。PSC 值的构成如图 3−2 所示。

项目的建设和运营维护净成本计算的关键，在于参照项目的选择。其中一种选择是虚拟项目，即该项目首先假定政府采用的是一种行之有效的传统投资方式，这种方式与采用公私合作特许经营方式的产出是一致的；另一种选择是根据相同或者一些相似区域内近五年的政府传统投资方式与公私合作特许经营项目产出类似的项目。

项目的建设净成本要参考项目设计、建造、改造、大修等需要投入的资金，以及依照固定资产、土地使用权等实物资产和一些无形资产的价值，再扣除转让、租赁或处置资产所获得收益后，进行估算；运营维护净成本则依照项目运维所需要投入的原材料、设备和人工等成本，并扣除相应的管理费

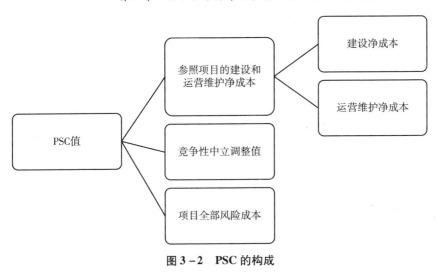

图 3 – 2 PSC 的构成

资料来源：根据财政部《PPP 物有所值评价指引（试行）》绘制。

用、运营期财务费用后，扣除参照项目和公私合作特许经营项目付费机制类似的使用者付费收入后，得到最终的估值。

竞争性中立调整值则是根据传统项目和公私合作特许经营项目对比后发生的一部分少支出的土地费用、行政审批费用等。

项目全部风险成本主要包括可以转移给社会资本方的风险成本，以及由政府方自己承担的风险成本。经过充分衡量各类风险发生概率和连带的支出责任后，采取情景分析法、比例法和概率法进行风险测算。

第二，政府方净成本的现值（PPP 值）的计算。政府方净成本的现值，是指政府采用公私合作特许经营模式并且达到产出绩效水平的情况下，政府全生命周期所承担的净成本的现值。政府方净成本的现值与公私合作特许经营项目在整个生命周期内的股权投资、运营补贴和风险承担等现值是等同的。此外，还需要特别注意折现率的选择问题。如果各年度的成本、收入和收益等按照资金时间价值原理折算为现值后，在充分考虑财政补贴支出发生的年份后，参照同期地方政府债券收益率后，合理确定最终的折现率。

第三，定量评价结论。VFM 大于或等于 0，即政府方净成本现值（PPP 值）不大于公共部门比较值（PSC 值），则可以看作通过定量评价；如果

VFM 小于 0，即政府方净成本的现值（PPP 值）大于公共部门比较值（PSC 值），则认定为未通过定量评价。

3.2.2　公私合作特许经营项目物有所值评价存在的问题

目前，各地区在推进公私合作特许经营项目的过程中，各级政府和相关部门已经充分认识到物有所值评价理念是项目能否成功的关键。这为今后规范物有所值评价的实施打下了坚实基础，有助于在项目实施过程中充分发挥公私合作特许经营模式的体制机制优势。但我国的物有所值评价处于起步阶段，仍然存在着很多问题。虽然在理论的层面分析，有着完整的评价体系和框架，但是在实践中，仍然采用以往的比较方式，即对政府传统投资模式和公私合作特许经营模式两者之比，因此我国在这方面还有较大的深化空间。

3.2.2.1　物有所值定性评价存在的问题

我国 PPP 项目的物有所值评价，还处在探索阶段。在近几年的 PPP 项目识别、论证实践中，物有所值评价发挥了积极作用，但也存在不少问题。

（1）定性评价指标设置不够完善。当前，我国物有所值定性评价的指标包括基本评价指标和补充评价指标两类。如再具体细分，风险识别与分配、可融资性两项指标，主要考核了经济性；全生命周期整合程度、潜在竞争程度、绩效导向与鼓励创新三项指标，主要考核了效率性；政府机构能力、运营收入增长潜力两项指标，主要考核了项目未来是否可以实现；项目规模大小、预期使用寿命长短、主要固定资产种类是项目自身的特征的体现。全生命周期成本测算准确性属于外部影响因素，而行业示范性则与我国公私合作特许经营模式的现实情况有关。通过以上分析可以发现，定性评价的基本评价指标和补充评价指标是以经济性、效率性为核心导向的。

在目前的物有所值评价体系中，没有与社会效益的相关评价指标。另外，公私合作特许经营项目主要是向社会提供公共服务，所以将服务对象即公众对产品的需求程度和满意程度考虑在内是必要的。而且随着社会进步，环境效益变得越来越重要，所以应该将项目所产生环境效益等因素也纳入评价体系之中。当前的定性评价指标缺乏对社会效益、环境、消费者满意度等进行评价的指标，没有很好地体现可持续发展理念，全面性尚有欠缺。

除了指标设置不够全面外，定性评价补充指标的适用性也不强。就行业差异而言，这些评价指标不具有广泛的适用性。虽然可根据具体行业、具体情况设置补充评价指标，但是由于补充指标占比不超过 20%，所以调节效果并不强，这给不同行业的物有所值评价工作带来了不便。

（2）指标权重设置有待推敲。当前，我国物有所值定性评价指标的权重构成主要有两个部分。第一部分是占比 80% 的六项基本指标。其中规定，任何一项指标的占比都不能超过 20%。第二部分是占比不超过 20% 的补充评价指标。同时也规定了每项指标的占比不能超过 10%。物有所值定性评价结论的得出，需要每个指标确切的权重，现在只是对基本评价指标和补充评价指标分别的总权重作出了规定，并对每一个指标的最高权重作出了限制性规定，但是对于不同项目具体的指标评价体系，并没有明确的确定方式，指标权重确定方式模糊。在实际评价过程中，由于咨询机构没有统一的标准去衡量评价指标，即使是同一领域内的项目，不同咨询机构采用的指标权重还会不一致，或者权重设定差距较大，因此给定性评价带来了不确定性和模糊性。利用这一漏洞，通过调高项目有利指标的权重或引入有利的补充指标等，都可以调高定性评价指标的总体分值，影响最终的评价结果。另外，这种变动的权重虽然有利于根据不同情况进行调整，但是也同样增大了评价的工作量。公私合作特许经营模式的核心合作内容，是具有融资功能的建设运营的合作，定性评价的考核重点应该放在"绩效导向和鼓励创新"和"可融资性"两个指标上，但是目前的物有所值定性评价中对于这两项指标的权重却并不突出。

（3）专家打分主观性强。当前，我国物有所值定性评价指标具体分值的确定，缺乏科学合理的标准尺度。除了指标权重不明确之外，每项指标的具体评分标准如何确定，现有文件也没有明确说明。根据规定，项目本级财政部门（或 PPP 中心）会同行业主管部门组织召开专家组会议，并采用专家打分制度，各项指标的打分主要依靠专家的个人经验，评分标准的缺乏使得定性评价的结果易受专家主观因素影响，不同专家的打分标准可能不一样，结果也具有一定的随意性，根据目前项目的得分来看，得分区间主要集中在

80～90分，专家自身的专业经验和主观性，是影响定性评价结果的关键因素。物有所值定性评价是从国外引入的评价手段，我国使用时间较短，经验较少，参与人员的水平和能力参差不齐，对于指标设定的原理掌握不清，难以对项目进行有效的评审。

定性评价专家组构成主要包括财政、资产评估、会计、金融等经济方面的专家，还包括一些行业、工程技术、项目管理和法律等方面的专家。目前专家组存在的主要问题在于：一是组成人员的自身履历和专业性难以保证，比如专家是律师，但是否是公私合作特许经营方面的律师，是否有评审项目相关行业的履历或从业经验，这些都难以保证，对于评审项目的专业性和客观性就难以把控。二是在专家的选择上，组成人员无严格标准，没有对专家的能力等级、专家的独立性等作出具体的规定。评审时未实现专家的盲选，各省和各地建立的评审专家库人员水平不一，在评审时可能出现相悖的评论结果。三是专家评审把关不严，难以保证评审结果的客观公正性，物有所值定性评价需要专家对全部的指标进行评价打分，但是术业有专攻，专家只是某一个行业的专家，只能对自己熟悉的领域作出权威的判断，而对其他领域的打分难免存在主观性，并且部分专家可能对于某些指标的理解不够充分，最终导致评价结果差异较大。

（4）定性评价重结果轻过程。定性评价对于项目的主要作用是为项目提供参考依据，采取专家打分制度，最终得到"通过"或者"不通过"的评价结论。目前的物有所值定性评价，过于看重结果而忽视了评价的过程。

（5）定性评价与可行性研究关系模糊。当前，相关政策只是规定物有所值评价在可行性研究之后进行，但是关于两者之间的关系却没有清晰的界定。定性评价和可行性研究之间既存在差异又相互关联，区别主要表现在，项目实施目的和流程不同。可行性研究主要是项目实施以前，前期先进行判断，但定性评价主要发生在之后的项目评估阶段；从内容上来分析，可行性研究主要是为项目提供一些交易结构设计和运作模式等基础性的判断，这部分判断结果是后期定性评价的重要依据。传统的可行性研究体系中包括了财务分析、经济效益分析等多种评价体系，而物有所值定性评价则属于经济效益分析中定性分析的范畴。从两者间的逻辑关系上看，物有所值定性评价，应该成为可行性研究框架的一个部分。但是，我国当前的做法是将物有所值定性评价与可行性研究割裂开来，这样，一方面，会导致物有所值定性评价与可行性研究存在论证内容上的重复，进一步增加论证的成本；另一方面，将二者割裂开来，使得物有所值定性评价脱离可行性研究进行全方位专业论证，因此，物有所值定性评价仅从财务、商业、经济等视角评价项目的可行性，将缺乏论证基础。

3.2.2.2　物有所值定量评价存在的问题

（1）基础数据的缺失和质量不高。在开展物有所值定量评价中，数据居于十分重要的位置。即相对于物有所值定性评价来说，物有所值定量评价要达到预期目标，要建立在准确、充分的数据基础之上。当前，我国公私合作特许经营项目基础数据缺失，导致计量模型不成熟，定量评价仍然处于探索阶段。至于数据缺失的原因：首先，从公私合作特许经营项目所处的阶段来看，尽管我国从改革开放之初就探索公私合作特许经营模式，但发展一直较为缓慢，2014 年后项目才较大规模增加，有关方面数据积累不足，在进行定量评价时缺少足够的数据支持。其次，从部门关系来看，公私合作特许经营项目涉及诸多领域，主管部门众多，政府部门职能分工和本位主义导致了人为的信息壁垒，信息壁垒的存在使得项目结构性数据的获得更加困难，这也是导致目前我国公私合作特许经营项目数据缺乏的一个原因。另外，专门的PPP 项目数据库建设还处在起步阶段，难以对物有所值的定量评价给予更多的支持。总的来说，基础数据的缺失，导致全生命周期成本的测算结果不够准确，进而影响定量评价的最终结果。

（2）折现率的选择存在问题。折现率就是在考虑资金时间价值的基础上，对 PSC 值和 PPP 值的不同构成部分，在不同时间所产生的现金流折算成现值的比率，折现率是影响定量评价结果的关键指标，折现率的变化可能会导致定量评价结果完全不同。目前财政部、国家发改委并没有对折现率的具体取值给出统一的规定，财政部有关文件要求年度折现率不仅要充分考虑财政补贴支出的发生年份，还要结合同期地方政府债券收益率。实际上，因为是投资行为，所以公私合作特许经营项目的折现率，应该高于属于融资行为的同期地方政府债券收益率计算的折现率，采用同期地方政府债券收益率作为折现率，可能会导致计算的 PSC 值小于实际的 PSC 值。一般来说，折现率的变化对于 PPP 值的测算要比对 PSC 值的测算影响更大。折现率越高，物有所值定量评价结果通过的可能性就越大，越有利于公私合作特许经营模式。

（3）项目风险计算公式有待改进。在 PSC 值和 PPP 值的计算中，都涉及风险成本的计算问题，而目前的定量分析对于风险度量方法的选择，以及风险的分配没有统一的标准。关于风险部分的量化根据财政部有关规定测算，通常采用比例法、情景分析法或者概率法来计算各类风险发生的概率以及未来出现的财政支出责任。但是，并没有详细地说明三种方法分别适用的行业和项目。就算用概率法进行风险量化，其中还会有许多测算的参数缺乏客观合理的依据。

另外，项目全部风险成本的构成主要包含两部分，一是可以转移给社会资本方的成本，二是政府自留的风险承担成本。公私合作特许项目历时较久，在建设和运营的过程中，会发生较多的不确定风险。因此，需要合理的风险分配方式来明确风险的承担方，对于政府自留风险成本的分配方法也需要进一步完善，财政部文件没有明确规定风险具体的分配依据和分配方法，在定量分析过程中，很多项目都是直接按照总风险固定的比率（20% 或者 25%）作为政府的自留风险成本。一些项目为了通过评价，可能会随意改变风险的量化值，改变项目转移给社会资本的风险，调低政府自留风险成本，这使得物有所值定量评价的结果可以随着风险量化的变化而发生变化，造成结果的不准确性。

（4）PSC 值计算存在问题。目前，物有所值定量评价部分的公式，已经根据我国的具体国情做出了一定的调整，但仍然存在不足之处，在实际操作中仍然存在很多问题。

首先，通常情况下，传统政府投资运营模式下的参照项目，是假设政府采用现实行之有效的、与传统投资方式实施的、与公私合作特许经营项目产出相同的虚拟项目。所以，在进行物有所值定量评价时，公共部门比较值（PSC）中的成本支出项目的大部分是通过预测得到的，预测过程中的假设和调整因素存在较大的主观性，这在一定程度上造成了定量评价结果的不准确。

其次，公共部门比较值（PSC）是根据三项现值①加总后得出的。其中，建设和运营维护净成本是根据前期可行报告中规定的政府和社会资本方的出资比例确定的。但是我国很多政府传统投资模式项目的可行性研究报告是可批性报告，审计数据并不公开，这给建设和运营维护净成本的估计带来了困难。财政部文件规定，将股权投入纳入 PPP 项目的建设和运营维护净成本中，但由于股权投入等同于投资，如果项目顺利进行，资金后期是可以收回的，因此，将未来可能收回的资金纳入政府投入的成本中似乎是不合适的。财政部文件规定竞争性中立调整值，主要是采用传统投资方式比采用公私合作特许经营模式少支出的费用。只要是政府传统投资模式不需支付而采用公私合作特许经营模式需要支付的金额，都应该进入竞争性中立调整值，比如土地费用、行政审批费用、特许经营使用收入、权益转让收入等，可以适当放宽竞争性中立调整值的范围。

（5）部分项目不符合假设条件。物有所值定量评价的前提条件是，政府有充足的资金完成公私合作特许经营项目，政府通过评价决定采用传统政府投资运营模式还是公私合作特许经营模式，仅仅是出于节省成本的考虑。所以，从政府的角度来看，如果政府有充足的资金，那么比较 PSC 值和 PPP 值，进而决定是否采用公私合作特许经营模式是有意义的。但是在实际操作中，一些项目并不符合前提条件，政府缺乏资金或者是没有其他的筹资渠道，则项目要拖延几年，而如果采用公私合作特许经营模式则可立即实施项目，可以实现社会效益时间价值。这时，就算采用政府传统投资模式比采用公私合作特许经营模式的成本更低，效率更高，但是，采用公私合作特许经营模式带来的社会效益超过了多付出的成本，总的来说，还是能够更好满足社会公共需要的。当前，物有所值定量评价主要从政府决策的角度出发，比较两种采购方式在成本上的差异，忽略了项目在未来可能带来的收益，对于公私合作特许经营项目本身所带来的社会效益和外部性都考虑不足。有些地方为了达到融资的目的，在物有所值评价环节流于形式，评价结果是没有实际意义的。所以目前的物有所值定量评价体系，并不能解决不符合前提

---

①　一是参照项目的建设和运营维护净成本，二是竞争性中立调整值，三是项目全部风险成本。

条件而又广泛存在的项目物有所值评价问题。对于不符合前提条件的项目，如果其社会效益非常显著，并且 PPP 值大于 PSC 值，可以采用公私合作特许经营模式。

（6）相关人员专业水平有待提高。相较于定性评价来说，定量评价在我国实行的时间更短，相关人员专业水平和经验不足问题也更加严重。目前，能够充分理解公式，并理解公式中每一项具体含义的人员比较少。大多数人员只是按照公式生搬硬套，没有根据具体行业、具体项目的实际情况进行测算，导致测算结果不准确，进而影响最终的定量评价结果。

3.2.2.3 物有所值评价存在的其他共性问题

（1）法律法规不健全。2018 年 3 月《国务院 2018 年立法工作计划》将 PPP 条例列入其中。为了降低公私合作特许经营项目的风险，降低政府和社会资本参与项目合作的不确定性，对公私合作特许经营项目立法十分必要。但由于种种原因，该条例至今尚未出台。

目前，有关公私合作特许经营物有所值评价的规定，大多来自于有关部门制定的指引、指导意见和规章，法律效力较低。且财政部现有文件主要是一些原则性规定，内容较为粗略，没有配套的操作指南。

（2）咨询机构执业能力不强。在实际的操作过程中，一些咨询机构缺乏专业性和独立性，部分咨询机构专业能力不足，并且容易受委托者意愿的干扰，他们不愿意花费时间与精力搜集整理数据。有些中介咨询机构套用以往的固定模式，甚至随意更改结果，为了尽快拿到咨询费，只是顺应业主的意见，使得项目的物有所值评价流于形式，成为"走过场"现象，对项目采用公私合作特许经营模式的原因和有效性分析不足。

（3）定性评价与定量评价的结果相互独立。目前，公私合作特许经营项目中可以用货币衡量的因素，通过物有所值定量评价进行考核，如果不能用货币进行衡量，则通过物有所值评价进行分析。如果 VFM 值是大于 0 的，则评价通过；如果定性评价的分数高于 60 分，则认为评价也通过。同时通过定量评价和定性评价，则通过物有所值评价。定性评价和定量评价是相辅相成的，二者应该相互结合。

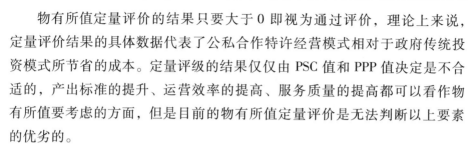

　　物有所值定量评价的结果只要大于 0 即视为通过评价，理论上来说，定量评价结果的具体数据代表了公私合作特许经营模式相对于政府传统投资模式所节省的成本。定量评级的结果仅仅由 PSC 值和 PPP 值决定是不合适的，产出标准的提升、运营效率的提高、服务质量的提高都可以看作物有所值要考虑的方面，但是目前的物有所值定量评价是无法判断以上要素的优劣的。

　　（4）地方政府对物有所值评价的主观认识不够准确。公私合作特许经营项目的根本目的，是提供公共物品和公共服务，满足公众的需求。但是，有些地方政府只是把公私合作特许经营项目作为一项重要的融资手段，部分官员在政绩的推动下，为了缓解地方的债务危机，盲目推行公私合作特许经营模式，把物有所值评价看作简单的手续问题，甚至为了通过物有所值评价，私自调整指标权重或者选择一些优势补充指标，这将导致最终的评价结果远离客观现实情况，不能为项目科学决策提供有价值的参考依据。相关部门通过预设评价结果，使得物有所值评价变质，即物有所值评价工作的开展，仅仅是为了提供审批流程所需要的一份可行性评价报告。如果政府部门对物有所值评价的认识不够准确，即使有完善的物有所值评价方法和统计数据，也避免不了物有所值评价流于形式。

　　（5）物有所值评价监管机制不健全。公私合作特许经营项目一般是由政府有关主管部门发起，再聘请第三方专业咨询机构进行物有所值评价。当前关于物有所值评价的管理机制、监督机制和问责机制不健全，这给了第三方专业咨询机构可乘之机，使得一些敷衍了事的咨询机构更加有恃无恐，即使物有所值评价不规范，也不会受到应有的惩罚，这在一定程度上加剧了物有所值评价流于形式，阻碍了物有所值评价的良性发展。

　　（6）物有所值评价程序不够合理。公私合作特许经营项目实际操作中，一般是由政府提出项目采用公私合作特许经营模式，再聘请第三方专业机构进行物有所值评价和财政承受能力论证，并编制初始实施方案，物有所值评价报告在这个阶段就已经形成了。物有所值评价设置在公私合作特许经营项目招投标之前，并且后续没有相关的更改和调整的程序性要求。

3.3　公私合作特许经营项目财政承受能力论证与财政风险管理技术

3.3.1　公私合作特许经营项目财政承受能力论证的含义

　　财政承受能力论证是指对政府和社会资本合作项目的财政支出责任进行相关的识别和测算后，评估项目在当前和今后各个年度的财政支出影响，从而为项目的财政管理提供必要的依据。财政承受能力论证在项目的识别阶段对于控制财政风险起着非常关键的作用。一方面，通过测算公共部门的各项财政支出，判断项目的实施是否在当地财政的承受能力之内，在一定程度上降低了项目的财政风险；另一方面，财政承受能力论证可以降低社会资本对于项目投资的疑虑，缓解地方债务压力。财政承受能力论证工作主要由财政部门（或 PPP 中心）会同行业主管部门共同展开工作，必要时还可以聘请专业的中介机构予以协助。只有通过论证的项目，其项目的支出责任才可以在编制年度预算中纳入预算统筹工作中。

　　为有序推进公私合作特许经营项目的实施，确保政府按照合同规定履行相关义务，同时为了规范项目的财政支出管理，防范系统性的财政风险，2015 年，财政部印发的《政府和社会资本合作项目财政承受能力论证指引》中规定了财政承受能力论证的相关工作内容和方法。具体流程图如 3 – 3 所示。

3.3.1.1　责任识别

　　为保证财政承受能力论证的科学规范，需要对项目进行财政支出责任的识别，对于政府方来讲，主要包括四个方面的责任，即股权投资、运营补贴、风险承担和配套投入。其中，股权投资的责任只存在于政府和社会资本方共同建立项目公司的情形中；政府在运营项目过程中要承担补贴支出责任，当在政府付费模式下，政府需要承担全部支出责任，在可行性缺口模式下，政

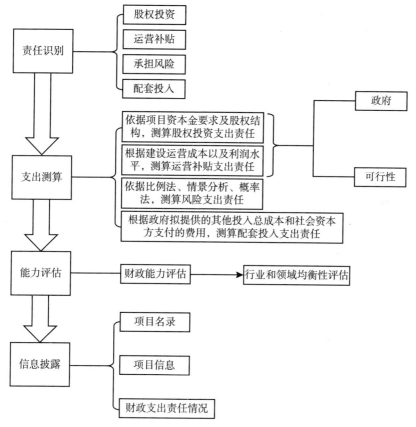

图 3 - 3　PPP 项目财政承受能力论证工作流程

资料来源：根据财政部发布的《政府和社会资本合作项目承受能力论证指引》绘制。

府只承担部分支出责任，在使用者付费模式下，政府不承担支出责任；政府需要承担法律、政策和需求以及政府方自身原因所带来的风险属于政府方应该承担的风险支出责任；当政府提供项目配套工程时，依据项目实施方案，承担项目前期投入的支出责任。

3.3.1.2　支出测算

第一，财政部门依据各类支出责任的自身特征及可能发生的概率，通过计算得出项目的财政支出占到一般公共预算支出的比重，以此确定政府是否可以为该项目承担财政开支。首先要通过项目资本金及政府占到该项目公司股权的比重来量化股权投资支出并合理估算其价值。具体的计算公式为：

$$股权投资支出 = 项目资本金 \times 政府占项目公司股权比例 \qquad (3.1)$$

第二，通过项目的建设运营成本和合理的利润确定补贴支出。在政府付费模式下，其计算公式为：

$$当年运营补贴支出数额 = \frac{项目全部建设成本 \times (1 + 合理利润率) \times (1 + 年度折现率)^n}{财政运营补贴周期(年)}$$
$$+ 年度运营成本 \times (1 + 合理利润率) \qquad (3.2)$$

在可行性缺口模式下，其计算公式为：

$$当年运营补贴支出数额 = \frac{项目全部建设成本 \times (1 + 合理利润率) \times (1 + 年度折现率)^n}{财政运营补贴周期(年)}$$
$$+ 年度运营成本 \times (1 + 合理利润率)$$
$$- 当年使用者付费数额 \qquad (3.3)$$

在使用者付费模式下，政府不用承担补贴支出责任。但如果前期政府参与过融资，则还会存在财政支出责任，仍然需要进行财政能力论证。

第三，支出测算的难点在于量化风险支出责任。当风险支出数额和概率都不好进行衡量时，可以依据项目的全部建设成本和部分运营成本，采取比例法予以确定支出责任；当风险支出数额可测量，但是发生概率难以衡量时，可以采取情景假设的方式，根据基本情景、不利情景和最坏情况进行风险支出责任的测定；当各类风险支出额和概率都可以测定的条件下，就可根据风险概率分布函数来确定具体的支出责任。

第四，政府将提供的配套投入的支出成本减去社会资本方为配套投入所支付的费用后，得到相关的配套投入支出额。

3.3.1.3 能力评估

在完成项目识别和风险测算后，要对结果进行汇总，从而进行财政承受能力的评估。第一，要对支出能力进行评估，主要是根据项目测算出来的支出责任，来评估项目今后的支出影响。同时，在每个年度，全部项目支出责任占到一般公共预算支出比例不超过 10% 的红线。省级财政部门可以根据实际情况具体调整并向财政部备案且对外公布。第二，关于行业和领域均衡性评估，主要是指根据项目适用的行业和服务领域，结合经济社会发展需要，平衡项目在不同行业和领域的比例，防止出现项目过度集中或过于分散的情况。

3.3.1.4　信息披露

省级财政部门在汇总项目目录后，要向财政部报告，由财政部通过统一信息平台予以发布。同时，对于项目目录、信息、支出责任情况等要年年定期予以披露。在项目实施后，各级财政部门要跟踪项目后期的运营情况，掌握项目使用量、成本费用情况，要了解项目的相关考核指标，并将这些内容予以对外公布。

3.3.2　公私合作特许经营项目财政承受能力论证的现状

财政部于 2018 年 5 月发布了《PPP 项目财政承受能力汇总分析报告》，首次规定了入库项目的全生命周期财政支出的具体情况。

经对财政部 PPP 项目库 6400 个、总投资约 10 万亿元的入库项目 2018 年 1 月末财政承受能力论证报告数据进行分析，2015～2045 年间，需要安排近 10 万亿元的一般公共预算支出，折合每年的年均支出近 3200 亿元。从地区分布看，中西部地区支出压力较大。2015～2045 年间，湖南、河南、四川、内蒙古和云南的财政支出责任额排名前五，年均支出分别为 260 亿元、229 亿元、222 亿元、201 亿元和 190 亿元，占到 2017 年本省一般公共预算支出的 3.8%、3.1%、2.6%、4.4% 和 3.3%。

从地区分布看，6400 个项目涉及了 1920 个地区，其中支出占比处于 7% 以下安全线的城市大概有 1300 多个地区。在保守、乐观和一般的情况下，2018 年财政当年支出占比超限额的市县，分别为 70 个、23 个和 36 个。而从时间分布上来看，在保守情景下，2020 年超限额地区数量将会最多，会有将近 190 个项目，而在一般和乐观情景下测算，2019 年超限额地区数量达到为

66 个。①

在全国 PPP 综合信息平台中，对 PPP 项目财政支出责任监测启动了预警系统，主要工作是动态监测项目财政支出责任和承受能力，加强防范财政风险发生。根据财政部政府和社会资本合作中心全国 PPP 综合信息平台管理库项目 2022 年 11 月报可知，从 2014 年以来到 2022 年 11 月，累计入库项目 10363 个，投资额 16.8 万亿元。从财政承受能力来看，全国 2766 个有 PPP 项目在库的行政区中，2664 个行政区 PPP 项目合同期内各年度财政承受能力指标在 10% 红线以下。其中 1844 个行政区财政占比低于 7% 预警线，1394 个行政区低于 5%；有 102 个行政区超 10%，这些行政区已停止新项目入库。财政支出总体处于安全区间。根据《关于推进政府和社会资本合作规范发展的实施意见》（以下简称《实施意见》）的相关规定，各地区仍然可以继续申请政府付费类项目。在统计中发现有 19 个本级（占 0.7%）的财政承受能力要高于 10% 的红线，按照规定必须停止此类项目入库。经过以上分析，我国的 PPP 项目在有效的动态监测下，做到了较好预防财政风险的发生概率。②

根据 PPP 管理库全部项目的财政支出责任的测算，未来 30 年（2019 ~ 2918 年）将有 16.2 万亿元的财政支出，其中一般公共预算支出责任为 12.7 万亿元、政府性基金支出责任为 3.5 万亿元。同时，已经落地项目有 9.2 万亿元的财政支出责任，其中分别有 7 亿元、2.2 万亿元的一般公共预算和政府性基金支出责任。从时间分布看，全部项目支出责任高峰在 2025 年，为 9896 亿元，其中有 7606 亿元、2290 亿元的一般公共预算和政府性基金预算的支出责任。具体 2019 ~ 2048 年各年度全部 PPP 项目支出责任总额如图 3 - 4 所示。③

3.3.3 公私合作特许经营项目财政承受能力论证存在的问题

我国当前公私合作特许经营项目的财政承受能力论证，主要存在以下几

① 筑牢 PPP 项目财政承受能力 10% 限额的"红线"——PPP 项目财政承受能力汇总分析报告 [EB/OL]. (2018 - 05 - 04). http://jrs.mof.gov.cn/gongzuodongtai/201805/t20180504_2885865.htm.
② 根据财政部政府与社会资本合作中心网站公开资料整理。
③ 全国 PPP 综合信息平台项目管理库 2019 年 1 月报 [EB/OL]. (2019 - 03 - 01). http://www.cpppc.org/zh/pppjb/7846.jhtml.

个方面的问题。

图 3 - 4　2019～2048 年各年度全部 PPP 项目支出责任总额

3.3.3.1　公私合作特许经营项目财政承受能力论证方法存在缺陷

（1）现行政府财政承诺支出测算公式的要素含义不够明确。目前支出测算中存在的问题主要有：第一，财政文件分别对三种付费模式的运营补贴支出进行了测算，但测算指标选择的随机性较大，数据选择的不同将导致不同的测算结果，从而影响最终财政承受能力论证的结果。第二，风险承担指出责任应充分考虑各类风险出现的概率和带来的支出责任，而风险的测算是迄今尚没有解决的难题。第三，配套投入支出责任计算的前提，是明确政府和社会资本对于配套投入的支出责任，但是在实施财政承受能力论证时，社会资本方并没有引入，关于双方的支出责任也就无从得知，这样得到的配套投入支出责任自然是不准确的。第四，关于支出测算的计算公式，为了避免超过 10% 限额，不同的咨询机构可能采用不同的方法，有的机构采用《政府和社会资本合作项目财政承受能力论证指引》中规定的计算方法，有的机构采用等额本息计算方法，另外还有一些地区采用分段计算的方式，计算方法选择的主观性，导致财政承受能力论证的最后结果存在很大的差异。

（2）项目独立论证，支出责任汇总不够准确。财政部门（或 PPP 中心）识别和测算单个项目的财政支出责任后，还要进行汇总年度已经实施和有待实施的项目，再进行财政承受能力评估。从各个地区的财政承受能力论证的具体实施情况来看，论证工作均独立进行，多由聘请的不同中介机构分别实施。但是部分中介机构对项目的总体财政支出责任不够了解，在汇总年度全部已实施和拟实施的 PPP 项目时，对于拟实施项目的支出责任汇总不够清晰明确，特别是同期开展的拟实施项目，有的甚至没有将拟实施项目的财政支出责任考虑在内。

（3）合理利润率的确定不够准确。财政部文件关于当年运营补贴支出的计算公式如下：

$$当年运营补贴支出数额 = \frac{项目全部建设成本 \times (1 + 合理利润率) \times (1 + 年度折现率)^n}{财政运营补贴周期(年)} + 年度运营成本 \times (1 + 合理利润率) \quad (3.4)$$

实际上，上述公式中的两个合理利润率是不同的，第一个合理利润率一方面反映了政府方作为借款人和社会资本方作为借款人的两种融资方式的利差，这种利差本质上是地方政府和社会资本方自身信用水平的风险溢价，另一方面，这个合理利润率反映了地方债和其他融资方式的利息之差，以及项目提供建设服务时的合理利润。第二个合理利润率则反映了项目提供运营服务得到的合理利润率。相比之下，第一个合理利润率包含了更多的因素，社会资本方的融资能力、管理水平、施工建设等都可能会影响利润率，而第二个利润率则相对简单。目前，在对于合理利润率的相关规定中，并没有对二者进行区分，这是目前需要解决的一个问题。

3.3.3.2　一般公共预算支出计算口径不统一

财政部文件规定未来年度一般公共预算支出数额可参照前五年相关数额的平均值及平均增长率计算，并可以根据实际情况进行适当调整。但是没有明确的规定测算方法，测算的自主性过高。

3.3.3.3　控制标准缺乏必要的弹性

《政府和社会资本合作项目财政承受能力论证指引》确立了财政承受能力论证的"红线"，要求"每一年度全部 PPP 项目需要从预算中安排的支出责任，占一般公共预算支出比例应当不超过 10%。省级财政部门可根据本地实际情况，因地制宜确定具体比例"。这条规定并不是指只要支出责任低于 10% 就一定可以顺利通过论证，还要结合项目预算支付责任，评估项目实施对当前和未来年度财政支出产生的影响，结合具体的行业和领域予以平衡后，最终形成定论。从目前的实施情况来看，大部分地区仍然以 10% 为控制标准，并没有制定适合本地区的控制标准。另外，有的地方脱离财政收支的实际，划定 10% 以内为限额，只要在限额以内的项目均给予通过，这种做法看似合法合规，但其实并不利于公私合作特许经营项目的推广和风险防范。

3.3.3.4　论证主体合理性存在风险

开展财政承受能力论证的合规性主体由项目本级财政部门会同行业主管部门进行论证，或者可以聘请专业机构协助开展论证工作；如果地方政府有 PPP 中心，可以由 PPP 中心会同行业主管部门展开论证，或者直接由第三方评估机构展开论证工作。目前财政承受能力论证的合规性主体只包括以上两类，因为地方政府一方面是公私合作特许经营项目的参与者，另一方面又是财政承受能力论证的开展者，自己论证自己的财政承受能力，这很容易导致论证执行不力，监管不严，使得财政承受能力论证只是流于形式，成为满足流程和程序要求的一纸文书，这不仅降低了社会资本的信任感，而且加大了项目的财政风险。

另外，根据目前公私合作特许经营项目的运营状况，国家发改委、财政部两部委的政策文件都要求自己下属的部门作为项目的监管主体，这种多头管理的体系带来的管理主体竞争，造成了管理的混乱，使得财政承受能力论证的责任主体不明确，不利于财政风险控制政策和制度的实施。

3.4　公私合作特许经营项目的识别与财政风险管理技术的对策建议

从各国公私合作特许经营项目管理理论与实践看，对于项目是否采用该

模式，一般通过物有所值评价和财政承受能力论证进行判断，物有所值评价
是从经济上考察一个公私合作特许经营项目是否合理，而财政承受能力论证
则是从政府支出角度判断，一个项目是否适合采用公私合作特许经营模式。
两者都对于控制项目财政风险起着重要的作用。针对目前我国公私合作特许
经营项目识别阶段存在的主要问题，下面主要从公私合作特许经营项目的发
起与筛选、物有所值评价和财政承受能力论证四个方面，提出相应的财政风
险管理技术的对策建议。

3.4.1 努力提高社会资本公私合作特许经营项目发起比例降低财政风险

随着我国政府职能转变，政府和市场关系逐步厘清，市场机制在资源配
置中起决定性作用，由社会资本方发起公私合作特许经营项目会越来越多。
目前我国社会资本方发起项目缺乏，还需要做大量的推动工作。

3.4.1.1 进一步转变政府职责

（1）认真审视社会资本方发起项目的价值。由于政府方和社会资本方自
身属性的不同，发起项目的视角也不同，相较于政府方发起项目来说，社会
资本方发起项目一般更具有创新性、更贴近于市场，政府要充分利用社会资
本的这一优势，提高公私合作特许经营项目的效率，减少因项目失败造成的
财政风险。另外，并不是所有的地方政府都具有发起项目的能力，一些地方
政府本身缺少发展公私合作特许经营项目的能力，政府要充分认识到社会资
本方的各种优势，让社会资本方的发起能有力地推动地区项目的顺利展开。

（2）为社会资本发起项目发起提供全方位政策指导。受自身条件的限制
性，社会资本方一般难以获得有关政府国民经济和社会发展规划、产业政策、
土地政策等相关具体信息，这就可能导致社会资本发起的项目不符合政府总体
规划要求，存在重复建设等问题。因此，政府需要为发起项目的社会资本方提
供相应的规划、政策指南，以及必要的数据信息等，指导社会资本发起项目，
使之符合当地经济社会发展的需要，防范和减少项目失败而导致的财政风险。

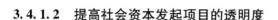

3.4.1.2　提高社会资本发起项目的透明度

为提高社会资本方发起项目的透明度，政府要合理的引入竞争，通过招标方式选定社会资本方。但是这里的招标方式不同于传统的招标方式，不能采用政府发起方式下通过招标方式选定社会资本的办法。我国可以借鉴国际经验，建立我国公私合作特许经营模式的奖励模式，对社会资本发起人的竞争补偿、优惠政策进行统一，维护原始发起人的利益，合理引导社会资本方发起公私合作特许经营项目。

3.4.1.3　指导社会资本方完善编制项目实施方案

针对社会资本方编制的 PPP 项目实施方案存在的问题，政府可根据一定时期国家和地区经济社会发展规划、产业政策、财政金融政策等提出修改意见，帮助社会资本完善实施方案，使之更加科学、合理，更具有可行性。同时，在《政府信息公开条例》范围内，对社会资本方编制、修订项目实施方案提供所需的文件、制度和数据支持。完善的实施方案，有利于项目的建设运营，有效控制政府财政风险。

3.4.1.4　充分发挥社会资本方自身优势提高论证质量

（1）合理预期项目收益。公私合作特许经营项目发起的根本目的，在于合作提供公共物品和公共服务，所以在社会效益和经济效益之间达到平衡是关键所在。当前社会资本方大多对项目的收益预期过高，应适当降低项目的收益预期，把重点放在项目的长期性、稳定性和风险的可控性上。

（2）建立利益联合体发起项目。公私合作特许经营项目期限较长，需要社会资本方有强大的融资能力、风险控制能力和运营能力，有些社会资本可能本身并不能完全满足项目的能力要求，与能力较强的社会资本组成利益联合体发起项目，有利于降低项目风险，兼顾社会资本和政府财政利益，实现项目建设运营目标。

（3）提高项目前期论证工作质量。社会资本方需要通过提高项目前期论证工作的质量争取立项。PPP 项目建设运营的实践证明，项目的前期论证工作不扎实，如收费类的项目车流量测算不准确等，是后期项目失败的重要原因。且社会资本方在发起公私合作特许经营项目的过程中，会产生相应的开发成本，如果项目最终没有通过审核不能立项，那么这部分开发成本就会成为沉没成本无法收回。所以为了控制项目的开发成本，避免社会资本方无谓的损失，社会资本方要尽力提高项目的质量，包括开展详细的现场勘查、走访、数据测算、市场分析、专家论证等以争取立项。

（4）充分发挥自身优势。社会资本方充分发挥其在技术、管理、融资等方面的优势，寻找适合自己的项目，积极发起项目，弥补政府发起项目的不足，有效降低项目失败的风险，推动公私合作特许经营项目的立项，进而取得合理的投资回报。这样既能提高公共服务和公共物品的质量，又能促进社会资本方自身的发展。

3.4.2　适度控制数量提高公私合作特许经营项目筛选质量降低整体风险

公私合作特许经营项目的筛选，是项目顺利开展物有所值评价和财政承受能力论证的前提，对项目全生命周期的管理具有十分重要的意义。项目发起方式的不同，筛选所需要考虑的因素有所不同。同时，由于公私合作特许经营项目的性质，不宜盲目扩张数量，而更多的是从质量的角度，控制项目财政风险。下面分别从政府和社会资本方两个角度，论述项目筛选问题。

3.4.2.1　努力提高政府方项目筛选的质量

政府方对项目的筛选，重点考虑下几个方面。

（1）优选需求长期稳定的项目。长期、持续、连贯的大量需求，是应用公私合作特许经营项目持续发展的一个基本的前提。政府在对项目进行筛选时，为了提高对社会资本的吸引力，要注意筛选具有长期稳定需求且满足当地公共服务需求的公私合作特许经营项目。例如城市供水、供暖、污水和垃圾处理、地下综合管廊、轨道交通等城市基础设施以及养老和医疗等公共服务领域。

（2）选择与国家宏观政策更贴近的项目。公私合作特许经营项目的筛选，要从宏观上考虑项目是否纳入各级政府国民经济和社会发展规划，特别是基础设施和公共服务领域专项规划以及其他重大项目，是否满足国家的相关要求和规定。这些项目一般较为成熟，价格调整机制相对灵活、市场化程度较高。选择与国家宏观经济政策更为贴近的项目，有利于充分发挥公私合作特许经营的优势，为国家经济社会发展战略目标服务，同时，使项目获得较好收益，降低财政风险。

（3）选择财政补贴额度较小的项目。适合采用公私合作特许经营方式的项目主要是消费者付费项目、可行性缺口补助项目。政府付费项目则不适合采用公私合作特许经营方式。具体来说，这是因为消费者付费项目本身的经营收入就可以使得社会资本获得合理的回报，所以政府不需要进行财政补贴，仅需要提供政策支持即可。可行性缺口补助项目产出的价格由政府决定，政府为了满足公众的需要，更多地要考虑公共利益，而不只是考虑项目自身的经济利益，所以项目的经营收入往往不能覆盖投资成本，需要政府提供部分财政补贴，但是这在一定程度上也缓解了地方政府的债务压力。而对于政府付费项目来说，项目本身没有收益，完全依靠政府的财政补贴。在目前各地区财政压力普遍较大的情况下，不宜采用公私合作特许经营模式。

（4）注意项目的行业平衡性。社会公众对于公共物品和服务的需求是多样的，相应的公私合作特许经营项目也要分布在多个领域，而不能集中于一个或者几个领域。因此，在筛选项目时，要根据公众对公共物品和服务需求的紧迫性、重要性，平衡不同行业和领域中的项目数量，实现公共物品和服务供给的多样性，更好地满足社会的公共需要。

第一，优先选择合作期限较长的项目。公私合作特许经营项目一般通过项目后期运营的收益来弥补前期的投资成本，在项目筛选的过程中，为了使前期的成本得到弥补，建立较稳定的合作关系，可优先选择期限较长的项目。公私合作特许经营项目的期限一般在 10～30 年。

第二，优先选择投资规模较大的项目。公私合作特许经营项目涉及的领域较多，我国目前以基础设施为主，项目往往需要较大的投资额和交易成本。但是如果有重大政治、社会意义和模式推广价值的项目，可以适当放宽条件。

第三，优先选择合理转移风险分配维护政府财政利益的项目。在进行公私合作特许经营项目筛选时，如果项目的风险能合理地分配给社会资本，则适合采用公私合作特许经营方式，如果项目风险无法较多分配给社会资本，而仍然由政府承担，那么就没有必要采用公私合作特许经营方式。

3.4.2.2　努力提高社会资本方筛选项目的质量

社会资本方对项目的筛选，重点需要关注以下情况。

（1）优选回报机制明确盈利合理的项目。社会资本在筛选公私合作特许经营项目时，首先要考虑项目的回报机制是否明确、合理。对消费者付费项目，社会资本主要对未来经营收入作出扎实、精细的预测，评估项目的投资回报率是否符合预期，如果符合预期则选择该项目，反之，放弃该项目。对于可行性缺口补助项目，经营收入并不能弥补成本，因此，这时主要考虑政府的财政补贴，通过政府财政补贴金额的多少决定是否选择该项目，尽可能做到社会资本方利益与政府财政风险控制兼顾。

（2）优先选择边界明晰的项目。由于历史的原因，我国有些公私合作特许经营项目情况较为复杂，社会资本在筛选公私合作特许经营项目时，需要对项目本身进行充分了解，特别是项目的一些关键因素，比如，土地获取、债权债务关系、特许经营条件、定价和调价机制、风险分担、利益共享方式等因素的确定。只有准确了解项目的情况，才能更好地筛选适合的项目。尽可能选择各方边界清晰的项目，预防和减少在项目建设运营过程中的各种法律诉讼等干扰，保证项目达到预期目标，实现合作共赢的目的。

（3）优先选择社会信用良好区域的项目。社会资本方在筛选公私合作特许经营项目时，要充分考虑投资区域的基本情况，主要包括投资区域的经济形势、金融规模、区域政策情况、政府信用、资源情况、竞争对手等，特别是地方政府有无"新官不理旧事""一届政府一朝政策"的情况，有无针对地方政府随意撕毁合同、不能有效执行合同的相关法律诉讼和判决。通过对投资区域基本情况的充分了解，筛选能充分发挥自身优势和最适合采用公私合作特许经营方式的项目，避免了项目筛选的盲目性。

（4）优先选择风险分担机制合理项目。政府方和社会资本方对于风险的处理和承受能力是不一样的，合理分担风险应该遵循的一个原则是，风险由最适宜的一方来承担，将总体的风险降到最小。承担的风险和得到的收益要对应，高风险对应高收益，低风险对应低收益，社会资本方在筛选项目时，对于一些风险和受益不对应（主要是高风险低收益）的项目要注意回避。

（5）有先选择社会资本方具有专业服务优势领域的项目。社会资本在筛选项目时，要选择能充分发挥自身技术、管理或者融资优势的公私合作特许经营项目。只有这样，才能有效地推动社会资本投资创新项目，促进公私合作特许经营项目的有序高效发展。

3.4.3　进一步完善公私合作特许经营项目物有所值评价方法

3.4.3.1　提高物有所值定性评价的质量和水平

（1）完善定性评价指标体系。针对目前存在的定性评价指标设置不完善等问题，我们建议对现行的指标体系进行进一步的优化和细化。首先，在基本指标中再增加两个指标，即项目的重要性和项目的必要性。重要性指标，主要考察项目是否列入各级地方国民经济和社会发展规划、是否属于当年各级党委和政府重点实施的项目，以及各级政府实施的其他级别规划的项目。可根据不同的级别，设置不同的分值，以体现不同项目的重要性。必要性指标主要考察该项目是否地方经济社会发展所亟须建设的项目。

其次，现有评价指标不能涵盖所有的行业和项目，不够全面系统。本部门应尽可能地对现行的定性评价指标体系进行完善。

（2）完善定性评价指标权重设置。目前，财政部文件虽然对物有所值定性评价指标中基础评价指标和补充评价指标的总权重进行了规定，并对每一指标的最高权重做了限制，但是对于更加准确的权重确定方式却没有进一步明确，指标权重确定方式模糊，存在较大的可操作性。因此财政部文件需要进一步明确指标权重的确定方式，增加物有所值定性评价结果的准确性。

首先，适当调整基础评价指标和补充评价指标的总权重。将补充评价指标的权重提高到30%左右，增加项目行业、地区等特色指标的权重，使得除基本指标外，项目自身的特点也能够成为定性评价的重要内容。

其次，在基本评价指标中，适当提高项目重要性、紧迫性、绩效导向、鼓励创新和可融资性指标的比重，使之达到基本指标的 60% 左右。特别是，要着重考虑社会资本在公私合作特许经营项目中所发挥的创新作用，对"创新"这个指标进行进一步细化。相应的，其他评价指标的权重可以适当地缩减。

在各个指标具体的权重选择中，各级区可根据项目的实际情况选择专家打分法、层次法等不同方法，以适合各地区不同项目的差异，这样更能发挥物有所值定性评价的作用。

（3）完善具体打分细则。为了提高专家打分的可靠性，需要各地区设计具体的打分细则。打分细则能够使专家们更加准确地理解各项指标的具体真正含义，增加专家打分的客观性和定性评价结果的准确性。同时，每一项指标都要划分相应的评分等级和区间。在必要情况下，可以对专家打分的区间进行限制，某项指标的打分会落在某个区间内，专家根据自己的经验知识在这个区间内打分，避免因为专家对指标的误解，造成指标得分高低落差过大，在一定程度上降低了打分制度的主观性。另外，对于分数刚刚通过定性评价，即一些得分刚刚超过 60 分的项目，可能专家们对这个项目并不看好，但是因为某些原因手下留情，使得这个项目最终勉强及格，因此对于这种项目，需要加强对评价过程和报告的验证，必要时可以聘请其他的咨询机构进行二次评价，确保项目是满足物有所值评价的。

（4）严格评价专家的选择。首先，各地方要尽快建立专家库，选择政治素质高、专业能力强、工作认真负责的专家入库。同时专家的专业类别必须能够满足评价的需要，本地专家和外地专家要保持合适的比例。其次，健全专家评价工作机制。其中包括经费保障机制，即专家费标准与工作强度、质量相一致；专家回避机制；保密机制；选择机制。最后，完善专家工作的奖惩制度。各级财政部门要对评审项目认真负责的专家给予相应的物质和精神奖励，对在评审出现违规操作、索贿受贿等行为的专家进行处罚，以保证项目评审质量。

3.4.3.2 进一步提高项目物有所值定量评价的质量

（1）加强基础数据的收集、整理与储存，为项目定量评价奠定扎实基础。第一，做好现有 PPP 项目数据的收集、整理和储存工作。随着数据的不断积累，定量评价会变得越来越精准。第二，加强各行业项目历史数据的收集、整理和储存，为项目的定量评价服务。第三，积极开展政府部门间数据的共享和数据机制的建设。

（2）完善折现率的确定。关于折现率的选用，应该满足以下原则：选取的折现率要高于无风险利率、折现率应该体现投资回报率、折现率应该与选择的收益额的计算口径相匹配、折现率的选择要体现资产的收益风险。而折现率的选择方式主要有累加法、市场比较法和资本资产定价模型，目前公私合作特许经营项目比较常用的是资本资产定价模型，但是因为市场整体平均回报率数据的缺失，以及风险校正系数选取的随机性，就算采用资本资产定价模型也只能给出年度折现率的一个大致范围。我国的公私合作特许经营项目还处于初级阶段，在年度折现率的确定过程中，没有将政府和社会资本的风险分担考虑在内。折现率的选择体现了在项目上的资金使用成本，建议在选取折现率时，以同期地方政府债券收益率为基础，采用资本资产定价模型，综合考虑政府的财政状况和信用状况，以及不同项目的特有属性、融资利率、经营风险等情况，对折现率进行调节，使其能够更加准确地反映资金使用成本。

（3）完善项目风险成本的度量。第一，积累数据，概括历史经验，总结行业 PPP 项目的风险概率及评估值。第二，适当简化风险评价方法。在我国现有条件下，对于一些项目风险与建设成本联系比较紧密的项目，比如桥梁、道路等没有收益的基础设施类项目，可以采用比例法对风险进行量化。第三，逐步采用精细化的评价方法。随着项目物有所值定量评价的成熟，尽可能解决风险难以量化带来的定量评价结果不准确的问题，需要采用更加科学化的方法，比如，模糊矩阵、蒙特卡洛模拟等方法，对项目风险的量化进行进一步的完善，逐步减少专家打分法所带来的主观性，向客观数据的测算进行转变。

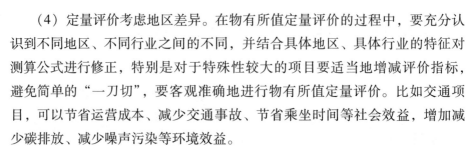

（4）定量评价考虑地区差异。在物有所值定量评价的过程中，要充分认识到不同地区、不同行业之间的不同，并结合具体地区、具体行业的特征对测算公式进行修正，特别是对于特殊性较大的项目要适当地增减评价指标，避免简单的"一刀切"，要客观准确地进行物有所值定量评价。比如交通项目，可以节省运营成本、减少交通事故、节省乘坐时间等社会效益，增加减少碳排放、减少噪声污染等环境效益。

3.4.3.3　努力解决物有所值定性与定量评价共同存在的问题

为了提高公私合作特许经营项目的物有所值评价，避免物有所值评价的形式化，提升公私合作特许经营项目的效率和效果，还需要解决以下问题。

（1）完善公私合作特许经营项目相关法律规定。通过对政府与社会资本合作项目立法，出台相关条例，统一顶层设计，有助于提高物有所值评价的科学性和准确性，明确物有所值评价的基础地位作用，有效地避免物有所值流于形式，为公私合作特许经营有效防范财政风险，为实现长期可持续发展提供法律支持与保障。对物有所值评价进行立法保障的同时也赋予了物有所值评价强大的外部强制力，使得物有所值评价能够充分发挥对项目的审核和筛选作用，提高项目的准入门槛，有效地提高项目的质量，防范财政风险。

（2）编制实施方案和开展物有所值评价的专业机构应该分离。由于物有所值评价本身具有很强的专业性，因此为了提高评价的效率，在进行物有所值评价的过程中，政府要积极地与相关专业咨询机构加强合作，充分发挥专业机构的专业性。在实际操作中，项目的实施机构通常会委托一家第三方咨询机构同时进行项目实施方案的编制和物有所值评价的开展，这两项工作本来是不能相容的，由同一家咨询机构同时承担这两项工作，实质上是"自己评价自己"，这样的物有所值评价只是流于形式，缺乏独立性，也无法通过开展物有所值评价来激励项目实施方案的规范编制。所以，将编制项目实施方案和开展物有所值评价的第三方咨询机构分离是十分有必要的。

（3）加强物有所值定性评价和定量评价的对接。首先，物有所值定量评价是一种财务评价方式，需要通过可量化的数据指标进行相应的测算。但是项目中不是所有指标都是可以量化的，还存在一些不可量化的指标，比如，风险指标、社会效益等非财务的指标，而对于这些不可量化的指标就要进行定性评价。因此，在确定定性评价指标时，要与定量评价相对接，结合定量评价，最终确定需要采用定性评价的不可量化指标，避免同一要素在定性评价和定量评价中重复考虑。其次，物有所值定性评价和定量评价并不是完全独立的两个过程，定性评价和定量评价也不能简单的分开进行，二者应该互为参考。最后，对于物有所值定性评价和定量评价的结果不能单独考虑，应结合起来分析，以此来确定公私合作特许经营项目是否可以通过物有所值评价。

（4）健全监督管理机制。监督管理机制不健全，是目前导致物有所值评价流于形式的一个重要原因，为了规范物有所值评价发展，健全的监督管理机制是必不可少的，下面从事前、事中、事后三个角度健全物有所值评价监督管理机制。

首先，加强项目事前的规范和引导。在物有所值评价由第三方专业机构评价的情况下，事前的规范和引导，财政部门通过第三方机构的选择，加强专业培训和相关引导工作，提高评价人员的专业素养和能力，充分发挥物有所值评价的核心功能，提高物有所值评价的准确性。

其次，加强事中的审核与监控。可以根据项目所属行业以及规模的不同，对项目进行分类，分别采用备案制和核准制对项目的定性评价报告进行分类监管审核。为了进一步明确定性评价报告编制方的权利和责任，在进行物有所值定性评价报告审核的过程中，财政部门和同级行业主管部门可以聘请相关专家，对物有所值评价提出审核意见，供第三方机构修改参考。

最后，加强事后的检查和问责。一方面，要对物有所值评价的相关过程和结果信息进行公开，便于有关部门进行检查和监督；另一方面，要加强对物有所值评价的随机抽查和专项检查，健全责任倒查机制，加强相关方的风险意识，进一步规范物有所值评价。

（5）完善物有所值评价程序。现阶段，我国对于纳入年度开发计划的项目，项目的发起方应该准备初步实施方案（或者可行性研究报告），由财政部门进行物有所值评价，这属于立项后招标前的物有所值评价。这个阶段的物有所值评价，是建立在项目初步的构思设想基础上的，该阶段项目信息不完整、不充分且基于诸多假设条件，评价结果不一定准确可靠。可在项目进行发起和筛选好，首先进行物有所值定性评价，论证其采用公私合作特许经营的必要性、可行性，如获得通过，在此基础上，再进行项目建议和可行性研究的论证，并按照政府投资项目进行立项，以尽可能提高结果的准确性，充分发挥物有所值评价的功能。

（6）物有所值评价引入实物期权。为了规范公私合作特许经营项目，提高物有所值评价的准确性，可将实物期权引入到物有所值评价中来，通过对传统的物有所值评价方法和实物期权评价方法的结果分别赋予一定的权重，最终得出物有所值评价的结果，充分借鉴两者的优势，弥补传统物有所值评价方法的缺陷和实物期权评价方法存在的计算误差，提高物有所值评价结果的准确性。引入实物期权最大的优势是，可以在计算项目价值时将影响项目价值的各要素的不确定性考虑在内。

3.4.4 进一步提高公私合作特许经营项目财政承受能力论证技术防范和化解风险

针对目前我国公私合作特许经营项目财政承受能力论证存在的主要问题，我们从以下几方面提出对策建议。

3.4.4.1 建立财政承受能力的动态监测

如前所述，目前，我国对于纳入年度开发计划的项目，项目的发起方应该准备初步实施方案（或者可行性研究报告），由财政部门进行物有所值评价和财政承受能力论证，通过评价和论证的公私合作特许经营项目可进入实施准备阶段，由项目的实施机构编制项目实施方案并报市级人民政府审批，有些地方性法规对于筛选程序有更为细致的规定。这个阶段的数据都建立在预测的基础上，对指标数据选择的随机性造成了支出测算结果的不准确。另外，从各地财政承受能力论证的实施情况来看，论证工作均独立进行，多与财政承受能力论证、实施方案编制、项目采购等咨询业务一起委托中介咨询机构实施，这种独立论证造成工作量巨大且效果不佳。因此，需要改革现行财政承受能力论证方法，实行动态管理。而公私合作特许经营项目财政承受能力论证的动态管理，就是将其由目前的甄别、准备阶段，扩展到采购、建设、运营、终结等全生命周期的各个阶段。

对公私合作特许经营项目建设运营的健康发展而言，动态管理的价值就在于：（1）开展全生命周期的公私合作特许经营项目财政承受能力风险控制，维护社会公共利益。（2）检验甄别、准备阶段财政承受能力论证的准确性、科学性，也为以后政府管理公私合作特许经营项目提供经验积累。（3）充分利用财政承受能力分析数据，通过公私合作特许经营项目合同设置的再评估等条款，对政府财政支出责任作适当的调整，平衡政府与私人企业之间的风险、收益分配关系，维护公私双方的利益，实现公私合作特许经营项目的平稳健康发展。

在这一阶段，实现公私合作特许经营项目财政承受能力论证改革的难点包括：（1）财政大数据的技术支持。这一改革的实现，需要各级财政部门建立公私合作特许经营数据库，能够为公私合作特许经营项目在全生命周期开展财政承受能力评价提供坚实的数据支持。（2）公私合作特许经营项目管理的制度的创新。在《PPP项目建设管理制度》中明确规定，在其全生命周期中依法开展财政承受能力论证。（3）公私合作特许经营项目合同管理水平的提高。在PPP项目合同中设置相应条款，对项目建设、执行过程中财政承受能力论证中出现的新情况、新问题，及时进行调整。（4）公私双方在管理理念上的认同。双方均能认识到在全生命周期开展财政承受能力论证的重要性。

为了实现预期目的，就需要在上述领域改革取得实质性突破。具体包括：（1）各级财政部门每年发布本级政府公私合作特许经营项目财政支出责任履行报告，统一发布一般公共预算增长速度预测等基础数据，为公私合作特许经营项目全生命周期财政承受能力动态管理提供坚实的基础。（2）为公私合作特许经营项目全生命周期财政承受能力动态管理提供明确的法律、制度依据。（3）加强公私合作特许经营项目合同管理，将公私合作特许经营项目全生命周期财政承受能力动态管理体现在具体的合同条款中。（4）继续普及公私合作特许经营知识，提高社会各界的认知程度，为推行公私合作特许经营项目全生命周期财政承受能力动态管理扫清思想障碍。

3.4.4.2 完善一般公共预算支出口径

目前，对于一般公共预算支出的口径，不同的地方有不同的规定，为了统一财政承受能力评估，提高财政承受能力论证的准确性，建议地方财政部门统筹管理本级一般公共预算支出预测，采用统一的测算方法和统计口径进行预测，以此作为当年各类公私合作特许经营项目财政承受能力论证的编制依据。在条件成熟时，建议将财政承受能力论证口径由公共预算调整为全口径预算，推动地方财政的平稳运行。另外，近年来，我国地方财政和经济发展整体发生很大改变，单纯地参考近几年的平均增长率是不能准确预测一般公共预算支出的，财政支出责任、投资的总规模、风险分担情况随着项目的推进也处于不断变化中，因此需要综合考虑各种财政和经济因素，不断完善公共财政数据，保障预测结果的科学合理性。

3.4.4.3 完善财政支出责任控制标准创新管理制度

2019年3月7日财政部发布《关于推进政府和社会资本合作规范发展的实施意见》，提出要强化财政支出责任的监管。当前规定各地 PPP 项目的财政支出责任占一般公共预算支出比例应当不超过 10%，财政承受能力论证中10% 的"红线"应该是政府支付责任最后的"红线"，这条"红线"应该具体化，而对于下一步的财政承受能力论证改革，应坚守财政承受能力10% 的"红线"，还要综合考虑政府债务和财务收支的实际，因地制宜地在这条"红线"之下划定警示线，用以指导 PPP 项目的识别工作，并加以更为完善的财政承受能力论证制度体系，只有这样才能降低财政支付风险，确保财政中长期的可持续性。虽然省级财政部门可根据本地实际情况，因地制宜确定具体比例，但大多数地方仍然采用10% 的比例。各地级市应该根据本地区的财力，相应地设定适合本地区的上限比例，将其转变为一种软约束。财政承担的支出责任虽然不能定义为一项政府债务，且当前并没有纳入债务的统计范围，但对地方财政的影响是相似的，我们要认识到这一点。建议在确定 PPP 项目的支出控制标准时，要考虑到地方政府的债务情况和财力状况，比如以地方综合财力扣除全部刚性支出后的可支配财力为财政承受能力论证的评价标准。对于一些债务规模比较大的地方，要适当降低支出控制标准，避免PPP项目的实施加大当地的债务风险；而对于一些债务规模比较小的地方，则可以适当放宽支出控制标准。特别是，对于列入地方政府性债务风险预警名单的高风险地区，应实施差别的PPP项目支付限额管理模式，对采用化解存量债务的项目按10%的限额管理；而对于新建项目，则应采用更严格的限额管理要求，并将后者的限额与该地区的地方政府性债务化解情况挂钩，严防该类地区的PPP支付风险引爆地方政府性债务风险事件。另外，对于园区开发类PPP项目，其特征是以园区财政收入增量作为向社会资本方支付的资金来源，不增加政府债务，不构成地方政府未来支出压力，可以考虑从10%的限额中扣除。

在公私合作特许经营项目发展的不同时期，财政承受能力的影响因素是不一样的，政府要根据不同阶段的特点，及时做出调整。财政承受能力一方面与经济发展和财政能力相关，另一方面也与国家的宏观政策和公私合作特许经营项目的具体政策相关。地方政府在进行财政承受能力论证的过程中，要考虑宏观经济环境状况各方面的影响因素，综合考量当前及以后年度的财政承受能力和支出责任，合理设置每年公私合作特许经营项目的支出责任限制值，这样，一方面可以保证公私合作特许经营项目每年的审批总额随着经济的发展状况提高或者降低，缓解地方政府的债务压力；另一方面，从制度上倒逼政府重视项目前期的审批论证，筛选出真正质量高、需求迫切的项目，有效防范潜在的各项财政风险。

在制度的创新方面，可以考虑对公私合作特许经营项目一级政府财政支出责任不超过公共预算10%的限额，在省、市级政府统筹，及在一个省、市范围内一级政府财政支出责任不超过公共预算10%，对于个别超过10%的县，省、市财政在安排转移支付时适当给予补贴，并将其控制在一定范围内，如县公共预算支出的15%等，但最后的责任需要由县级政府承担。

总的来说，为了防止公私合作特许经营项目的实施，会造成财政收支的不平衡，应当合理控制财政支出责任，找到限制和推动公私合作特许经营模式发展的平衡点。同时，也可以考虑建立多指标公私合作特许经营项目财政承受控制体系，保证指标对于财政目标的有效控制。

3.4.4.4 加强咨询机构执业能力建设

财政承受能力论证，一般是由各地聘请第三方专业咨询机构进行论证，所以咨询机构是否专业、独立，直接影响到财政承受能力论证结果的准确性。政府通过政府采购聘请专业的第三方咨询机构协助进行财政承受能力论证，在一定程度上，弥补了政府专业性不足的问题，但是，从目前已经落地的项目来看，大多数公私合作特许经营项目的《实施方案》《物有所值评价报告》《财政承受能力论证报告》乃至《项目采购文件》，都是由同一家咨询机构完成的。在这种情形下，咨询机构获得的咨询费用，是随着项目的推进进度按比例支付的，所以咨询机构为了实现自身经济利益的最大化，偏向于物有所值评价和财政承受能力论证结果都为通过，只有这样，咨询机构才能进行后续的工作。这就导致了咨询机构可能会故意隐瞒项目所存在的风险，造成物有所值评价和财政承受能力论证流于形式。为了加强咨询机构的职业能力建设，需要从以下几个方面进行改进。

第一，要完善各地咨询机构库，提高咨询机构参加政府采购的资质和职业能力标准，让一些质量不高的咨询机构无法进入机构库。第二，建立 PPP 咨询业协会等组织，通过咨询机构的行业规范，建立咨询机构的行业自律机制，进一步规范咨询机构的行为，提高咨询质量。第三，财政部门加强对咨询机构的业务指导，帮助其不断提高服务水平和能力。财政承受能力论证质量的提高，离不开第三方咨询机构的进步，为了促进其发展，财政部门需要为咨询机构提供必要的业务指导、培训等，促进咨询机构提升专业能力、引导其成长发展，为财政承受能力论证提供更优质服务。第四，要加强对咨询机构的监管，建立奖罚和进退机制。对编制财承报告认真负责、质量高的咨询机构，及时给予表彰、奖励。同时，通过建立黑名单制度，将财政承受能力论证报告存在舞弊或者抄袭等问题的咨询机构，记入黑名单，并给予经济处罚。对情节恶劣者，实行行业禁入，不得再进行财政承受能力论证工作。第五，将财政承受能力论证咨询服务与其他的咨询分开，分别由不同的咨询机构负责，由财政部门独立聘任咨询机构，专门负责本级公私合作特许经营项目的财政承受能力论证工作，不得负责其他咨询工作，项目的实施机构选择咨询机构负责实施方案的编制。咨询机构的咨询费用收费标准，也不得与财政承受能力论证结果相挂钩，保障咨询机构的独立性，防止可能出现的道德风险。

3.4.4.5　进一步明确各项计算公式要素的具体内涵并允许方法的适当灵活性

在现行财政部财政承受能力论证文件中，建立了各项财政承受能力论证的计算公式，但是该文件对公式中的有些计算要素的确切含义未做出解释。在执行中，不同的机构有不同的理解，容易引起混乱，如关于项目全部建设成本，在有银行贷款资金的情况下，是否包括利息等；在年度运营成本中，是否包括大修费用支出等。因此，在有关文件修订过程中，需要在文件中对各计算公式要素的具体含义进行界定，或者在文件附件中以名词解释的形式予以说明，以便各地区执行。同时，除财政部所规定的财政承受能力论证计算公式外，可以适当增加咨询机构、项目公司在选择计算方法上的灵活性，如增加2、3种可供选择的计算方法。

3.4.4.6　加强财政承受能力论证审核力度

为了防止盲目推行公私合作特许经营项目，来拉动地方经济增长，对项目进行的财政承受能力论证只是流于形式的情况，各级财政部门应该要加强对财政承受能力论证的审核力度。首先，在财政承受能力论证的审核范围方面，在使用者付费模式的公私合作特许经营项目中，政府不承担运营补贴支出，但也要进行财政承受能力论证和审核。因为公私合作特许经营项目的财政风险存在于项目全生命周期的各个阶段，当合同意外终止时，政府可能会有回购的责任，这要求政府要对可能出现的各种意外做好充分的准备。所以，不论采用何种付费模式，公私合作特许经营项目均应进行财政承受能力论证，这样才能降低财政风险，推动公私合作特许经营项目的持续发展。其次，要注意对第三方咨询机构的审核，对于通过政府采购聘请的咨询机构要实行责任倒查机制，一旦报告出现重大的偏差，要加强对咨询机构的追责，避免咨询机构"浑水摸鱼"，从而提高财政承受能力论证报告的质量。

第4章

公私合作特许经营项目的准备与财政风险管理技术

项目的准备阶段，是影响项目成功与否的一个重要阶段，做好这个阶段的财政风险防控也是至关重要的，因此，研究此阶段的财政风险管理技术是必要的，也是必需的。

从公私合作特许经营项目的准备阶段的内容来看，主要包括以下两个方面。

一是项目审批所需要的项目建议书、可行性研究报告等资料的准备。其不仅仅包括政府财政部门，还要涉及发改、土地、环保、城建、国资委等多个部门。因此，需要专业的团队来开展相应的工作。

二是项目实施方案的编制和批准。在准备阶段，要组织专业人员完成项目实施方案的编制，根据项目的建设规模和投资方向等界定好项目的范围和具体项目内容，做好前期项目研究框架，然后结合项目的设计结构，考察项目参与方中涉及的商业利益，对参与项目的公司进行财务分析，编制财务模型，最终按照投资人的资质、能力以招投标的方式，选择最佳方案，并组织相关单位讨论方案，对确定的实施方案进行报批和公示。

从公私合作特许经营项目准备阶段的具体实施工作上来分析，主要由三大部分组成：一是管理架构的构建，二是实施方案的编制，三是实施方案的审批。本章重点从以上三个方面来进行分析。

4.1　管理架构的组建

在公私合作特许经营项目的准备阶段，管理架构的组建是最基本的任务，其主要包括：第一，政府要对自身发起的项目进行评审、组织协调以及检查监管。第二，项目的实施机构主要由当地政府或相关的职能部门担任，主要负责后期项目的采购、监管和移交工作。

做好准备阶段的管理架构的组建，最重要的就是要协调好参与主体部门之间的关系，从而促进项目高质量通过审核。具体可以从以下几个方面进行。

4.1.1　项目参与部门相互协调，提高工作效率

公私合作特许经营项目参与的主体众多，因此，地方政府应该明确参与项目的实施机构。在这个阶段，各个相关部门要根据自己的工作职责来安排具体工作，促进部门间相互协调配合，保证项目的顺利实施。首先，对相关行业的管理部门、事业单位、相关企业，以及其他机构给予授权，并按照各自的职能来负责项目的前期工作。其次，由于项目在具体运作过程中，专业性非常强，需要聘请专门的咨询服务机构为项目服务。最后，在项目准备过程中，组建项目领导小组和工作小组，主要负责对项目准备过程中出现的重大问题进行决策、与政府高层进行沟通以及对工作进行总体指导，而工作小组主要负责制定工作计划。

根据政府各部门的行政职能，其协调工作的内容如下。

第一，县级或者县级以上的地方政府，成立专门的机构如 PPP 中心等，专门负责协调项目准备阶段的评审工作。

第二，财政部门对上报的备选项目进行审查。

第三，发改部门。在项目的准备阶段，主要负责办理项目立项批复、协助审核项目实施方案、健全价格管理机制。

第四，其他政府相关部门中住房和城乡建设部门进行项目建设规划审批；

环保部门进行环境影响审批；国土部门进行用地审批等。

4.1.2 加强各部门的监管力度

在公私合作特许经营项目的准备阶段，除了做好各部门自身的工作外，还要加强各方监管，确保项目在公开透明的环境下运行。

第一，公私伙伴合作关系建立在特许经营协议基础之上，因此，监管应先依托协议实施。在预防财政风险发生的前提下，项目准备阶段的重点应该是如何规范公私合作特许经营项目的协议。

第二，财政部门要对项目的概况①、项目的实施进程以及政府是否可以按时履约进行全方位督查。

第三，政府履约能力的审查。

4.1.3 在公私合作特许经营项目准备阶段进行内部审查

公私合作特许经营项目的监管架构的组成除了需要协调机制外，还需要建立实施机构，其主要负责项目全生命周期中的准备阶段、采购阶段和移交阶段的各种相关工作，包括内部审查。

4.1.4 合理规划项目的实施机构的工作

项目实施机构的具体工作主要包括以下几个方面。

第一，项目实施机构对当前的法律法规和政策规定，以及项目自身的经济情况等方面，进行实地调研。

第二，对项目进行审查。项目审查的过程中，项目的运作方式、项目结构、项目合同体系、项目风险分配、社会资本的选择等都是审查的重点。

---

① 主要包括项目的基本情况、建设情况、项目公司的股权情况、项目政府债务问题、项目运营情况、项目有关财政收支情况。

4.2　实施方案的编制与财政风险管理

4.2.1　实施方案的编制

项目实施单位在项目准备阶段主要负责项目实施方案的编制，其编制的基础是具备完整的项目建议书和项目实施方案的初步计划，这主要是发生在项目的识别阶段。具体细节如下所示。

4.2.1.1　项目的概括

第一，明确项目名称。对于所采用公私合作特许经营方式运行的项目，需要明确项目名称，并作为项目的唯一识别编号。

第二，对项目的内容进行较为详细地描述。比如项目地理区位和土地资源情况、运营范围、股权结构、项目进度、项目资产与项目预期经济技术指标。

第三，项目的前期工作。其中包括出具可行性研究报告，以及选址规划、用地规划、环境影响报告等的说明，为顺利开展下一个阶段的工作做出的必要准备。

第四，对项目的产出情况进行说明。其中包括项目的直接产出和间接产出情况：直接产出包括建设期和运营期的产出情况；间接产出则从社会经济效益的角度出发，看项目最终是否会给当地带来额外的社会经济效益。

4.2.1.2　风险分担与利益共享

（1）风险分担。在公私合作特许经营项目全生命周期管理中，公私双方面临诸多风险。在项目准备阶段，需要建立风险分配矩阵，将各类风险分类在政府与社会资本之间合理分摊。风险主要包括以下几类。

第一，政策风险。政策风险是社会资本方较难把控的，因此，政策风险主要由政府方承担。

第二，技术风险。这主要是指直接与项目实际建设和运营相联系的专业技术，这与社会资本方有着密切联系，因此由社会资本方来承担这部分风险。

第三，营运风险。在公私合作特许经营项目具体的营运过程中，社会资本方要承担运营风险。

第四，财务风险。财务风险主要是指项目在经营的过程中，企业运营后的利润不足以抵付前期银行借款的本息，最终项目可能会在法律的规范下采取破产的方式来使企业避免追求法律责任。因此，此类风险主要由社会资本方承担。

第五，汇率风险。在有外商参与的项目合作过程中，受汇率的波动影响，一些在当地获得的收入，可能不能按预期的汇率兑换成外汇。这主要是受到国际市场变化、国内经济政策等因素影响，汇率发生较大波动，可能会影响项目的投资回报，造成社会资本方收入的减少。因此，此类风险主要由社会资本方承担。

除了以上几种主要的风险以外，还有环境风险、市场风险、法律风险和不可抗力风险等。因此，政府和社会资本应遵循风险共担原则，坚持优化风险分配、风险收益对等和最大化控制风险。

（2）利益共享。共享利益，主要是政府和社会资本方共享公私合作特许经营项目的社会成果。同时，社会资本方可以取得相对稳定的投资回报。一个公私合作特许经营项目涉及多方利益：作为政府来讲，它主要关注的是社会公平；作为社会资本方来讲，它主要关注的是效率和收益；作为社会公众来讲，他们主要是希望获得性价比较高的公共物品和服务。

4.2.1.3　项目运作方式

公私合作特许经营项目，主要从资产情况和双方承担的职责来区分不同的项目运作方式。对于已有资产来讲，公共部门和社会资本方主要有三种运营方式：纯公共的运营和维护、公私共同承租、私营承租。对于新建资产来讲，主要有两种方式，一种是BOT，另一种是BOOT。表4-1通过财政部和国家发改委的相关文件来区分PPP运营模式。

表4-1 PPP运营的几种模式

部门	运营模式			
国家发改委	建设—运营—移交	建设—拥有—经营—转让	建设—拥有—运营	
财政部	委托运营	建设—运营—移交	建设—拥有—运营	转让—运营—移交	管理合同

资料来源：通过财政部、国家发改委相关文件整理得出。

我国公私合作特许经营项目方式的选择，要结合项目的自身情况予以安排，如需要考虑项目收费定价机制、项目投资后的收益情况、双方的风险分担情况等。目前，我国的基础设施项目中常见的模式见表4-2。

表4-2 基础设施项目中的公私合作特许经营模式

一级分类方式	外包类		特许经营类			私有化类	
二级分类方式	项目式外包	整体式外包	移交—运营—移交	建设—运营—移交	其他	完全私有化形式	部分私有化形式
三级分类方式	管理分包、服务分包	设计、建设；设计、建设、维护；设计、建设、维护；设计、建设、运营	购买、更新、运营、移交；租赁、更新、运营、移交	建设、租赁、拥有、转让；建设、拥有、经营、转让	设计、建设、运营、移交；设计、建设、投资、运营	购买、更新、运营；建设、拥有、运营	股权转让及其他

资料来源：达霖·格里姆赛，莫文·K·刘易斯.公私合作伙伴关系：基础设施和项目融资的全球革命［M］.北京：中国人民大学出版社，2008.

（1）BOT（Build-Operate-Transfer）模式。在BOT模式下，社会资本方主要是通过项目公司来和政府合作，政府通过授予特许经营权的方式，让项目公司充分参与项目，同时规定在项目的特许经营期内，项目公司负责设计、融资、建设和运营等事项，期满后项目无偿交付给政府。BOT模式主要运作阶段如表4-3所示。

表4-3   BOT 模式的主要运作阶段

阶段	项目准备阶段	融资建设阶段	项目运营阶段	项目移交阶段
主要工作	确定项目、项目立项、组建项目公司、项目招投标、协商谈判	开展设计、融资、施工、竣工验收	由项目公司根据特许经营合同开展日常运营	根据合同向政府移交各类资产

资料来源：达霖·格里姆赛，莫文·K·刘易斯．公私合作伙伴关系：基础设施和项目融资的全球革命［M］．北京：中国人民大学出版社，2008.

（2）BOO（Build – Own – Operate）模式。BOO 指"建设—拥有—运营"，是政府或其所属机构对基础设施项目的建设和经营提供一种特许权协议。在我国政府与社会资本合作特许经营项目中，采用 BOO 模式的数量较少。BOO 模式的主要运作阶段如表4-4所示。

表4-4   BOO 模式的主要运作阶段

阶段	项目准备阶段	项目开发阶段	项目建设阶段	项目运营阶段
主要工作	确定项目、颁布特许权、招标	成立项目公司、项目设计、签约特许权协议、各参与方签订协议	项目公司通过承包商、顾问咨询机构、工程监管公司组织建设、施工	项目公司进行运营、维护、管理，项目公司取得收入用以偿还贷款并获得盈利

资料来源：达霖·格里姆赛，莫文·K·刘易斯．公私合作伙伴关系：基础设施和项目融资的全球革命［M］．北京：中国人民大学出版社，2008.

（3）TOT（Transfer – Operate – Transfer）模式。TOT 是"移交—经营—移交"模式。这种模式主要是指项目已经处于运营阶段，政府要将项目的经营权移交给社会资本方，同时规定一定的期限，在期限内的运营利润归社会资本方所有，但是期满后，项目的投资者要将公共基础设施项目无偿的移交给政府。此模式的主要运作阶段如表4-5所示。

表4-5　　　　　　　　　　　　TOT 模式的主要运作阶段

阶段	项目准备阶段	项目移交阶段	项目运营阶段	项目移交阶段
主要工作	制定方案并审批	项目发起人设立项目公司，通过特许经营，将项目所有权转移给公司	项目公司根据运营许可权开展日常经营活动	期满项目移交

资料来源：达霖·格里姆赛，莫文·K·刘易斯. 公私合作伙伴关系：基础设施和项目融资的全球革命［M］. 北京：中国人民大学出版社，2008.

（4）ROT（Renovate - Operate - Transfer）模式。ROT 模式主要是指"改建—经营—移交"，如果项目在特许经营期内出现维修或是设备需要改造更新等，一般由投资者对其进行技术更新改造，再进行经营，期限在 20～30 年不等，期满再将其转让给政府。这里和 BOT 的差别在于将建设变成了改建。ROT 模式的主要运作阶段如表4-6 所示。

表4-6　　　　　　　　　　　　ROT 模式的主要运作模式

阶段	准备阶段	融资阶段	改建阶段	运营阶段	移交阶段
主要工作	开展项目可行性研究、评估改建方案、对改建方案的财务方式进行评估	进行项目融资和签订合同	项目改建实施	运营项目并获得一定的收益	项目期满后进行移交

资料来源：达霖·格里姆赛，莫文·K·刘易斯. 公私合作伙伴关系：基础设施和项目融资的全球革命［M］. 北京：中国人民大学出版社，2008.

4.2.1.4　交易结构

公私合作特许经营项目的交易结构应该包含项目投融资结构，项目的合理回报机制，项目实施过程中相关配套工作的安排等。

首先，要明确说明项目投融资结构中的具体资金来源及使用方向。项目的资本性支出中安排的资金应进行详尽说明，说明资金从何而来，资金性质如何，资金最终用于什么项目，以及资金的运用情况。

其次，项目回报机制主要是指项目运营后获得的投资回报。其主要有三种情况：使用者付费、可行性缺口补助以及政府付费。

（1）使用者付费。使用者付费主要是根据受益原则，谁使用谁付费，即用户在使用公共物品或服务的同时需要缴纳一定的费用。

在使用者付费方式中，公共服务的定价是核心问题之一。需要做好以下几方面的工作。

首先，要明确价格的定价方式。其次，对政府定价或者政府管制价格项目，政府需要考虑需求量对价格变动的敏感程度，也即需求的价格弹性，以及项目公司和项目本身的目标、价格是否会超出使用者可承受的负担范围，相关的法律法规的配套设施是否可以按照规定来执行。再次，附加条款。为了保证项目可以合理获得投资回报，通常在合同中还会有一些附加条款，例如要求政府在一定期限内不能在项目附近新建具有竞争性的项目。最后，政府在设计付费机制时，可以约定投资回报率的上限，对于超额利润，可以采取将超额利润归政府或与项目公司进行分成的处置办法。

（2）可行性缺口补助。这主要是当使用者付费不足让社会资本收回成本、取得合理回报时，由政府给予财政补贴的模式，在我国主要有投资补助和价格补贴两种方式。

（3）政府付费。政府付费主要是政府通过付费直接购买公共物品和服务的模式。根据项目的合同约定标准，政府付费有可用性付费、使用量付费和绩效付费等种类。

4.2.1.5　合同体系

公私合作特许经营项目合同的签订，主要是为了确定参与双方的权利义务关系。其中，项目实施机构与中选社会资本签订的项目合同，主要约定了双方的基本权利义务。在公私合作特许经营项目合同体系中，主要包括项目合同、股东合同、融资合同和履约合同等，其中项目合同是最核心的法律文件。

在项目签订合同后，就要按照合同的规定履约。其他合同的具体规定内容如表4-7所示。

表4-7   PPP项目有关合同情况

合同类别	合同主要参与者	合同名称	合同签订内容
工程承包合同	项目公司和工程承包商	工程承包合同	按照法律规定选择承包商；根据价格和工期等与承包商进行协商并签订合同；在合同中规定相应的履约保证情况；对于意外违约情况等给予附加条款的补充
运营服务合同	项目公司和运营商	运营服务合同	经过政府的授权后，项目公司可将项目整体或部分外包给有经验的运营商，在合同中约定有关各方的权责利关系
原材料供应合同	项目公司和原材料供应者	原材料供应合同	明确原材料的具体价格、质量检验标准、供货的时间及支付方式等；规定双方的权利和义务关系；附加条款要加注一些违约情况的处理，如遇突发事件的应急处理方案等都应包括在内。最为重要的是要在长期内确保原材料供应的质量
产品或服务购买合同	项目公司与产品或服务的使用者	产品或服务的购买合同	为了约束不同消费者使用产品和服务，需要根据项目的特点进行合同内容的设定，规定相应的付费机制，可以采用最高或最低限价的方式来约束使用价格

资料来源：根据财政部、国家发改委政府和社会资本合作（PPP）项目合同示范文本的有关内容整理。

融资合同在广义上来讲是诸多小合同共同构成的，除了包括以上的几个大方面合同外，还可能包括项目的贷款合同①，担保合同②，各种协议③、专业咨询服务合同④等。

4.2.1.6 监管架构

政府需要加强对项目的监督和必要的干预，以确保项目的建设进度，使

---

① 项目公司与贷款方签订，陈述与保证、前提条件、偿还贷款、担保与保障、抵销、违约、适用法律与争议解决等。贷款方往往要求项目公司以其财产或其他权益作为抵押或质押，或由其母公司提供某种形式的担保或由政府做出某种承诺，这些融资保障措施通常会在担保合同、直接介入协议以及公私合作特许经营项目合同中具体体现。
② 担保人就项目贷款与贷款方签订。
③ 政府与贷款方和项目公司签订。
④ 与专业中介机构签署的投资、法律、技术、财务、税务、保险等机构签订，主要是由于项目周期长、资金投入额度较大，参与者众多，为了提前规避风险而需要提前与相关部门签订合同。

其可及时交工，投入使用。公私合作特许经营项目的监管架构，由授权关系和监管方式两方面构成。政府授权给项目实施机构后，项目实施机构开始具体的项目运作，政府授权给实施机构的过程中，可以采取直接或间接的方式，给社会资本方授权。

在合同履行过程中，政府需要关注项目的监管，可采用分级监管模式。第一级主要是政府授权的特定的监管机构，对项目的质量和进度等进行监督管理。第二级采取委托第三方代理机构进行监督，作为政府监管的补充，赋予第三方监管机构独立监理人的角色，充分发挥其监管作用。第三级主要采取社会公众的监督方式，通过设立民间委员会来对项目的质量等进行监管。政府在监管架构中对公私合作特许经营项目不同阶段所采用的监管工作也是不同的，具体如表4-8所示。

表4-8　　　　政府在公私合作特许经营项目不同阶段的监管工作

阶段	项目建设阶段	项目运营阶段	项目维护阶段
主要工作	获取项目计划书及项目进度报告，创造条件实地监察，对突发情况应急处理，实时进入项目进行监管	定期获取相关运营报告和不定期的现场监察结果相结合的方式，查阅各个项目公司前期合同的约定，并看其是否按合同约定展开运营工作，委托第三方监察机构开展项目的绩效评价，特殊情况下可以直接介入	通过定期获取报告和不定期抽查的方式监察项目工作的工作方案，加强社会公众的监督力度，如维护出现特殊事件，则政府可以直接介入

资料来源：根据公私合作特许经营项目有关基础知识整理。

基于中国当前的行政架构与权力分配现实，公私合作特许经营监管架构主要采用以下三种方式。第一，协商议事模式。主要是各个部门根据各自的职能，成立一个PPP监管委员会。第二，财政监管模式。主要是在财政部下设一个PPP中心，专门用于指导各个地方的PPP工作。第三，统一模式。国务院可以直接成立一个PPP中心，这样便于协调各个领域的工作，同时权力也相对比较集中，不会出现部门间利益的竞争，有利于我国公私合作特许经营项目展开工作。同时，这种模式也方便对外的协调工作，提高PPP的工作效率。

4.2.2　项目实施方案的编制现状

当前我国入库的项目在准备阶段要公开本级政府和实施机构签约的主体授权文件。在项目方案编制的过程中，实施单位开展的工作主要包括以下几个方面。

4.2.2.1　明确项目基本情况、充分公开相关信息

在公私合作特许经营项目的准备阶段，根据相关法律法规的规定，需要充分公开以下信息，从而保证信息在参与主体之间是对称的，保障社会资本方的利益。

第一，公开政府部门对项目实施机构、合同等相关资料的授权。第二，在项目的准备阶段，还需要公开审核各项资料。第三，公开经财政部门和行业主管部门审核通过的物有所值评价报告。第四，公开经财政部门审核通过的财政承受能力论证报告。

4.2.2.2　明确项目实施机构及社会资本方介入模式

根据《PPP合同指南（试行）》要求，政府在公私合作特许经营项目中持股比例不得过高，一般不应超过50%。具体比例的确定，是经过市场测试，向潜在感兴趣的社会投资人充分摸底，在综合考虑社会投资人预期及体现政府方对项目重视程度及"诚意"的基础上确定的，通常政府方比例控制在0~20%，或固定出资额。同时，还需明确项目资本金、贷款比例、利息测算方法及除注册资本以外的资本金来源方式。

4.2.2.3　合理设计项目运作方式及交易结构

公私合作特许经营项目，是以项目公司为重要连接部门的一种政府和社会资本合作的方式，作为投资者来讲，为了获得预期的收益，则需要处理好各方之间的关系，根据项目的自身特点来安排交易结构及收益获取方式；要明晰政府及其相关部门的职责，企事业单位也要根据规章制度去运营项目，

同时还要受政府相关部门的监管，社会资本方要做好资本金充足的保障，明确融资方式等。根据项目未来产生的收益方式，政府、社会资本方和项目公司都要提前梳理好资金流在项目全生命周期的运动，确保交易结构合理。

4.2.2.4 在完成物有所值和财政风险承受能力论证的基础上为签订合同准备

第一，为了明确公共部门和社会资本之间的合作意向，要对社会资本进行认定。第二，在政府与社会资本合作的过程中，成立的项目公司应该具有独立的法人资格和合理的股权结构，具有开展项目运营的能力。

4.2.3 项目实施方案编制中存在的问题及财政风险

我国从 2014 年大规模推行政府与社会合作模式以来，已有大量公私合作特许经营项目落地、开工建设，部分进入运营阶段。总结这些项目在准备阶段编制实施方案中存在的问题及其财政风险，主要有以下几方面。

4.2.3.1 项目参与主体协调配合困难

在公私合作特许经营项目中，参与主体较多，主要包括政府、社会资本方以及社会公众，形成共同参与、共建机制、共担风险以及共享利益的局面。但在项目准备阶段的操作中，特别是地方政府、社会资本以及公众在参与项目时，三方共治的格局较难真正落实。由于政府和市场的边界不清，导致在推进公私合作特许经营项目时存在一些疏漏，很多应该由市场主导的部分，现在变成了完全由政府掌控，从项目的准备阶段开始一直到项目的运营，政府都在起着主导作用，没有充分调动社会资本的积极性。

4.2.3.2 部分项目实施方案编制基础工作不扎实、存在弄虚作假等现象

目前，在公私合作特许经营项目实施方案编制过程中，编制基础工作不扎实、弄虚作假，不从实际出发，借助范本相互抄袭等现象较为严重。首先，有些公私合作特许经营项目实施方案基础工作不扎实，调研不够深入，导致

实施方案质量不高，可操作性差，给项目的建设运营带来较大的风险，同时这也是地方政府财政的隐患和风险。其次，有些项目实施方案的编制缺乏创新，相互抄袭的现象十分普遍。

4.2.3.3　部分公私合作特许经营项目准备阶段不能清晰辨别潜在风险

在项目准备阶段，应该对风险进行识别和把控，通过编制实施方案，将风险在政府与社会资本方之间合理分配，避免因潜在风险遗漏，而导致项目不能如约进行甚至项目直接失败。由于政府与社会资本合作特许经营项目存在投资额大、建设运营周期长等特点，项目风险类别也较多，因此，在实施方案编制过程中，需要尽可能识别各类风险，并将风险在政府与社会资本方之间进行合理分配，以应对未来不可预估的损失。

但在目前已落地的公私合作特许经营项目中，其实施方案不同程度地存在着风险识别不准确、分配不合理的问题，导致项目在公共部门和私人部门间不能合理地配置资源，没有较详尽完善的项目风险管理计划，给项目公司在建设运营过程中开展风险识别、度量，以及应对和监控等具体工作带来不利影响，最终影响到社会资本方和政府财政的利益。

4.2.3.4　公私合作特许经营项目在实施方案编制的监管不到位和缺失

当前，我国 PPP 项目监管政出多门，监管较为分散，导致职责界定不清，使得在实施方案编制过程中，监管不到位，存在监管缺失的问题。由于公私合作特许经营项目在准备阶段参与方众多，在我国现行管理体制下，有多头监管的情形存在。同时，PPP 项目监管能力不足，有些地方政府，对于项目的监管流于形式，监管的人员专业培训不足，缺乏监管经验。另外，在项目实施过程中，有些地方借助第三方中介机构的力量来实现监管，但是运营维护成本较高，没有足够的预算经费，从而导致引入第三方监管失败。[①]

---

① 2018 年我国 PPP 模式存在问题与发展建议项目运作不规范加强违规风险管控 [EB/OL].
(2018 - 07 - 10). http://market.chinabaogao.com/gonggongfuwu/0G034PR2018.html.

4.2.3.5　项目实施方案编制阶段法律制度缺失

目前我国尚未完成 PPP 的立法，监管条例也没有出台。因此，在项目准备阶段，编制实施方案时，所依据的都是国家发改委或者财政部等相关部门制定的部门规章，还有一些地方政府出台的一些适合本地经济发展需要的地方性规章政策等。从整体上来看，其上位法体系完全缺失，法律层次很低。因此，项目实施单位编制的实施方案具有阶段性特点和明显的不规范性、不稳定性，并在项目采购以及以后 30 年的建设运用中，留下了潜在的隐患和财政风险，需要在今后的项目管理中高度关注这一问题。

4.3　公私合作特许经营项目的审批事项与财政风险管理

为了确保公私合作特许经营项目的顺利运行，在项目实施采购前，要对相关方案进行审批，审批通过后，才可进入下一环节。

4.3.1　公私合作特许经营项目的实施方案及可行性研究报告审批

公私合作特许经营项目实施方案，由各级财政部门在验证物有所值论证、财政承受能力验证的基础上，报请同级政府进行审核。

根据我国现行政府投资项目管理体制，项目的建议书和可行性研究报告需要由各级发改部门和政府主管部门审批。项目建议书获得批准后，建设单位根据发改部门审批后的项目建议书，委托咨询公司等第三方机构编制可行性研究报告。发改部门在审批可行性研究报告的过程中，需要参考规划、土地、环保、文物等有关部门的意见。

在现行政府投资管理制度下，项目在可行性报告审批之后，开工建设之前，还要对项目的城市规划、土地、环保及工程初步设计和概算进行审批。

4.3.2　项目立项规划审批及存在问题

目前，我国还没有公私合作特许经营项目审批阶段的具体流程规定。根据财政部《第三批 PPP 示范项目评审标准》要求，对于项目中新建项目的审批手续，必须参照政府投资项目审批程序办理。要根据当地的城市发展规划情况，项目的立项情况，以及出具的可行性研究报告的内容完成审批流程。

4.3.3　项目建设用地审批内容及存在的问题

土地审批环节存在的问题，主要表现在以下几个方面。

第一，土地规划审批与社会资本方的风险不对等。公私合作特许经营项目实际操作过程中，对于项目土地审批和供给主要有两种方式，一是政府作为实施主体，社会资本方承担费用。这种方式较为常见，在土地拆迁以及房屋补偿过程中，需要政府相关部门负责拆迁地房屋的征收工作，给予社会资本方提供前期规定的土地，而征迁过程中的费用要由社会资本方承担。还有一种方式是由社会资本方直接负责并承担费用，这种方式并不常见，但是在财政部和国土资源部等相关部门联合印发的通知①中有具体的相关规定。但是，在这种方式实行过程中，社会资本方处于被动地位，难以对取得土地使用权过程中发生的征用、拆迁等费用进行有效控制，只能选择接受和不接受。

第二，公私合作特许经营项目目前没有相应的土地优惠政策。在我国现行土地制度中，项目的用地是根据项目整体属性确定的，公益性项目通过划拨方式取得土地，不得用于商业性用途，包括配建物业等设施。这种土地制度和政策，大大限制了公私合作特许经营项目的发展。

---

① 　财政部、国土资源部、中国人民银行、银保监会联合印发《关于规范土地储备和资金管理等相关问题的通知》，这个通知中规定了，土地收储政府采购工作的相关规定，这种模式由社会资本方完成合作规划中的土地整理工作，并自行承担费用，同时相应的土地拆迁进度与补偿风险也由社会资本方承担，政府方仅需要在期限内履行好行政监管职责即可。

4.3.4 公私合作特许经营项目的准备审批环节的主要财政风险

在公私合作特许经营项目的准备过程中，财政风险包括政府方承担项目审批延误风险、征地风险、政策风险、法律风险，以及部分不可抗力风险等。

4.3.4.1 政府决策失误，导致政府信用降低

在项目实施方案审批的过程中，可能由于政府决策程序不规范、缺乏专门机构和专业人员，审批机构没有相关的经验可以借鉴，同时也可能由于政府的决策失误，而导致公私合作特许经营项目选择不当，造成政府财政资源的极大浪费。因此，在项目准备阶段，就需要政府科学、合理决策，不能在项目前期埋下风险隐患，从而造成后期项目失败，增加项目财政风险发生的概率。

4.3.4.2 审批主体过多、审批周期过长导致项目失败

在公私合作特许经营项目实际操作过程中，实施方案的审批涉及发改、财政、规划、住建、土地、环保、市政、交通等多个部门。因此，在此环节易出现延长项目决策周期、增加成本的问题，有些项目会因为审批程序过于耗时，而最终被拖黄。另外，还有可能由于政府相关部门决策流程不规范，或者有寻租行为的存在，或者存在官僚主义作风严重，缺乏经验等问题，使得有些优质项目未能在一定的时间内完成审批手续，从而导致项目失败。上述情况出现后，在以政府发起项目为主的情况下，其损失只能由财政部门来承担。

4.3.4.3 项目实施方案审批与政府投资审批之间存在矛盾

在我国现行体制下，公私合作特许经营项目实施方案的审批，与政府投资项目审批之间存在相互交叉、矛盾的现象，且目前财政部、国家发改委都未明确具体的审批流程，即两者在 PPP 项目实施方案审批与项目投资审批的关系上并不协调一致，对于组织 PPP 项目实施方案审批，和项目进行投资可

行性论证的顺序不一致。这种部门之间的竞争，会导致资源配置的浪费，带来财政风险。

4.3.4.4　实施方案的审批及其他政府审批程序复杂

项目的实施方案只是公私合作特许经营项目准备阶段的一个重要流程，这个阶段，需要按照现行政府投资管理的规定，完成项目建议书、可行性研究报告，以及规划、土地、环保、市政、文物、水利、消防等一系列的审批事项，在项目采购后，项目公司才能开始项目的开工建设。但凡缺少其中一项，项目就难以进入开工建设阶段。这些审批和 PPP 项目程序相互交织，且无明确办理流程，各种审批索要材料众多，过程烦琐复杂，大大降低了项目建设运营的效率。

4.4　公私合作特许经营项目的准备阶段财政风险管理技术的对策建议

4.4.1　加强实施方案编制财政风险监管技术的政策建议

通过上述分析，我们可以看出，公私合作特许经营项目在实施方案准备阶段，主要有方案编制、验证，以及审批等工作。因此，针对上述工作存在的主要财政风险，对于方案编制中存在的问题，提出以下几点政策建议。

4.4.1.1　加强部门及社会各方协调，提高项目实施方案编制质量

首先是政府与消费者的协调。政府项目实施机构通过咨询公司等第三方机构，以实际调查、用户走访的形式，与项目的消费者进行协商，掌握消费者的实际需求规模、结构及质量要求。这样编制的方案更符合实际需要，更具有可行性，利于项目的建设和运行。

其次是政府与社会资本方的协调。社会资本方参与项目的建设和运营，

核心的问题是能否得到合理回报。只有实施方案和他们的要求较为接近，且具有现实可行性，才能在项目采购过程中选择到优秀的社会资本方，顺利开展项目的建设和运营，达到预期的目的。

最后是政府内部各部门的协调。包括财政、发改以及规划、城建、土地、环境等主管部门之间的协调，保证在现行制度下，各个部门都能支持项目的建设和运营。在审批制度下，任何一个主管部门的反对，都可以造成项目前期准备工作的失败。如果能做好协调工作，就可以有效改变这种情况，或者及早放弃该项目，尽可能减少损失。

4.4.1.2 做好实施方案编制的基础工作提高编制工作质量

项目实施单位委托咨询公司等第三方机构编制实施方案后，也要加强监督、协调和指导，确保实施方案编制工作的治理。

第一，完善追责和投诉机制，确保实施方案基础数据质量，杜绝粗制滥造。项目实施单位要监督咨询公司深入项目第一线调查研究，掌握第一手资料，对实施方案中涉及的各类数据进行核实、验证、测算，确保真实、可靠。对于项目收入、支出数据，可采用不同的方法进行测算、验证，确保其可靠性。重大项目可同时委托两家咨询机构进行测算，相互验证。在委托合同中，明确追责和投诉机制，即咨询公司编制的实施方案在项目的采购、建设和运营阶段发现存在重大失误，且给项目带来了较大损失，咨询公司应承担赔偿责任。

第二，力求项目实施方案编制创新，杜绝抄袭重复。从严格意义上讲，每一个公私合作特许经营项目都有其独特性，项目实施方案在按照规定内容编制的同时，也需要体现项目自身的特点，如特殊的技术要求、特定的地理环境条件，以及消费者需求的特殊性等。将公私合作特许经营项目的一般性和项目自身的特点结合起来，努力实现创新，可以使项目实施方案更具有科学性、可行性和可操作性。

第三，选用优质咨询机构开展实施方案编制。从业绩、业务能力、专业人员素质、社会声誉等各个方面考察，从中选择优秀的机构来承担任务。另外，坚持优质优价的原则，杜绝低成本竞争，甚至零元中标的恶性竞争情况。

4.4.1.3　精准识别和分配各类风险为项目采购、建设与运营奠定良好的基础

首先，准确识别项目风险。在项目实施方案编制过程中，需要根据项目特点，通过文献综述、案例分析、现场调研、专家讨论会等形式，精准识别项目在全生命周期面临的各类风险，为风险分配做准备。其次，在风险识别的基础上，建立风险分配矩阵，将所有风险在政府和社会资本方之间进行分配。实施方案中风险的识别及分配，最后均需要经过政府采购，双方再次谈判，通过项目采购合同来确定。精确识别项目风险并进行合理分配，是有效控制准备阶段财政风险的重要内容。

4.4.1.4　加强实施方案编制的监督，努力降低财政风险

针对公私合作特许经营项目在准备阶段政出多门，监督不力的情况，需要加强实施方案编制的监督。

首先，加强财政监督。在目前财政部《政府与社会资本合作项目操作指南（试行）》的基础上，建立实施方案编制的技术标准和编制范本，并以此为依据，加强实施方案编制的财政监督，提高实施方案编制的质量，保障政府与社会资本合作项目政府采购、建设和运营的顺利进行。

其次，加强发改委等有关政府部门对实施方案的监督。在实施方案上报政府批准之前，发改、规划、城建、土地、水利、交通、卫生等部门，从各自职能出发，对项目实施方案提出监管意见，以进一步完善实施方案，为项目的采购、建设和运营创造有利条件，降低项目失败的概率，减轻财政风险。

4.4.1.5　加快实施方案编制管理的法律制度建设防范财政风险

要尽快提高立法层次，对项目实施方案的各项内容、编制标准进行规范，提高实施方案的编制质量。条件成熟时，再上升为国家正式的法律。

4.4.2 公私合作特许经营项目审批阶段财政风险管理技术的对策

4.4.2.1 夯实前期准备，完善项目库，确保审批

首先，在建议书、可行性报告审批项目入库的选择上，保证项目性质与物有所值、财政承受能力论证一致性。公私合作特许经营项目严格意义上属于公共服务范畴，不能将经营性项目纳入项目库管理。同时，进一步完善项目库信息，做好各项准备的基础工作，能够达到一旦项目建议书、可行性研究报告得到批准，并办理了规划、土地和环保等手续，在政府采购后就能够开工建设的要求。

其次，保障审批的及时性。按照发改部门对项目建议书、可行性研究报告的要求，委托有资质的机构编制上述材料，保证项目建议书、可行性研究报告的质量，按期完成审批事项，保障项目按期开工建设。在工作安排上，可以统筹安排物有所值、财政承受能力论证与项目建议书、可行性研究报告同时进行，以满足不同审批的需要。

4.4.2.2 做好项目用地审批保障按期建设和运营，控制财政风险

首先在项目的准备阶段，要根据项目性质明确土地使用权取得方式，便于土地主管部门审批。项目实施单位要根据项目性质选择适当的取得土地使用权的方式，向土地行政管理部门申请土地使用权，使之能够获得审批，以保障项目建设的及时开工和交付使用。同时，地方政府要协助项目公司完成项目开工前的房屋拆迁、土地征用工作。

其次，努力实现公私合作特许经营项目土地配置制度的创新。即对公益性项目，特别是纯公益性项目，允许拿其中一部分土地进行商业开发，以弥补公益性项目的收益不足，使得项目整体上能够盈利，社会资本方也能获得合理回报，并推动公私合作特许经营项目的进一步发展。

4.4.2.3　规范公私合作特许经营项目政府审批流程，提高审批效率，降低财政风险

将目前财政部门主导的公私合作特许经营项目实施方案审批与发改部门主导的政府投资项目审批流程相统一，构成一个规范的审批流程，加快审批速度，提高审批效率。可先进行项目建议书、可行性研究报告的审批，并以此为依据，进行规划、土地、环保等审批，然后在验证物有所值论证、财政承受能力论证的基础上，由政府审批项目实施方案，使其在完成政府采购后，构成项目公司开展建设和运营的依据。

4.4.2.4　进一步整合、简化政府审批的内容，降低审批成本，提高审批效率，降低财政风险

首先，在物有所值论证、财政承受能力论证通过验证的前提下，简化项目可行性研究报告的相关内容。其次，根据目前财政部门的要求，除规划、土地、环保等必须审批的部门外，尽可能减少政府其他部门的审批。在审批管理中，尽可能减少行政审批，对于项目建设运营过程中涉及相关部分的服务，可以以投资联席，或者联席会议的形式征求各部门的意见，减少不必要的审批事项，提高审批效率，加快项目建设运营的步伐，降低财政风险。

第 5 章

公私合作特许经营项目的政府
采购与财政风险管理技术

采购阶段即为政府从若干候选者中寻找符合要求的优质社会资本合作方，并与之协商一致，签订特许经营项目协议与相应文件的过程。作为防范财政风险的重要环节之一，公私合作特许经营项目的政府采购环节要求实施机构及相关部门切实履行采购程序，规范采购流程，对采购的最终结果负责。

5.1 公私合作特许经营项目政府采购
与传统政府项目采购的区别

5.1.1 较为公平的竞争环境

目前，公私合作特许经营项目较为公开透明。项目涉及的招标文件、响应文件、谈判文件等相关信息，都会在财政部进行备案，并上传至政府和社会资本合作中心的网站上。

第一，在进行采购形式设计之前，政府会对前期识别和准备阶段的文件进行再次确认，再度审视采购阶段之前的工作。与此同时，采购方会成立专门的采购小组，充分熟悉采购项目的特质和要求，必要的时候将由专门的专家对项目进行评估，进行采购方案可行性以及相关的论证，给出具体、客观的采购指导意见。潜在社会资本方也能有机会参与到采购前期的准备工作中，对项目给出意见，与采购方进行沟通、交流。

第二，除了单一来源采购以外，其他采购形式都不同程度地保证了供应商范围不局限在极少数社会资本方之中，保证了社会资本方之间的公平竞争。

第三，竞争性磋商使用的综合评分法，避免了盲目追求低价的恶性竞争，实现了政府与社会资本方之间的公平。

第四，公示及公告环节保证透明公开。透明、公开、可查询为整个采购环节搭建了公平竞争的环境，在采购阶段不仅资格预审结果需要公示，评审小组以及谈判小组的结果也要及时对外进行公示。有异议的社会资本参与方可以通过合法途径提出异议并获得解释，这极大地避免了内定供应商、不规范交易，以及其他形式主义流程的风险。

第五，成交结果经本级政府审核并留有完整备案过程。采购方得出的采购结果需要经过本级政府的审核，各项文件以及整个采购流程的科学性规范性都会被列入审核内容。

5.1.2　采购对象的选择

公私合作特许经营项目主要面对社会资本进行采购，通过特许经营项目采购与政府建立合作关系的社会资本方，必须具备一定的运营管理能力以及强大的资金实力，能够应对公私合作特许经营项目整个生命周期的风险。

5.1.3　项目的采购需求

传统政府采购项目需求明确，能够详细地制定需求手册内容，从而依照具体的项目需求组织项目采购。公私合作特许经营项目存续周期长，涉及的项目内容丰富且情况复杂，在未来的落地过程中具有较强的不可预见性风险，容易受到不确定因素的影响，产生诸多变化，因此，特许经营项目的采购只能根据现有资料和数据，结合类似项目经验制定出大致的需求方案。在寻找合适的社会资本方进行合作的同时，还需不断地根据市场、政治、法律等的变化对特许经营项目需求进行调整、修正和补充。

5.1.4 项目的采购风险

采购环节的风险集中体现为采购失败风险、市场价格风险、法律风险等。传统政府采购项目以政府为采购主体，通过采购程序采购，以实现获得所需的工程、产品或服务的目标，整个政府采购程序较为简单，目的明确，可以理解为以最低的成本价格换取优质的工程、产品或是服务。公私合作特许经营项目采购则是通过具有竞争性的采购形式，被选中的社会资本方被授予一定期限的特许经营权，以投资形式参与公共事业领域，项目周期长，对资金实力要求高。

对政府而言，采购阶段还可能面临时间风险，公私合作特许经营项目的采购需要与社会资本方进行多次沟通，经过协商、磋商、谈判与再谈判，双方在对项目的具体工程建设设计、付费机制设计、技术标准等具体合同条款进行不断修正与调整时，可能会错过项目的最佳开始时间，使运营和资本回收遇到困难，对项目后续阶段工作开展造成一定的影响。

5.1.5 采购合同体系

传统采购项目的合同参与者主要包括政府和供应商、承包商，项目合同体系以履约合同为主。而公私合作特许经营项目的利益相关方主要包括政府、使用者、社会资本方、单独成立专门的项目公司、供应商、承包商等，其涉及的合同也更为多样，不仅包括工程合同、原料供应合同，还包括股东协议、融资合同、保险合同等。为了更好约束各参与方在项目存续阶段的行为，需要规范特许经营项目的运作，提供完善的争议解决机制，同时公私合作特许经营项目采购合同体系对法律的重视要更甚于传统采购合同。

5.1.6 采购的指标体系

不同的公私合作特许经营项目的采购要求也会有所差异。根据特许经营项目的详细内容和具体模式，政府需要在采购时设计出有针对性的指标，并以此来选择最优的社会资本方授予特许经营权。公私合作特许经营项目的采购不仅仅取决于单个指标的满足，更需要从整体上考虑项目的成本、收益以及最终效果，综合评价得分最高者才是最终中标人。传统的政府采购项目的指标较为单一，主要组成部分是价格指标以及质量指标，相较于公私合作特许经营项目的采购指标更为简便、明确，可以更多地借鉴以往商业项目采购指标体系。

5.2　公私合作特许经营项目的采购的功能

5.2.1　选择优秀社会资本方

通过采购环节的资料准备和信息交换，政府采购方能及时掌握社会资本方信息，跟进相关技术的最新进展。通过横向对比，可以为当前项目挑选出最合适的社会资本方，也可以为之后的合作发展提供潜在的社会资本方，与社会资本方建立长久稳定的良好关系。

5.2.1.1　如何选择优秀的社会资本方

在进入正式采购前，政府或采购方对外进行信息的发布，吸引市场上潜在的合作者前来申请。进行一定洽谈和了解后，政府可以基本了解到社会资本方资质、技术状况、资金现状、人员配置以及过往经验等信息，并用项目信息与社会资本方交换市场信息，获得双赢。在选择过程中，政府依据公平、公正、公开的原则，不提供会使社会资本方产生歧义、误解的信息，不偏向任何一家社会资本方，不阻止符合申请条件的社会资本方参与竞争，确保不存在社会资本方为实现自身利益而操纵公私合作特许经营项目采购的情况。

5.2.1.2　优秀社会资本的特征

第一，选择拥有深厚的技术和人才背景的社会资本方。公私合作特许经营项目的采购环节，将更多关注落在技术支持环节，而非单纯政策决策环节。

第二，选择在成本上有优势的社会资本方。在提供某些产品和服务时，成熟的社会资本方有熟悉的供货渠道或者技术提供方，相较于由政府直接对外提供，明显是与社会资本方合作，使用采购价购入所需产品和服务更有效率，而且还会节约不少的财政资金。

第三，选择在时间上更有效率的社会资本方。在专业知识和技术上，社会资本方与市场更为密切，有天然优势，能够在最快时间掌握行业内的信息更新。同时，在技术的熟练程度上，项目的经营经验也会更加丰富，在前期的团队准备等方面可以缩短不少时间，使项目更快地进入正式运营阶段，实现资本回流，获得资金收益。

5.2.2　签订特许经营协议

协议的签订应建立在平等、公开、公正，以及双方达成一致的基础上，在经过多次磋商和谈判后，以特许经营协议来明文落实项目采购方以及社会资本方双方的权利和义务，只有当整个项目的实施和操作流程都建立在完善的契约基础上，才能实现合理分配风险、共享利益的初衷。

5.2.2.1　项目基本情况

在公私合作特许经营协议中，首先要明确项目的基本情况，包括项目的名称、投资额、社会资本方、主要公共服务的规模和类别、项目位置、占地面积、经营期限等。项目基本情况，是了解整个特许经营协议的基础。

5.2.2.2　协议主体的权利义务

公私合作特许经营协议，是双方在平等协商的基础上达成的协议，需要在协议上明确双方的权利和义务。

政府方是由县级以上人民政府委托的实施机构。实施机构代表政府方向社会资本方授权开展特许经营，在特许经营中要维护社会公共利益，监督社会资本方履行特许经营协议，向社会提供数量和质量均符合规定的公共服务，满足社会公共需要。同时，也要遵守承诺，执行协议，包括及时、足额地向社会资本方支付财政补贴、协助资本方获得规划、土地等审批事项，等等。

社会资本方按照政府特许经营授权，为社会交通运输、能源、水利、环保、市政等提供公共服务，其有权按照政府在特许经营协议中的授权开展投资、经营活动，包括向使用者收取一定的使用费，不受其他政府、企业和社会组织及个人的干涉。同时，社会资本也要遵守特许经营协议，为社会提供符合协议要求的公共服务，接受消费者的监督，不得偷工减料、制造各类假冒伪劣产品，损害社会公共利益；生产经营中出现新情况、新问题要及时和政府方沟通，协商解决，不得随意撕毁协议。

5.2.2.3 特许经营的方式

在我国 2015 年国家发改委、财政部、交通运输部、住房和城乡建设部、水利部、中国人民银行发布的《基础设施和公用事业特许经营管理办法》中规定，特许经营的方式主要包括以下几点：（1）在一定期限内，政府授予特许经营者投资新建或者改扩建、运营基础设施和公用事业，期限届满后移交给政府；（2）在一定期限内，政府授予特许经营者投资新建或者改扩建、拥有并运营基础设施和公用事业，期限届满后移交给政府；（3）政府授予特许经营者投资新建或者改扩建基础设施和公用事业并移交政府后，由政府授权其在一定期限内运营；（4）国家规定的其他方式。

5.2.2.4 项目交易结构

项目交易结构包括以下几个方面：（1）项目的股权结构、股东出资方式、股权转让等；（2）融资结构。包括注册资本、项目的融资等；（3）回报方式结构。包括使用者付费、政府付费和可行性缺口补贴。

5.2.2.5 风险分配

在公私特许经营项目全生命周期中，特许经营协议是把控风险作为关键的工具，政府对项目留存风险要"量力而行"，双方根据实际情况承担不超过自身实际能力的风险，遵循风险上限原则，不能由政府兜底全部风险。政府与社会资本方之间是长期合作伙伴关系，由各自在其擅长的领域承担部分风险，将风险化整为零，才能整体降低财政风险。具体而言，通过建立风险矩阵，把公私合作特许经营项目全生命周期的风险，在政府和社会资本方之间按照上述原则进行分配。

5.2.2.6 利益共享

公私合作特许经营项目一般而言是以社会效益为主，实际运营获得的经济效益并不高，但是要保证参与合作的社会资本方可以获得能够接受的、较为满意的经济利益，政府采购方在吸引投资时也要严守预算红线，合理划分双方利益。

5.2.2.7 排他性经营

公私合作特许经营项目中的排他性经营条款，需要得到特许经营协议的保障和规范。特许经营期存续多久，在特许经营权存续期间项目的控制权、现金流量权如何划分，政府以何种形式保障项目的特许经营，均是特许经营协议的核心内容。

5.2.2.8 特许经营期

特许经营期的长短在协议签订时就需明确，之后根据市场情况与项目进展再酌情进行修正。特许经营期的约定是特许经营项目的重要环节，通常来说在 10～15 年，如有需要也可以约定为 30 年。

5.2.2.9 争议解决方式

根据国家发改委、财政部等部委发布的《基础设施和公用事业特许经营管理办法》，其争议解决的方式有二种：一种是调解方式，另一种是行政复议或者行政诉讼方式。在双方发生争议寻求解决期间，原特许经营协议继续执行，以保证公共服务的连续性和稳定性，维护社会公共利益。

5.2.2.10 履约保证和验收

公私合作特许经营协议中还包括履约保证和履约验收。履约保证，即为了保证特许经营协议的履行，双方可以约定履约担保的类型、提供的方式、提供的时间、担保的额度、提取的条件和退换等。

5.2.2.11 项目移交

公私合作特许经营协议还包括项目移交，其具体说明如下。

（1）明确移交内容。移交的内容应当包括：特许经营项目的相关设施、特许经营项目用地的使用权以及配套的土地进入权等、特许经营项目运营中不可缺少的设备、机器、零件等其他动产；特许经营项目的各项文件，如各环节审批材料、运营手册、设计图纸、计划方案书等；特许经营项目实施的成员；特许经营项目在执行阶段的相关技术信息以及所属行业的标准信息。

（2）制定移交要求和标准。特许经营协议在制定时需要围绕特许经营项目权利和项目所涉技术两个方面制定移交条件和标准。

（3）设计移交程序条款。包括根据需要设置项目过渡期、对移交资产和设施进行评估测试、约定移交文件的时间期限、政府对项目资产和项目设施进行验收等，减少由于移交程序不规范导致的财政财产、设备等移交损失。

（4）测试及评估。对于评估和测试达到项目移交标准和要求的资产和设施，将顺利进入移交下一个步骤，没有通过测试和评估的项目资产和设施，政府可以根据社会资本方提交的移交维修保函，要求社会资本方采取一定措施，恢复资产和设施的性能和使用状态，使其达到能够移交的条件和标准。

（5）移交手续办理。项目移交涉及设施、机器等多项动产的产权转移，其中资产的过户以及相关合同的转让等手续都需要花费大量的时间和精力办理，通常这部分工作由社会资本方承担，也可以由双方协商一致，在公私合作特许经营协议里作出另外的约定。

（6）移交费用承担。在公私合作特许经营项目移交过程中产生的移交费用，可以采用以下三种形式处理：第一种形式指由社会资本方承担全部的移交手续费用；第二种形式是由政府和社会资本方共同承担移交费用，具体承担的比例以双方协商一致的结果执行；第三种形式是为了处理提前移交中的非正常结项移交而设计的，若是由于一方违约导致的项目无法正常执行而提前结项进入移交程序的，由违约一方承担全部移交费用。

5.3 公私合作特许经营项目的政府采购流程与方式

根据《中华人民共和国政府采购法》可知（以下简称《政府采购法》），公私合作特许经营项目可以使用的政府采购方式主要包括公开招标、邀请招标、竞争性谈判、单一来源采购、询价以及国务院政府采购监督管理部门认定的其他采购方式。除此之外，该文件对公开招标的地位也做出了明确的认可，指出"公开招标应作为政府采购的主要采购方式"。

在法律允许的采购方式范围内，政府需要根据具体项目的需求，有针对性地选择适合项目的采购方式，挑选合适的特许经营合作方。除《中华人民共和国政府采购法》外，财政部为政府与社会资本合作项目颁布了《政府采购竞争性磋商采购方式管理暂行办法》，对竞争性磋商方式进行规范和管理。上述几种不同的公私合作特许经营项目采购方式在实际操作时的使用条件不尽相同，分别有其使用的范围和条件。政府在采购公私合作特许经营项目时，需要针对特许经营项目自身特质进行明确区分，以便使用最优方式开展采购程序，减少政府的采购成本的同时还可以寻找到最为匹配的社会资本合作方。不同采购方式的适用范围如表 5 – 1 所示。

表 5 – 1　　　　公私合作特许经营项目不同采购方式适用范围对比

采购方式	适用范围
公开招标	1. 大型基础设施建设项目，比如涉及社会公共利益、社会公共安全的项目； 2. 基本依赖国有资金投资或者国家融资的项目； 3. 资金来源为国际组织、外国政府援助资金或者贷款的项目

采购方式	适用范围
邀请招标	1. 技术复杂、有特殊要求或者是受特殊环境限制，只存在少量潜在投标人可供政府选择的项目； 2. 采用公开招标费用占整个合同费用比例较大的项目； 3. 涉及国家机密、抢险救灾等需要招标但是不适合使用公开招标的项目； 4. 其他法律规定不适宜公开招标的招标项目
竞争性谈判	1. 进行一次完整招标后没有符合条件的社会资本合作方，或是重新招标未能找到合适标的项目； 2. 具体制定项目规格及项目详细要求存在困难的项目； 3. 因项目性质特殊、技术复杂等不确定原因暂时难以估计时间、数量从而最终总价无法计算的项目
竞争性磋商	1. 因项目性质特殊、技术复杂等不确定原因暂时难以估计时间、数量从而最终总价无法计算的项目； 2. 市场竞争不充分的科研项目以及需要扶持的科研转化项目； 3. 具体制定项目规格及项目详细要求存在困难的项目； 4. 按照《中华人民共和国招标投标法》及其实施条例必须进行招标的工程建设项目以外的项目
单一来源采购	1. 采购的商品或者服务的供应商渠道单一，缺乏市场竞争性的项目； 2. 发生了不可预见的紧急情况不能从其他供应商处采购的项目； 3. 必须保证原有采购项目一致性或者服务配套的要求，供应商处添购，且添购资金总额不超过原合同采购金额百分之十的项目

根据规定，PPP 项目必须经过的采购流程包括资格预审、采购文件的准备和发布、提交采购响应文件、采购评审、采购结果确认谈判、签署确认谈判备忘录、成交结果及拟定项目合同文本公示、项目合同审核、签署项目合同、项目合同的公告和备案等若干程序与手续。

从经过政府采购，实际落地的公私合作特许经营项目看，约 50% 以上的项目采用公开招标，而采用竞争性磋商的项目较少。

5.3.1　公私合作特许经营项目的采购基本流程

5.3.1.1　资格预审

资格预审是发起招标等采购形式的一个必须过程，项目发起方（一般为政府机构）制定资格预审相关文件，并将其以公告的形式对社会公众公布，邀请符合条件的社会资本以及金融机构参与资格预审。

资格预审的设计要能保证实现充分竞争，并且得到社会资本方的充分响应。最终的资格预审结果显示大于三家社会资本方的资格预审通过，则资格预审结果将被提交至财政局进行备案；若资格预审结果小于三家，则需要对资格预审的内容进行调整，重新组织资格预审，若重新组织后资格预审结果中通过的社会资本方数量仍旧没有满足要求，则应当按照相关规定提出转换项目采购方式的申请。具体的资格预审流程如图5-1所示。

5.3.1.2　采购文件的准备和发布

通过采购文件的准备和发布，参与资格预审的社会资本方可以根据文件内容对竞争特许经营权资格所需的资料、资金等做好准备，并根据采购文件的要求在规定的时间、地点提交各项材料。政府通过采购文件的准备，对组建评审小组、确定采购评审标准、采购时间安排、组织资格后审等内容做出规划，并根据采购文件的内容有序开展项目采购，并以此约束采购后期项目合同草案的制定。

5.3.1.3　响应文件或投标文件评审

竞争性谈判以及竞争性磋商需要社会资本方提交响应文件，而公开招标以及邀请招标则需提交投标文件，之后由招标人组织成立评审小组，根据采购文件的规定对响应文件或投标文件进行评审。

5.3.1.4　采购结果确认谈判

招标过程中，社会资本方按照被推荐顺序与项目实施机构进行谈判，率先达成一致的即为中标人。根据《政府和社会资本合作项目政府采购管理办法》的规定，在公私合作特许经营项目采购评审结束后，政府需要成立专门的工作小组，对达成采购结果的谈判过程以及最终的采购结果做出评审，确保项目采购程序、结果的公平性与公正性。

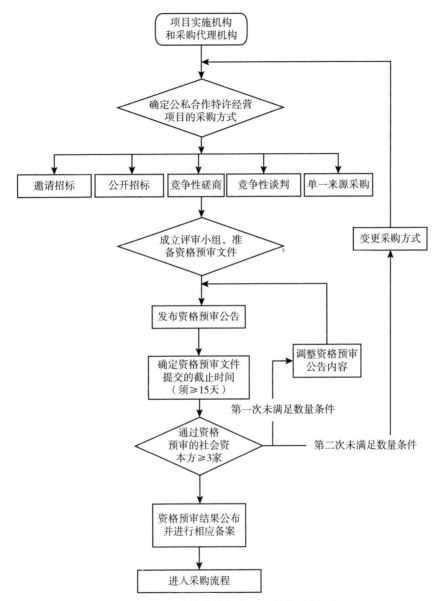

图 5 – 1　公私合作特许经营项目资格预审流程

5.3.1.5　签署确认谈判备忘录，发布中标通知书

采购环节的谈判过程以及相应工作小组成员的信息，都应当记载于谈判

备忘录上。最终中标结果会以中标通知书的形式发出，并且为了保证采购结果是在公允条件下达成，也便于投标者相互监督，投标结果应根据相应规定进行不少于5日的公示。

5.3.1.6 项目合同的审核、签署、公告和备案

公示期满无异议，则将进入采购程序的下一环节：拟定项目合同条款。项目合同文本内容需要经过本级人民政府的审核方可生效，通过政府审核后，政府与被选中的社会资本方作为合同双方签署正式项目合同，同时将正式合同内容进行公告并向上一级政府相关管理部门进行备案。对外公告的内容主要包括项目的中标人名称、地址、最终中标价格；采购人与采购代理机构的名称、地址以及有效联系方式；采购项目的编号、标准、地址、期限、质量等关键内容。

5.3.2 特许经营项目采购方式

5.3.2.1 公开招标和邀请招标

公开招标，是指招标人通过发布招标公告的方式，将项目需求信息进行公开，吸引符合条件的潜在合作者制作投标文件，参与竞标。根据法律规定应当招标而没有进行招标活动，或是中标结果无效的，所签订的合同作为无效合同处理。此外根据规定，符合《中华人民共和国招标投标法》第66条以及《中华人民共和国招标投标法实施条例》第9条规定的情形，可以认为是符合法律规定不需要通过招标投标过程选择合作方。

邀请招标，也被称为有限竞争招标。根据《中华人民共和国招标投标法实施条例》的规定，邀请招标是招标采购单位根据一定的标准和程序，从符合要求的供应商中选择部分供应商，用投标邀请书邀请一定数量的法人或者其他组织前来参与招标。邀请招标通常适用于采购项目的内容具有一定的特殊性，只能从有限的供应商名单进行选择，以及使用公开招标花费占用采购项目总价值比例过大的项目。邀请招标的供应商数量有限，竞争程度比不上

公开招标，但是能减少不必要的招标成本和手续，减轻招标压力，针对特定的社会资本方发出招标邀请，目标明确，更迅速也更直接，极大提高了项目采购的效率。在招标金额和所需时间成本比例不一致时，采购方应考虑使用邀请招标，但需了解使用邀请招标方式难以获得最优报价，难以实现投资效益的最大化。总体来说，邀请招标更具有针对性，目标集中，时间成本上优于公开招标，但是参与投标的潜在合作方较少，竞争性不足，还有可能存在不法行为，比如恶意将符合资质条件的社会资本方排除在外，影响招标结果的公平性。

公私合作特许经营项目的公开招标与邀请招标的具体流程如图 5 - 2 所示。

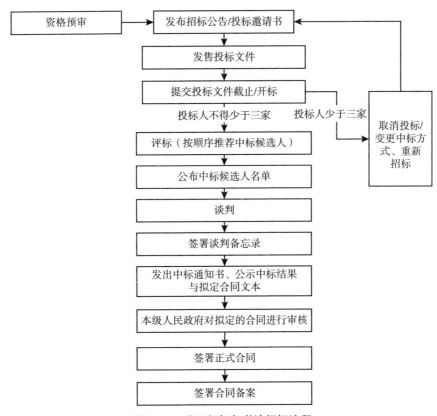

图 5 - 2 公开招标与邀请招标流程

5.3.2.2 竞争性谈判和竞争性磋商

竞争性谈判是指项目采购方成立采购小组，与符合采购条件的供应商就项目具体材料、金额、标准等内容进行谈判，供应商根据谈判文件的要求，通过提交响应文件和最终报价的竞争形式最终获得成交资格，由采购方根据响应文件和最终报价综合结果确定成交方。使用竞争性谈判能够较好地减少前期准备需要的时间，减轻采购方的工作量，相比招标、开标，整个采购流程进展快，工作效率也会有一定的提升，减少采购风险。竞争性谈判流程如图5－3所示。

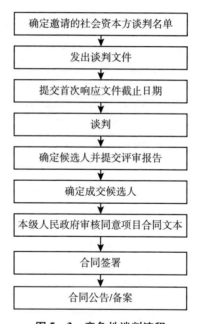

图5－3　竞争性谈判流程

竞争性磋商并未包含在《政府采购法》中，是财政部2014年关于政府采购提出的新形式。整个竞争性磋商过程主要由磋商小组负责，采购人负责在磋商小组提交的推荐供应商名单中选择最终的成交供应商。在采购的流程上，竞争性谈判和竞争性磋商二者大致相同，都需要经过发出谈判文件、提交响应文件、谈判；社会资本方最后报价；评审小组按照报价由低至高提交三家以上候选人的评审报告；根据谈判工作率，先达成一致的成交，双方签署谈判备忘录；对外公示成交结果并提交项目合同由本级政府审核；签署正式合同、进行合同的公告以及备案等步骤。与其他采购方法中要求至少三家供应商参与的条件相比，竞争性磋商只需要大于两家供应商参与竞争即可进行。竞争性磋商流程如图 5−4 所示。

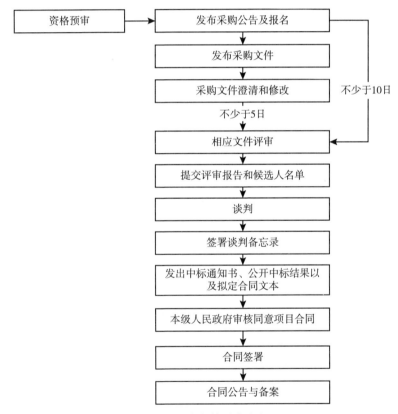

图 5−4　竞争性磋商流程

值得注意的是竞争性谈判和竞争性磋商二者之间的不同。竞争性谈判和竞争性磋商基本的流程并没有太大的差异，但在具体操作上，竞争性磋商更关注质量、价格、效率三者的统一，财政部首次将这项新方法应用在公私合作特许经营项目采购上，建立了两阶段采购模式，并以"先明确采购需求、后竞争报价"两阶段采购模式为关键，极力促进"物有所值"原则在项目采购实践中得到实现。竞争性磋商与竞争性谈判的差异还体现在两种采购方式在社会资本竞争报价环节中使用的评判方法上，竞争性谈判使用的是"最低价成交"，即同一项目报价低者为优，更关注成本最小化；而竞争性磋商使用的是"综合评分法"，除了考虑投入、产出水平，更是多角度全方位去评价每一个报价者。"综合评分法"能够满足公私合作特许经营项目采购方立足于自身需求，对每个环节进行细致把控的需要，参与的社会资本报价方也能根据给定的需求方条件合理的给出自己的报价，双方在公平、公正的环境背景下进行交易，避免由于刻意追求最低成交价导致的恶性竞争。

在磋商小组得出结果后，仅有权向采购人推荐合适的供应商，而没有权力直接确定最终供应商。根据《政府采购竞争性磋商采购方式管理暂行办法》第六条规定，竞争性磋商的供应商的来源方式可以从省级以上财政部门建立的供应商库中随机抽取，也可以来自采购人和评审专家分别书面推荐以及发布公告，以上三种来源的供应商都可以参与竞争性磋商。因此竞争性磋商的供应商来源方式更广，在采购程序中体现出较强的竞争性，可以在更大范围选择更符合特许经营项目要求的供应商。

5.3.2.3 单一来源采购

单一来源采购也需经历发布采购公示的过程，公示期内如有异议可以采取补充论证的形式对提出异议方做出解释，若无异议则应将公示情况上报财政部门，由财政部门批准使用单一来源采购方式。在之后的程序中，双方对价格和质量等项目的具体情况进行商定，将相关结果进行书面陈述并签署谈判备忘录。同样最终成交结果还需对外发布中标通知书，再次进行公示，向第三方、社会公开成交结果以及拟定的合同文本，公示无异议方可顺利进入政府审核、签署正式合同以及备案的阶段。单一来源采购的流程如图5-5所示。

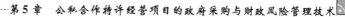

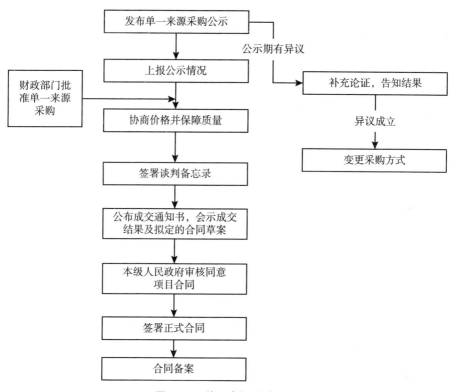

图 5-5 单一来源采购流程

单一来源采购较为特殊，只有来源单一的供应商参与提供相应的服务和产品，相对而言市场竞争不足。选择单一来源采购可能出于被动也可能出于主动，原设定的采购方式并不是单一来源采购方式，但是在谈判时社会资本方退出或者符合要求的社会投资方数量低于三家，使得其他采购形式流标，采购失败，难以寻找到相匹配的合作方，从而被迫转向了单一来源采购。

5.4 公私合作特许经营项目的政府采购管理制度

目前，公私合作特许经营项目的采购实践主要由《政府和社会资本合作模式操作指南（试行）》和《政府和社会资本合作项目政府采购管理办法》

进行规范，但其内容较为宽泛，详细程度不够。使用公开招标、邀请招标、竞争性谈判以及单一来源采购方式进行采购的项目，根据《政府和社会资本合作模式操作指南（试行）》第十七条第一款，"项目采用公开招标、邀请招标、竞争性谈判、单一来源采购方式开展采购的，按照政府采购法律法规及有关规定执行"；而对于竞争性磋商的采购方式，《政府和社会资本合作模式操作指南（试行）》第十七条第二款仅在采购公告发布及报名、资格审查及采购文件发售、采购文件的澄清或修改及响应文件评审几个环节进行了规定，但对竞争性磋商采购方式的适用条件以及其他采购环节上的流程没有进一步规定。《基础设施和公用事业特许经营管理办法》中第十五条对特许经营的采购形式进行了说明，指出"实施机构根据经审定的特许经营项目实施方案，应当通过招标、竞争性谈判等竞争方式选择特许经营者。特许经营项目建设运营标准和监管要求明确、有关领域市场竞争比较充分的，应当通过招标方式选择特许经营者。"同时，该办法还对特许经营协议的条款、履行要求、协议变更和终止、监督和公共利益保障、争议解决机制等方面进行了较为全面的规范和引导。

因此，在实务操作中，根据《政府和社会资本合作模式操作指南（试行）》和《政府和社会资本合作项目政府采购管理办法》的现有规定，并不能满足公私合作特许经营项目采购的流程规范性的需要。详细的规范性流程应当由统一的部门进行颁布，将现有的规章制度进行整理，保留一部最高级别的法律进行操作引导，避免重复解释以及相互存在矛盾。

5.5 公私合作特许经营项目在政府采购中特许经营协议的签订

公私合作特许经营协议是保障公共利益以及社会资本合法利益实现的核心法律工具，是明确双方在合作关系中权利和义务的重要文本内容，政府和社会资本方之间的风险分配、利益分担方案都需要通过特许经营协议呈现出来，同时对社会公众进行公开，方便社会力量的监督。

5.5.1 公私合作特许经营协议定义

《基础设施和公用事业特许经营管理办法》中第三条对基础设施和公用事业特许经营做出了如下解释："本办法所称基础设施和公用事业特许经营,指政府采用竞争方式依法授权中华人民共和国境内外的法人或者其他组织,通过协议明确权利义务和风险分担,约定其在一定期限和范围内投资建设运营基础设施和公用事业并获得收益,提供公共物品或者公共服务。"除了《基础设施和公用事业特许经营管理办法》的规定,目前尚未有其他法律和行政法规对公私合作特许经营进行定义上的明确,由此可以对公私合作特许经营协议做出如下的定义:公私合作特许经营协议是以特许经营权特许经营关系为基础,为了协调协议双方在协议有效期内对特许经营权的使用以及因此带来的风险和成本分担,通过协议将有关的约定以及谈判结果加以强调,明确政府以及被授予特许经营权的社会资本方的权利义务的法律文件。

5.5.2 公私合作特许经营协议法律性质

5.5.2.1 行政合同观点

行政合同主要规范的是许可方(政府)与被许可方之间的关系,通过许可的形式将特定的权力,主要包括有限自然资源开发利用、公共资源配置,以及直接关系公共利益的特定行业的市场准入等授予被许可方,同时保留了对被许可方监督的权力和义务,相应地,被许可方需要通过许可方组织的招标、拍卖等特殊形式获得被许可资格,并在行使特定权力的过程中,配合政府有关部门的监督管理工作。特许经营项目协议涉及特定权力——特许经营权的授予与被授予,通过政府采购程序,政府在潜在合作者中选择优秀的社会资本方进行合作。建立契约合作关系后,政府有义务在特许经营项目的开展过程中进行引导和规范,社会资本方有义务配合相关的审查和评估,这符合行政合同的范畴。此外，公私合作特许经营项目的特许经营权的使用是为了提高公共物品和服务的提供效率，并非服务于社会资本方追求经济利益的目标，特许经营协议的存在，也是为了保障公共利益的实现，以及选择合格的社会资本方作为特许经营者的法定程序的公平。

作为特殊的行政许可行为，公私合作特许经营协议具备一般行政许可的特征，但同时又区别于一般行政许可，在公私合作特许经营协议里，政府在授予优秀的社会资本方特许经营权后，双方的权利义务主要通过协议内容来规范，而不是通过政府的命令或是其他强制形式来约束社会资本方的行为。

5.5.2.2　民事合同观点

根据《基础设施和公用事业特许经营管理办法》中的内容，特许经营协议要在实现政府的公共利益诉求的同时，充分尊重并保护社会资本方的合法权益。结合该管理办法就特许经营权的使用要求社会资本方在"投资新建或改扩建基础设施和公用事业并移交政府后，由政府授予其在一定期限内运营"，根据这部分规定，可以认为特许经营权对于被授予方而言是一种合法的财产权益，而财产权益的规范主要属于民事合同的范畴。

5.5.2.3　公法、私法混合观点

公法、私法混合观点认为，特许经营协议既具有行政合同的特征又满足民事合同的特征，并不能简单地将其划分为行政合同或是民事合同范畴。在目的、形式、程序上，特许经营权的授予更贴近行政合同的划分标准，但是在实际操作时，民事合同的管理办法也对协议的双方形成了约束和限制。行政主体在其中扮演双重角色，既需要作为监督者参与管理特许经营项目，也需要受到私法的约束。社会资本方与政府形成的特许经营协议让社会资本方作为公共物品和服务的提供者，需要受到公法和私法的双重约束。在利益实现上，既满足了政府的公共利益，也实现了社会资本方的合理利益诉求，兼顾了公共利益和私人部门利益。

5.5.2.4　目前对公私合作特许经营协议的定位

在处理特许经营协议争议上，《中华人民共和国行政诉讼法》第十二条第十一款在对受案范围进行规定时提到："认为行政机关不依法履行、未按照约定履行或者违法变更、解除政府特许经营协议，土地房屋征收补偿协议等协议的"，属于行政诉讼的受理范围。与此同时，根据《基础设施和公用事业特许经营管理办法》第五十一条规定，特许经营者认为行政机关作出的具体行政行为侵犯其合法权益的，有陈述、申辩的权利，并可以依法提起行政复议或是行政诉讼。

但发改委《基础设施和公用事业特许经营暂行条例（征求意见稿）》中第四十一条关于争议部分的解决引入了仲裁条款，约定特许经营协议当事人可以对不能由行政诉讼解决的争议部分依法预定仲裁机制或民事诉讼实现相应的诉求。

因此，目前社会各界对特许经营协议的法律性质认识还是较为模糊，一定程度上特许经营协议具有行政合同和民事合同的双重性质。

5.5.3　公私合作特许经营协议签订需遵循的原则

5.5.3.1　公平原则

公私合作特许经营项目采购合同的签订遵循公平原则。公平原则在强调合同条款中对于受项目本身风险所衍生的同时，也强调合同所派生的风险权利义务的均衡；既关注合同主体的由于风险事件引起的收益，也关注合同主体面临的均衡损失①。在进行合同签订时重视风险分配和利益共享，双方要公平制定风险承担方案以及利益分享计划，保证双方获得与付出相等的回报。然而，在特许经营项目全生命周期中，由于较长的时间跨度和不断变化的公共服务需求，后续过程中难免会出现有关相等的责任

① 赵全厚. PPP 中隐匿的财政风险 [J]. 经济研究参考, 2018 (39): 3-25.

和风险，如相关配套设施建设的增加、环境保护公共需求的提高等[1]。因此在前期签订时需要秉着公平的原则，及时调整双方权利义务约定，执行动态管理程序。

5.5.3.2 平等协商原则

公私合作特许经营项目采购合同的签订遵循平等协商原则。首先平等原则体现在社会资本方的所有制形式不受限制。任何所有制形式的社会资本方都有权参与公私合作经营项目，任何单位和个人都不得排斥或者限制非公有制形式的社会资本方依法参与项目[2]。其次平等协商原则还意味着合作双方的平等。在竞争性磋商形式下，通过双边谈话，双方可以就项目的具体事项进行充分的沟通，以信息交换的形式获得所需资料，实现互利互惠，提高采购效率。项目的双方在平等的地位上履行义务、享受权利。

5.5.3.3 自愿原则

公私合作特许经营项目采购合同的签订遵循自愿原则。最终的合同签订是由谈判小组按照候选人顺序依次进行谈判，首先完成协商一致的候选人即为最终合作方，参与到项目中。在采购中途参与方有权按照法律规定的流程撤出谈判环节，应充分尊重社会资本方的参与意愿。

5.5.3.4 风险收益对等原则

公私合作特许经营项目采购合同的签订遵循风险收益对等原则。首先，合同条款的设计要兼顾风险和收益，承担的风险程度与收益程度成正比例关系，在合理的风险承担范围内，一方承担的风险越大，相应获得的回报越多，一方承担的风险越小，相应获得的回报越少。将政府移交给社会资本方承担的风险、保留的风险划分，风险承担补偿机制以合同条款清楚列示，这样政府的财政支出责任就可以直接对应为政府所承担的风险支出以及必要的财政

① 刘薇. PPP模式财政风险识别与防范 [J]. 财政科学，2018（7）：42-49，63.
② http://www.mofcom.gov.cn/aarticle/b/g/201709/20170902653358.html. 基础设施和公共服务领域政府和社会资本合作条例（征求意见稿）[R/OL]. (2017-07-21).

补贴、政府购买费用等，其作为政府的显性债务，可以通过预算进行充分管理和控制。

其次，在风险承担情况出现变化时，同步对利益分享计划作出相应调整，充分考虑风险上限。

最后，关于风险信息双方应该实现对等。在对制定合同时项目财政风险的识别与预防上，双方要相互合作，及时将相关财政风险信息进行共享，保证风险信息的对称。

5.5.4 公私合作特许经营协议与项目合同的区别与联系

特许经营协议与项目合同是项目长期合作中发挥关键作用的文件，对于特许经营全生命周期的各个阶段均有重大意义，正确认识二者在使用上的区别和联系，有利于充分利用合作优势，实现社会效益。表 5 - 2 是根据现有政策做出的特许经营协议与 PPP 项目合同基本条款对比，并从使用范围、主体地位以及争议解决机制三个角度分析公私合作特许经营协议与项目合同的区别与联系。

表 5 - 2　　　　　　　特许经营协议与 PPP 项目合同基本条款对比

序号	特许经营协议	PPP 项目合同（财政部版）	PPP 项目合同（发改委版）
1	项目名称、内容	引言，定义和解释	总则
2	特许经营方式、区域、范围和期限	项目的范围和期限	合同主体
3	项目公司的经营范围、注册资本、股东出资方式、出资比例、股权转让等	前提条件	合作关系
4	所提供产品或者服务的数量、质量和标准	项目的融资	投资计划及融资方案
5	设施权属，以及相应的维护和更新改造	项目用地	项目前期工作

续表

序号	特许经营协议	PPP 项目合同（财政部版）	PPP 项目合同（发改委版）
6	监测评估	项目的建设	工程建设
7	投融资期限和方式	项目的运营	政府移交财产
8	收益取得方式，价格和收费标准的确定方法以及调整程序	项目的维护及履约担保	运营和服务，不可抗力和法律变更
9	履约担保	政府承诺	合同解除
10	特许经营期内的风险分配	保险	违约责任
11	政府承诺和保障	守法义务及法律变更	争议解决方式
12	应急预案和临时接管预案	不可抗力	各方认为应当约定的其他事项
13	特许经营期限届满后，项目及资产移交方式、程序和要求等	政府方的监督和介入	
14	变更、提前终止及补偿	违约、提前终止及终止后处理机制	
15	违约责任		
16	争议解决方式		
17	需要明确的其他事项		

5.5.4.1 使用范围上的区别与联系

在大力推广政府和社会资本合作的背景下，公私合作的领域不断丰富，项目合同的适用范围也在不断扩大。根据《关于开展政府和社会资本合作的指导意见》中的规定，政府与社会资本的合作覆盖燃气、供电、供水、供热、污水及垃圾处理等市政设施，公路、铁路、机场、城市轨道交通等交通设施，医疗、旅游、教育培训、健康养老等公共服务项目，以及水利、资源环境和生态保护等项目，根据项目的具体内容双方签订合同，约定各自的权利和义务。项目合同的适用范围不仅包括准经营项目、经营项目，还包括非经营项目。

相对而言，特许经营协议的适用范围更具有针对性。特许经营协议是特殊的项目合同，主要适用于经营项目和准经营项目，包括使用者付费类型项目、政府可行性缺口项目以及有政府授予特许经营项目其他开发经营权利的项目。《基础设施和公用事业特许经营管理办法》中表明，我国境内的能源、交通运输、水利、环境保护、市政工程等基础设施和公用事业领域的特许经营活动，适用特许经营管理。

5.5.4.2　主体地位的区别与联系

政府与社会资本合作项目合同的法律依据来源于《中华人民共和国民法典》（以下简称《民法典》），并根据《民法典》的具体内容制定调整 PPP 项目合同体系下的所有合同文件。财政部与发改委颁布的一系列政府和社会资本合作引导的政策文件中，对政府与社会资本合作项目合同双方的主体地位进行了详细说明，在《关于规范政府和社会资本合作合同管理工作的通知》《关于开展政府和社会资本合作的指导意见》，以及《中华人民共和国政府和社会资本合作法（征求意见稿）》中都充分体现出项目合同将双方当事人置于平等地位，要求双方在充分协商、互惠互利的基础上制定合同内容，约定合同条款，并且依据合同内容依法履行义务、主张合同权利。

而根据《中华人民共和国行政许可法》《基础设施和公用事业特许经营管理办法》《基础设施和公用事业特许经营暂行条例（征求意见稿）》中对于特许经营协议的相关说明和解释，特许经营协议中签署协议的双方地位并不平等。在特许协议的执行过程中，政府方处于优势地位，有权监督项目的实施以及社会资本方义务的履行，在需要变更协议条款或是解除协议关系时，政府掌握更大的主动权，拥有对特许经营项目的高度控制权，可以在必要情形下介入协议内容的执行，干预社会资本方的决策。

5.5.4.3　争议解决机制的区别与联系

在适用的争议解决机制方面，政府与社会资本合作项目合同作为地位平等、互利互惠原则下签订的具有法律效力的文件，在解决争端时以民事诉讼案件处理办法解决，适用相应的诉讼时效规定；而特许经营协议产生有关争议时，以《中华人民共和国行政复议法》与《中华人民共和国行政诉讼法》

为法律依据，按照行政诉讼处理，适用相应的司法解释和起诉期限规定。

5.6 公私合作特许经营项目政府采购阶段的财政风险

5.6.1 公私合作特许经营项目政府采购管理制度存在的问题

5.6.1.1 特许经营政府采购上位法缺乏

通过表 5 - 2 的整理不难发现，在采购这一阶段各部门出具的规章制度各有侧重，互成体系，指导方法也有所不同。在采购环节规范性文件的出台存在多头指导的问题，财政部、国家发改委等都对特许经营项目的采购做出了一系列的引导和指引，且颁布时间较为紧凑和密集。各部门积极出台政策，详细地为各地的实践指明了努力的方向，不可否认其是有利于推进公私合作特许经营项目开展的，也向外传递了对各地积极推进公私合作特许经营项目的支持。但缺乏统一领导，多头政策的局面会造成工作重点不突出、监督无力、管理分散甚至各管理主体相互竞争的局面。此外，多头指导还存在着以下问题：第一，不利于下属部门充分认识采购环节的财政风险。第二，各上级部门难以获得全面的信息，影响对项目的精准化管理。第三，效率以及整体进展都会受到影响。

除管理主体的统一之外，高阶位法律的出台还能更好规范公私合作特许经营项目的开展。公私合作特许经营项目的开展不仅关乎着经济效益的增减，也关乎着社会效益的增减。政府作为项目背后的支持者，项目一旦失败，作为公共物品和服务的提供者，一些或有风险、隐性风险就会转移到政府一方，形成政府的债务和负担，无形中增加了政府的支出责任和财政压力。

5.6.1.2 现有政策存在矛盾及重复

尽管各地方不断出台规范性文件来应对实践中的问题和状况，对实际应

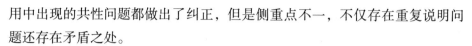

用中出现的共性问题都做出了纠正，但是侧重点不一，不仅存在重复说明问题还存在矛盾之处。

第一，管理主体矛盾。目前特许经营项目的执行存在两个监管主体，一是各级人民政府财政部门，二是国家发展和改革委员会。双监管主体是目前政府和社会资本合作立法中最迫切需要得到解决的问题。

第二，采购方式矛盾。上位法律缺失，低位阶法律冲突主要体现在《招标投标法》与《政府采购法》中关于公私合作特许经营项目采购形式的矛盾。

5.6.1.3　政府采购透明度不足

在实践中，公私合作特许经营项目信息披露的方式主要有两种，一种是落实公私合作特许经营项目相关政策精神和规范性文件建设的全国公私合作特许经营项目信息管理和发布平台；另一种是地方各级监管部门根据《政府采购法》《中华人民共和国政府采购法实施条例》《招标投标法》等法律法规对于政府采购、招投标等方面信息披露的要求公布公私合作特许经营项目项目采购、招投标的相关信息。但在实际工作中，存在着信息披露不充分、运作透明度较低、问责机制不健全等问题，致使公众知情权、参与权和监督权得不到充分保障，因而经常受到社会各界的质疑。

5.6.1.4　政府采购对民间资本的公平性较弱

在公私合作特许经营项目的民间资本引入方面，我国的公私合作特许经营项目一般为大型准公共项目，其投资动辄几十亿元，甚至上百亿元，作为民营企业来说，一方面，相比实力雄厚的国企，他们并没有很雄厚的资金和融资能力，这部分企业就会面临被排挤的情况；另一方面，即使是将一些零散的规模较小的项目交给他们来做，但受到融资渠道较窄的限制，其也不能很好地满足公私合作特许经营项目的资金需求。在民营企业退出环节来看，由于受到融资合同的股权变更限制、合同体系之间的强交叉性等限制性因素的影响，民间资本很难以市场化方式退出公私合作特许经营项目。而对于临时接管、政府回购等非市场化退出方式，民间资本又不愿参与其中，虽然新的《中华人民共和国政府采购法实施条例》在公私合作特许经营项目政府采购方面增加了市场准入机制，但其对参与者审核的标准不够明确，具体的规定也较为笼统，而且没有市场退出机制的规定。因为这些问题没有一个较为完善的进入与退出机制来解决，因此导致我国公私合作特许经营项目政府采购中民间资本参与的推行进程较为缓慢。

5.6.2 特许经营特许协议存在的问题

目前，地方政府隐性债务规模庞大，其中一部分财政支出压力就来自不规范的公私合作特许经营项目。特许经营协议不够规范、不够科学，为公私合作特许经营项目的开展埋下了隐患。

5.6.2.1 出现伪公私合作特许经营项目

公私合作特许经营项目范围广，根据财政部、国家发改委的相关政策文件，目前公私合作特许经营项目已经覆盖交通运输、水利、市政设施等领域，在这些领域里使用社会资本，将会大大减轻财政资金的筹集压力，也能缓解政府运营项目的压力。但是有的项目并不适合使用公私合作特许经营的模式，若是使用传统的商业模式令社会资本全权负责，或者直接由政府负责会比特许经营模式更有效率。特许经营协议在签订时超越原本的使用边界，为了吸引投资、完成工程、拉动当地 GDP 增长，对项目采购放宽了要求。而项目采购方为了缓解财政压力，将一些商业项目与公共项目打包成为一个公私合营特许经营项目，利用项目内商业成分保证整体最低经济收益，同时实现减少财政补贴以及提供公共服务。通过打包项目吸引社会资本方表面上是双赢，但实际上给政府带来了隐藏的财政风险。

5.6.2.2 使用约定回报率

为了吸引社会资本参与到项目中来，仍有部分政府采取了诸如约定回报率的手段来保障社会资本方获得一定的经济利益。通常而言，公私合作特许经营项目经济效益远不如一般的商业合作项目，因为政府更看重项目能实现的社会效益，双方的利益出发点并不一致。因此在约定回报率的情况下，政府需要补足社会资本方实际经济效益与预期经济收益之间的差额，对政府而言具有潜在支出风险。

5.6.2.3　约定项目结束由政府无条件回购

与约定回报率相似，提前约定政府无条件回购同样属于扩大政府承担风险范围的行为。在项目结束后，政府需要组织特许经营项目资产评估回收以及移交工作，而政府对项目进行无条件回购，则完全承担了项目后期处理的全部风险。

5.6.2.4　过多承诺项目使用量

政府在控制特许经营项目的使用量上较社会资本方更有优势，在法律允许范围内可以为特许经营项目实现一定项目使用量提供保障。特许经营协议中对经过测算的合理范围内的使用量进行保证，换言之，对社会资本方的最低经济效益做出一定保障是法律允许的，但仅能保障最低经济效益。在实际使用公私合作特许经营项目时，政府为了营造政绩，吸引更多社会资本参与项目采购完成更大的工程，在设计利益分享方案时，会对使用量进行超过最低经济效益份额的保障，变相对项目的收益给予承诺。但变相承诺回报会增加政府支出责任，对项目的风险承担加大，一旦未来使用量不足，就面临较严重的承诺兑现压力，形成政府债务，导致财政资金使用的计划被打乱，影响未来的预算安排和资金调动计划。

5.6.2.5　对剩余控制权考虑较少

采购阶段签订的特许经营协议低估后期运营成效，社会资本方利用剩余控制权获得超额利润，而根据原定的收益分配方案继续进行分配会导致社会公众的正当权益受到侵害；采购阶段签订的特许经营协议高估后期运营成效，社会资本方会难以实现预期的必要报酬率，无法获得能够支撑项目运转的资金回报，就会引发再谈判，严重时甚至会直接影响项目投资。因此初始特许经营协议对剩余控制权考虑不周，对特许经营项目的风险和收益分配不公，无疑会使社会效益受到影响。

5.6.2.6 对融资可实现性关注较少

在协议里对社会资本方的融资形式没有明确要求，因此存在着单独投标成功后由于融资方案的失败导致项目落地失败的可能性。在采购阶段，政府寻求的社会资本方需要能够拿出可行性较高的融资性方案，才能解决项目融资的问题，单纯依靠直接投资很难直接满足项目长期的运转要求。目前特许经营协议对社会资本方的融资把控不够细致，在具体条款设计上存在很多的空白，没有能完全注意到项目融资的前提条件和持续性，后期融资风险的存在还是会影响项目的落地。

5.6.3 采购监管机构履行职责存在问题

各级政府财政、发改部门是采购的主要监管部门，对采购的预算管理、采购形式选择、人员管理、采购制度管理、合同管理、信息管理等负责。但是因为专业能力不足，制约了采购监督管理。

5.6.3.1 监督机构职责划分不清

在现行体制下，公私合作特许经营项目在采购环节面临着《政府采购法》《招标投标法》两个法律，以及财政、发改部门两个监管部门的状况。在《基础设施和公用事业特许经营管理办法》中，对项目的采购问题没有明确规定。因此，在法律制度方面，存在监督机构职责划分不清的问题。

5.6.3.2 监督机构履职能力较弱

在目前的管理现状中，公私合作特许经营项目的采购涉及国家经济发展的诸多重大方面，政府监管采购不仅需要在项目的采购合规性、合法性上进行监督，还要对项目采购能发挥的政策功能和整个宏观经济运行上的作用进行监督。在后者上，政府的监管难以达到期望效果，财政、发改等监管部门专业人才、专业知识不足，履职能力还有很大的提升空间。监督机构在履行职责上无法实现对公私合作特许经营项目采购的全部监督管理需求，在监督上更多的是形式上的纠正，机械地管理，使得监督作用大打折扣，无法营造良好的采购环境，无法提供优质的采购指引，容易为采购埋下隐患，带来财政风险。

5.7　公私合作特许经营项目政府采购中的财政风险管理技术的对策建议

公私合作特许经营项目的采购环节关系着项目能否成功落地，也关系着之后环节能否有序进行。针对上述存在的诸多问题，我们特提出几点政策建议。

5.7.1　进一步完善公私合作特许经营项目采购制度，降低财政风险

5.7.1.1　统一公私合作特许经营项目采购的法律制度

针对目前公私合作领域《政府采购法》《招标投标法》并存的状况，第一步要先通过国务院的行政立法，以《基础设施和公共服务领域政府与社会资本合作条例》等形式，将公私合作特许经营项目的采购问题进行统一规范，划定采购形式的范围，推荐重点推行的方式，如竞争性磋商或者竞争性谈判，以解决在公私合作特许经营项目采购具体操作中法律依据不统一的问题。即在采购方式、采购程序、采购法律责任、争议处置等方面，具有统一的法律依据，便于实施机构通过采购选择优秀的社会资本方开展公共服务，以及签订完善的特许经营条例。在条件成熟时，通过将《政府采购法》《招标投标法》合并或修改，彻底解决在一个领域两法并存的问题。通过法律制度的完善，可以保障公私合作特许经营项目建设运营的顺利进行，从而有利于降低财政风险。

5.7.1.2　统一公私合作特许经营项目采购监管体制，防范财政风险

随着法律问题的解决，在监管体制上也可以逐步实现统一，由财政部门

或发改部门统一监管，以克服政出多门，监管不力的问题。通过加强对公私合作特许经营项目采购的监督管理，有效治理在采购过程中容易出现的围标、串标等弄虚作假、违法违纪行为，保证采购活动的公正、公平和公开，为特许经营选择到优秀的合作方，签订较为完善的公私合作特许经营协议，为社会提供急需的公共服务，防止因为合作方选择不当，或者特许经营协议签订不当而给政府财政带来的损失。

5.7.1.3 进一步做好 PPP 项目政府采购信息公开工作，有效控制财政风险

根据我国公私合作特许经营项目建设运营的发展，逐步推进公私合作特许经营项目政府采购信息公开工作。首先，对公私合作特许经营项目政府采购信息公开中涉及的"国家秘密"和"商业秘密"进行明确界定，凡不涉及的就要公开，防止借"国家秘密"和"商业秘密"之名，逃避信息公开。其次，在现有信息公开的基础上，将公私合作特许经营项目合同的主要条款向社会公布，包括项目公司股权结构、合作期限、合作方式、项目范围、中标价格、社会资本合理回报模式、公共服务质量考核指标等，这样有利于社会公众和其他主体监督，维护社会公共利益；最后，在公开公私合作特许经营项目合同主要条款的基础上，当条件成熟时，公布公私合作特许经营项目合同，全面接受社会监督。

5.7.1.4 在招投标中消除歧视性条款，鼓励公平竞争

在招标条件的设置中，其条款能够满足项目建设需要即可，不能设置过高的条件，把可以参加招投标的民营企业排除在外，甚至给有些企业量身制作，有意让某些特定的央企或国企中标，形成不公平竞争。在公私合作特许经营项目政府采购管理中，首先，主管部门要加强招标信息发布的审查，发现招标公告存在明显歧视、排他条款的，立即责令其改正，对多次出现这种情况的招标人或招标代理人给予处罚。其次，主要部门要做好投诉案件的处理工作。在接到有关存在歧视条款或争议条款的投诉后，立即立案调查和处理，如证实确实存在歧视性条款和行为的，对招投标结果予以废标处理，并

对当事人进行相应的处罚。如果双方当时对行政主管部门投诉处理不满意，可依法申请行政复议或向人民法院提起诉讼。

5.7.2 进一步完善公私合作特许经营协议的管理，防范和化解财政风险

5.7.2.1 明确界定项目内容和性质，防止特许经营泛化

根据现行《基础设施和公用事业特许经营管理办法》规定，公私合作特许经营项目主要集中在有一定收益的基础设施和公用事业领域，有些项目收益能够覆盖其成本，满足社会资本方合理回报的需要，但有些项目由于受价格管制等原因，收益不能覆盖成本，不能满足社会资本方合理回报的需要，需要政府财政一定的补贴。这两类项目都有公益性特征，均属于公共物品或准公共物品范围。不包括科技、教育、文化、卫生等以纯公共物品服务为主的领域。因此，在我国公私合作特许经营项目发展中，要防止各类项目包装，即把不属于公共服务范围内的经营项目，或者纯公益性项目包装为公私合作特许经营项目，盲目扩大公私合作特许经营规模，增加地方政府隐性债务负担，最后难以实现可持续发展，不能为社会提供优质公共服务。

5.7.2.2 建立合理的回报机制，减少政府隐性债务的产生

加强公私合作特许经营项目协议管理，严格禁止各类政府兜底的回报率。第一，建立合理回报率指导线制度。鉴于公私合作特许经营项目的公益性，在一定时期内，根据全社会平均利润率、行业平均利润率等信息，财政部等主管部门，可定期公布一定时期内公私合作特许经营项目合理回报的指导线，为有关项目的实施部门和社会资本方谈判、签订协议提供指导。第二，在合理回报方式上，优先选择使用者付费和可行性缺口补贴，谨慎选择政府付费。同时，为了合理减少社会资本方风险，政府可以对污水处理等项目的最低业务量给予保证或者补贴，但不能有固定收益的承诺。

5.7.2.3　建立完备的风险分配机制

公私双方要在前期论证、调查研究的基础上，对项目的所有风险按照风险矩阵进行排列，且在双方之间合理分配。即按照法律规定的要求，将做出的约定内容以合同条款形式呈现，不留空白区域，不承认模糊性承诺；将口头约定、不正式协议等正式化，以法律形式保证其可以顺利执行。因此，特许经营协议条款必须在合法性的基础上做到科学合理，透明可监督，为项目建设运营提供明确的法律保障。

5.7.2.4　建立特许经营协议再谈判机制，防范财政风险

在公私合作特许经营协议中，需要安排相应的再谈判机制，以应对一些在协议签订时难以预料的事项，维护公私双方的利益。可以选择的方式包括：第一，定期对协议执行情况做出评估，必要时经双方协商，对协调中的某些条款进行修正，以适应新的形势发展，维护项目的正常运行。第二，对收费价格的变化做出调整，可依据通货膨胀率的预期明确调整的幅度。第三，设置处理突发事件的调控机制。

5.7.2.5　关注项目融资的可实现性，防止因项目失败而导致的财政风险

在公私合作特许经营协议中，需要关注项目融资的规模、结构等问题。当社会资本方与银行组成联合体，共同参与特许经营项目投标时，其融资方案实现风险较小，可以基本认为其满足项目融资条件。但当施工单位等单独参与投标时，项目融资的风险就需要在采购阶段进行充分的测评，对投标方的资质、信用、资金等方面做全面考察，对提交的融资方案中的前提条件、细节、结构，以及相应的合同进行全面的了解和评估，确认融资方案的可实现性达到一定程度，才可接受评估对象作为公私合作特许经营项目的合作方。另外，政府还应在力所能及的范围内，给社会资本方融资提供一定的帮助，如撮合金融机构与之商谈等。

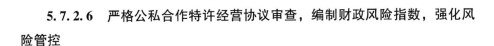

5.7.2.6　严格公私合作特许经营协议审查，编制财政风险指数，强化风险管控

在公私合作特许经营协议签署过程中，财政部门是主管部门，负有监督职责，而在协议签署之前，要经政府审查同意。根据我国在公私合作特许经营协议签署过程中存在的问题，在财政部门的监督和政府对协议的审查中，需要重点审核以下内容。

第一，公私合作特许经营协议的合法性。即协议要符合《中华人民共和国合同法》《政府采购法》《中华人民共和国预算法》《招标投标法》《基础设施和公用事业特许经营管理办法》，以及财政部、国家发改委等部门有关公私合作特许经营方面的管理制度、政策文件的规定。协议的内容不能出现违法违规的问题。

第二，公私合作特许经营协议的全面性。即公私合作特许经营协议要覆盖项目建设经营的各个环节、各个方面，保障项目的健康运行。关于公私合作特许经营协议的内容，《基础设施和公用事业特许经营管理办法》已有基本的规定，财政部、国家发改委都有政府与社会资本合作合同的范本。

第三，公私合作特许经营协议的准确性。在财政部门监督和政府审核过程中，对协议中的条款要逐项审查，修订表述不精准、不明确的调控，保证项目建设运营的顺利进行。

第四，公私合作特许经营协议的可行性。公私合作特许经营协议内容复杂，执行时间长，财政部门监督和政府审核过程中，要审查协议条款的可行性，即能够为公私双方所接受，协议条款所描述的方案、路径能够转化为现实，能在项目建设运营中落实。

在上述审查的基础上，还可以编制公私合作特许经营项目协议财政风险指数，以数量化的方式，反映财政风险程度。其基本思路如下：通过设置有关财政风险指标，对公私合作特许经营项目协议所包含的财政风险进行全面反映，并对有关指标进行赋值，通过专家打分等方式确定各个指标的权重，以一定时期特许经营项目财政风险指数的平均值为基数，计算该项目的风险指数，指数值越高，说明财政风险越大。该风险指数选择的主要

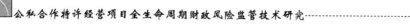

指标如表5-3所示。

表5-3 公私合作特许经营项目协议财政风险指数

项目协议阶段	一级指标
项目建设阶段协议财政风险评价指标	项目建设用地政府承诺风险 行政审批政府承诺风险 政府介入风险 项目前期支出财政风险 政府违约风险评价 违约担保函的风险评价
项目运营阶段协议财政风险评价指标	项目回报方式财政风险评价 最低供应量政府保底风险评价 特许经营条款政府风险评价 政府回购风险评价 违约担保函的风险评价 政府介入风险评价 再谈判机制风险评价 价格调整机制风险评价 抵押融资风险评价 法律变更风险评价 不可抗力风险评价
项目移交阶段协议财政风险评价指标	项目终止提前移交风险评价 法律变更风险绩效评价 移交组织风险评价 移交程序风险评价 移交范围绩效评价 移交标准绩效评价 移交保证期风险评价 交保函风险评价 相关担保保证的评价 不可抗力风险的评价

资料来源：作者自行绘制。

第6章

公私合作特许经营项目的执行
与财政风险管理技术

公私合作特许经营项目的执行阶段，包括两个具体阶段——建设和运营，是项目的两个重要环节。公私合作特许经营项目的财政风险从执行环节开始，项目将面临施工建设、正式运营的各种风险。

6.1 公私合作特许经营项目建设与财政风险管理

项目的建设阶段，涉及土地征用、房屋拆迁、建设工期、工程质量、工程监理、工程进度，以及竣工验收等一系列的工作，每一项任务都直接或间接的和财政风险相关。

6.1.1 征地拆迁

6.1.1.1 土地使用权获得方式

（1）按照政府在征地相关工作中起到的作用大小，可以将征地的具体形式分为两类，一类是由政府方主导土地使用权获得工作，另一类是政府参与土地使用权获得工作。

（2）按照土地使用权获得是否付出对价可以分为有偿取得和无偿取得，

有偿取得方式是指通过国有土地出让（招拍挂/协议）、租赁、土地使用权作价出资或入股三种具体形式获得土地使用权，无偿取得主要指通过无偿划拨形式取得土地使用权。

目前，以国有土地出让方式获得土地使用权为主要形式，租赁方式为补充形式是我国公私合作特许经营项目建设用地供应的整体特征，作价出资（入股）形式的项目较少，国内尚未有较成功的案例作为经验借鉴。

6.1.1.2　建设用地使用权审查报批

建设项目用地的合法性，是保持项目合法性、顺利获得项目建设用地，以及开展拆迁工作的重要环节。没有经过建设用地使用权审查报批环节的拆迁，以及相应的建设工作都将被视为违法违规的行为。

根据《国土资源部关于修改〈建设用地审查报批管理办法〉的决定》第二次修订中的规定，建设用地的审查批报工作由各县级以上的国土资源主管部门组织，受理申请方的申请，完成报批流程。报批流程主要包括：（1）用地预申请；（2）用地申请；（3）先行用地申请。

6.1.1.3　征地拆迁财政风险

第一，征地拆迁时间延误风险。征地行为的行政属性决定了征地风险应当由政府承担，对政府提出了按时、按预算成本征收土地的要求。另外，项目选址的水文地质条件，也可能对完成拆迁时间形成阻力，即使做足充分的准备也可能会因遇到突发状况耽误拆迁工作，所以征地拆迁时间延误风险还是存在的。一旦征地拆迁延期，影响工程进度，就有可能出现项目公司向政府索赔的情况，形成财政损失和风险。

第二，征地拆迁款风险，即政府补偿成本变化风险。项目用地由双方协商一致后选择，社会资本方在征地补偿款发放环节难以发挥作用。拆迁工作需要得到政府的支持，在此期间可能面临的财政风险主要是拆迁工作推进不易而导致项目迟迟无法开工，也可能由于面临通货膨胀，整个土地价值产生变化而造成拆迁补偿成本增加，致使公私合作特许经营项目出现大笔预算外支出，政府有可能需要向社会资本方做出让步，从而形成财政风险。

第三，负面舆论评价风险。公私合作特许经营项目目前以污水处理、垃圾焚烧、基础设施为主，其中一些项目在建设和运营期间会给周边环境带来巨大影响，基于"邻避效应"，极容易受到周边群众的反对和抗议。例如，拆迁过程不排除会遇到拆迁户不愿配合，恶意阻挠项目进展，以求获得更高拆迁补偿款的情形，如果这种情形没有得到妥善处理，可能会给公私合作特许经营项目带来部分负面评价，对政府而言既耽误项目开展，也对拆迁工作以及整体成本控制带来巨大压力。

第四，环境与文物破坏风险。在选定地址上动工建设新的项目，难免会对原本的环境造成影响与不便，还可能对当地的文物造成影响。当项目建设过程中出现对环境的重大破坏，或者重大文物线索时，需要对项目进行重新规划，可能要求绕远线路，使得建设周期延长，物价上涨，增加环境保护和文物保护支出，这都有可能对财政支出提出新的要求。

6.1.2 工程质量风险

工程建设可以发包给建筑企业，也可以由项目公司组织建设，质量风险由相应单位承担。但工程质量出现问题，导致特许经营项目失败，也会使政府财政遭受损失。

工程质量风险政府已经转移给社会资本方，但特许经营项目的建设工程失败，使得项目无法向下一阶段推进，一个失败的项目，对政府前期投入的资金、资源人力，以及政府信誉等都会带来损失，建设工程出现问题也不易进行准确索赔，会形成财政风险。

6.1.3 工程成本风险

从工程成本风险的具体情况来看，在工程建设过程中，由于管理不善、设备原材料价格发生变化、贷款利率调整、人工成本发生变化等原因，导致工程的建筑安装成本、机器设备的购置成本发生重大变化，超过了工程概算的成本，给项目建设运营带来了新的困难和问题。

公私合作特许经营项目的成本并非由政府或者社会资本方一力承当。在特许经营协议约定范围内，如果政府与社会资本方共同出资成立项目公司，那么对于项目概算和竣工决算成本，双方可根据项目公司中公私双方所占股份的比例，承担相应的项目支出。

6.1.4 工程期限风险

影响工程期限的因素有很多，包括社会环境、工程技术等，任何因素的改变，都可能对项目的完成时间造成影响，进而导致项目不能按期顺利完工，不能在最合适的时间进入市场开始运营。施工单位执行力度不够造成的时间上的延误，不仅仅会对项目运营造成影响，还推迟了国有资本回收的周期，使项目收支与预算出现偏差，形成财政风险。在项目合同中，如果对工期延误的责任豁免规定不清晰，那么政府方对应当赔偿社会资本方的窝工损失、材料损失等情况就难以监控，财政风险也会随之形成。

6.1.5 环境保护风险

在特许经营项目建设阶段，当地的环境保护政策会起到约束和规范作用。为了适应环境保护的要求，项目可能会面临建设规划的改动和调整以及技术标准的提高，若是在建设阶段出现国家重大环境政策的变化、环境法律制度的修改，以及有关环境标准的调整，那么就有可能出现要求修改工程设计，暂停施工等状况。这样，可能会需要增加项目投资成本，严重的甚至需要停工整顿，耽误整体建设工程进度。

6.2 公私合作特许经营项目运营价格管理与财政风险管理

产品与服务的价格与供求关系相关，受市场供求关系影响，但公私合作

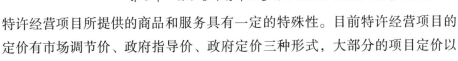

特许经营项目所提供的商品和服务具有一定的特殊性。目前特许经营项目的定价有市场调节价、政府指导价、政府定价三种形式，大部分的项目定价以政府指导价为价格上限，使用市场调节价。

6.2.1　现行价格管理制度

6.2.1.1　项目定价相关政策依据

从全国来看，在价格政策的制定方面，公私合作特许经营项目并没有专门的法律法规，主要使用国家统一的价格管理规范性文件，对特殊情况下公私合作特许经营项目的价格制定指导性不强。全国各地政府在进行公私合作特许经营项目实践时，对项目价格制定的前期、中期、后期工作都展开了一定的探索和经验总结。

6.2.1.2　项目价格的形成

公私合作特许经营项目的定价机制关系着项目利益与风险分配，是公私合作特许经营模式能否发挥作用的重要条件。

（1）项目定价原则。第一，合法合规原则。公私合作特许经营项目所涉及的产品和服务，由市场进行定价者较少，由于涉及的行业、领域的特殊性，关系国计民生，具有公益性，因此由政府根据相关规定进行科学定价的情况居多。不少地方政府对项目定价内容提出了明确的规范性意见，公私合作特许经营项目定价机制的设计，必须在合法框架之内进行，不能因追求利益而进行违法违规操作。

第二，适当补偿合理获利原则。政府对项目的财政补偿和补贴是付费机制的重要内容，政府对项目的各项补助内容应当遵循适当原则，对项目确实难以以自身资金和运营收入弥补的成本和必要支出部分进行帮助。

第三，公平透明原则。公平透明原则要求对特许经营项目所有的参与方做到充分尊重，政府和社会资本方按照各自承受风险的能力承担相应的风险，公平负担项目责任。与此同时，社会公众为了从社会资本方获得公共物品和服务所付出的费用也应做到公平。

（2）项目价格定价的基本路径。一般而言，公私合作特许经营项目的定价步骤主要有五个方面：第一，需要确定公私合作特许经营项目的收益来源。第二，通过第三方尤其是咨询机构测算出特许经营项目产品或是服务的初始价格。第三，通过采购确定基准价格。第四，核准公私合作特许经营项目收费价格。第五，根据执行过程中的运营成本、市场形势等对价格进行动态调整。

6.2.1.3　公私合作特许经营项目定价方法

目前公私合作特许经营项目的定价方法主要集中为以下几类：风险与收益定价法、博弈定价法、实物期权定价法、多目标规划定价法、现金流量定价模型、边际成本分析定价等。

（1）风险与收益定价法。在项目定价上，特许经营协议中有设计具体条款对项目定价进行详细约束和管制。具体来看，考虑到特许经营项目性质的特殊性，在制定定价机制时，不仅要考虑成本与收入，还应统筹考虑特许经营协议中规定的特许经营期、政府财政补贴、投资回收率等内容。

（2）博弈定价法。公私合作特许经营项目使用博弈定价是以市场信息为基础开展的，制定最优定价的过程，也是各项目利益相关方利益博弈的结果。

（3）实物期权定价法。实物期权是指存在于实物资产投资中，具有期权性质的权力①。实物期权定价法是现金流折现的调整形式，其认为风险可以带来损失，同时也会带来收益。通过将风险视为中性来提升应对风险的实力，利用有效的资源、人员等配置，克服风险的不确定性，从中获得收益。将风险中性的估价方式，引入传统的现金流折现模型，评估不确定情形下特许经营项目的价值。

（4）多目标规划定价法。多目标规划定价法通过协调各利益相关者的关系，为政府实现公共利益最大化，社会资本方实现既定投资回收率、完成利益最大化，以及使用者满足消费者剩余最大化的目标进行定价设计，实现整

---

① Grenadier S R. Valuing lease contracts：A realoptions approach ［J］. Journal of Financial Economies，1995，38（3）：297－331.

体目标最优化。

根据政府、社会资本方、使用者的利益需求建立目标函数方程，既考虑政府利益也满足社会资本方与使用者的利益，充分考虑特许经营项目的性质、需求状况、财政补贴的负外部性效应，动态多角度多目标地建立定价模型，进一步提高项目价格机制的灵活与适用性。

（5）现金流量定价模型。通过对项目现金流量状况来对价格进行制定和调整，项目现金的流入与流出反映整体的盈利能力。现金流量定价模型对项目实际净现值、项目预期净现值、项目实际市场需求量等因素进行详细的定量化测算，对项目执行阶段的重要指标进行对比分析，以此作为定价的依据。

（6）边际成本分析定价法。边际成本分析定价法是将社会边际成本纳入定价机制中，通过这样的形式对社会资本方收取项目服务费用时定价不合理的行为做出约束，同时边际成本分析法提倡定价机制的设计包含一定的正向激励措施，以此代替不正当的激励手段的存在。

6.2.2　执行中价格的调整

执行阶段需要充分结合市场最新信息，来对服务价格进行不定时或者周期性的调整。同时，项目所使用的生产技术水平，以及社会资本方的管理水平也在不断地优化更新，特许经营项目成本也会随之产生变化。

6.2.2.1　价格调整的原则

价格调整要遵循可持续发展原则。价格调整机制的应用贯穿整个执行阶段。对每一个调价周期而言，最终价格调整方案的执行，不应影响项目的正常运营能力。以成本结构为主要参照标准，在实现基本投资回报率的基础上，不断降低项目运营成本，不增加消费者负担，在实际执行价格的基础上，社会资本方能够自主发展、自负盈亏。

价格调整要遵循可操作原则。价格调整公式以及调整模型，都需要对数据的可获得性和结果的科学可靠性做出要求，要确保能够在现有数据的基础上，实现对价格的精准调控，在市场反应时间内对价格做出修正。

价格调整要遵循真实客观原则。项目价格调整必须服务于项目价值的实现，以及各参与方实现共赢的初衷，真实反映项目价格影响因素的变动幅度。

价格调整要遵循定量分析和定性分析相结合原则。利用前沿技术，建立价格调整模型。通过复杂、精确的模型分析，以专业角度对项目的影响因素进行选择，通过考察各个影响指标对项目的影响程度大小，以大量的数据和严密的逻辑论证获得价格调整的依据。

价格调整要遵循激励相容原则。价格与激励机制相结合，正面激励与反面激励双管齐下。项目阶段性运营成果反映社会资本方对项目所涉及公共资源的利用程度，若是社会资本方怠于执行项目合同中规定的合同义务，致使合同约定的质量标准、数量标准未能达到，应当对价格机制中涉及的政府财政补贴、优惠政策力度进行调整，给予社会资本方警告与惩罚。

6.2.2.2　价格调整的影响因素

项目价格调整主要受收入和成本的影响，必须在外部环境发生变化时进行调整，保持适当的价格调整频率，以便及时、准确反映项目的运营信息。

内部影响因素，包括运营成本、管理水平、产品质量、服务价值等。社会资本方可以在项目执行阶段通过使用先进生产技术来不断提高生产效率、提升管理水平，确保产品和服务的优质性，自主控制内部影响因素。

外部影响因素，包括市场供求状况、国家税收政策的变更、金融市场波动、行业技术生产标准的调整、通货膨胀、利率波动等。社会资本方和政府对这部分影响因素的控制不容易实现，只能根据具体形势的变化做出最优的选择和处理办法。

6.2.2.3　价格调整机制

（1）公式调整机制。公式调整机制的适用范围较广，是交通基础设施项目以及公用设施项目调节的常用方法。使用公式调整机制的关键条件，就是项目的价格与各影响因素之间存在明确的数量关系，能够建立起完整且有较好拟合程度的价格形成公式。

（2）社会平均调价公式。社会平均调价公式利用统计部门使用的平均价格来衡量下一阶段政府价格的调整幅度或是政府补贴的力度。下一年的具体执行价格以基础价格乘以调价系数为依据，基础价格可以视情况选择计算，调价系数是当年价格或是近几年历史价格。

社会平均价格调价公式的基础表达式为：

$$P_n = P_{n-2} \times K \tag{6.1}$$

$$K = a(E_n/E_{n-2}) + b(L_n/L_{n-2}) + c(Gh_n/Ch_{n-2})$$
$$+ d(SI_n/SI_{n-2}) + e(CPI_n/CPI_{n-2}) \tag{6.2}$$

其中，n 为决定调价年份，通常取值范围为 3~4；P_n 为调价后价格；a、b、c、d、e 取值由项目公司收取的服务费构成变动，以及项目公司的财务分析进行修订；E、L、Ch、SI、CPI 可以代表电费、工资、材料成本、运输成本、零售物价等。所有数据以统计局的统计口径为准，若有无法获得详细数据的指标，可以由政府与项目公司协商决定替换新指标，各调价因素的权重需要在事前进行明确。

（3）企业成本调价公式。企业成本调价公式规避了社会平均调价公式的缺陷和不足，为项目定价调整机制提供了更为科学、可靠的方式。与社会平均价格调整公式类似，调整后的价格是在调价前价格的基础上乘以调整系数，作为基础价格的数据来源于前一年实际价格。

企业成本调价公式的表达式：

$$P_{n+1} = P_n \times K \tag{6.3}$$

$$K = a(E_n/E_{n-2}) + b(F_n/F_{n-2}) + c(G_n/G_{n-2})$$
$$+ d(L_n/L_{n-2}) + e(M_n/M_{n-2}) + \cdots \tag{6.4}$$

其中，n 代表调价区间，每隔 n 年价格调整一次，通常 n 的取值范围为 3~4；P_{n+1} 是调节年份的价格；E、F、G、L、M 代表项目在运营过程中产生的消耗以及价格，如各类消耗的购进单价、外购服务的价格、工人薪资，以及福利和其他成本费用开支等。所有数据均使用企业公开的财务报表中的数据，真实可靠程度高。

（4）基准比价机制。基准比价机制较少使用于交通基础设施项目以及公用设施项目，更多地被用于对公共服务类型项目进行价格调节。基准比价机制的价格调整依据是同类商品的市场价格，若项目价格与同一时期的同类产品或服务的市场价格存在较大的差异，那么将触发调价机制，由政府和社会资本方（项目公司）协商是否需要进行价格调整以及价格调整的具体安排。

（5）市场测试机制。市场测试机制通过将市场价格与项目当前价格进行比较，得出是否需要调价的结论，但与基准比价法不同的是，市场测试机制获得市场价格的方式是重新采购。

6.2.2.4 调价方式

特许经营项目执行阶段中，影响因素会发生变动，因此项目需要进行不断修正和完善价格机制，在成本结构、收益分配以及价格管制等价格机制具体内容的主导下，对现行价格进行调整需采取恰当的方式。

（1）成本和费用转嫁。公私合作特许经营项目对使用者收取使用费，是将一部分项目建设与运营的成本与费用转移交由使用者承担。

（2）价格指数化。价格指数化调整，是指通过计算一系列产品或者服务的价格变动指数，及时跟上市场价格的变化形势，定期的价格指数化调整有利于项目获得长期稳定收入。但这种调整，容易引起物价和通货膨胀的恶性循环，在一般情况下不主张采用。

（3）重置化以及定期价格调整。定期对价格重置设计，往往出于对项目生命周期较长的考虑。由于价格重置化对原有价格变动较大，需要对重置目标、重置频率、重置形式等具体重置方案进行确定，与各参与方达成一致。项目价格的重置在原来的定价原则的基础上，要更重视对特许经营项目应对突发状况时的财务处理能力。重置的频率一旦确定，就需要按时对项目价格进行新一轮的设计，但突发状况需要及时对项目价格作出调整，也应及时处理，保证项目价格机制具有充分的灵活性、适应性、可操作性。价格重置涉及各方利益，需要在公私合作特许经营协议中列出相应规则。

6.2.3 我国公私合作特许经营项目价格管理存在的主要问题

改革开放以来，我国就开始在基础设施和公共服务领域探索公私合作特许经营模式，其服务价格的管理也经历了由计划经济体制向市场经济体制转变。从总体上来讲，各个时期的价格管理推进了公私合作特许经营项目的发展，同时，也存在一些亟待解决的问题。

第一，一些公私合作特许经营项目协议中缺乏价格调整机制。由于各种原因，有些公私合作特许经营项目协议中没有价格调整机制，因此在项目运营的过程中，出现了市场价格的较大波动，需要调整价格时，就需要双方重新谈判、修改协议。在这种情况下，如果双方意见分歧较大，就很难达成协议，往往不了了之，或者导致项目失败。

第二，部分公私合作特许经营项目价格调整滞后，政府财政补贴压力增大。由于公私合作特许经营项目价格大部分属于政府定价，或者政府管制价格，其价格的调整，在现行制度下，需要履行一定的法定程序，有时时间比较长。

第三，公私合作特许经营项目价格调整缺乏激励机制。我国现行基础设施和公共服务公私合作特许经营项目的定价方法主要是成本＋税金＋利润，在税金、利润率一定的情况下，只要成本上升，且真实性经过了主管部门的监审，就要求提高价格。

第四，公私合作特许经营项目价格监督机制不健全。在公私合作特许经营项目价格监督中，政出多门，难以形成监管合力。

6.2.4　国外公私合作特许经营项目价格管理经验借鉴

发达国家对政府投融资模式的探索和应用开展较早，公私合作特许经营模式作为政府与社会资本合作的基础形式之一，其应用也十分广泛。因此发达国家在特许经营项目价格管理上进行了很多的探索与研究。

6.2.4.1　英国

英国对于公私合作特许经营模式下的价格管理有完整的体系，对项目价格管理进行了科学的设计。具体有以下几点。

（1）项目价格监管法律制度。英国的法律属于英美法律体系，只要没有明确禁止都属于法律允许的范围。英国对特许经营没有也无须进行专门的法律进行规范。1980 年英国政府出台了《竞争法》，并在 1998 年对其进行了重新修订，2002 年又颁布了《企业法》，相关法律不仅明确定义了垄断行为，还对监管机构和监管手段作出了规定①。与此同时，《公共合同法》《公用事业单位合同法》《政府采购法》等通用法律也成为英国政府对公私合作特许经营项目进行规范的法律依据，更细化的政策性文件还包括《关于公私协作的新指引：公共部门参股 PF2 项目的条款磋商》《PFI/PPP 采购和合同管理指引》《PFI/PPP 金融指引》等，通过上述对特许经营项目的价格管理规范性文件，英国逐步细化对特许经营项目的要求，也形成了较为完整、覆盖面广的价格监管法律体系。

（2）项目价格监管机构。2016 年英国进一步对政府与社会资本合作（PPP）项目的监管机构进行整合，基础设施建设局与内阁机构重大项目局合并，新机构主要负责基础设施项目以及重大转型项目各环节的工作，即英国基础设施和项目管理局（Infrastructure and Projects Authority，IPA）对财政以及内阁负责。

（3）价格管制。对于一般的特许经营项目，其价格要根据项目成本等因素确定，但在公共基础设施等关系到国计民生的行业，应采取较为严格的价格控制。如从 2017 年 10 月 1 日起，英国将按照天然气和电力供应许可证标准条件 28A（SLC 28A）中规定的方法，对预付款价格上限的水平进行调整。按照规定，除非管理局指示供应商采用另一种做法，否则所涉及的业务收费均采用非高峰期与高峰期之间 38% ~62% 的假设消费比例进行收费。预付款电表价格上限于 2017 年 4 月 1 日生效，该上限是临时的，适用于非固定交易和无互操作智能电表的预付费电表客户。供应商可以按上限或下限定价，但不能收取更多费用。

6.2.4.2　法国

（1）价格监管法律制度。从名称上来看，法国也没有针对特许经营模式颁布专门的管理和约束法令。法国颁布了《公平交易法》和《关于价格和自

---

①　国家发展改革委赴英国市场价格监管培训团，罗泽衡，路义忠. 英国市场价格监管及反垄断执法［J］. 中国价格监督检查，2009（12）：47－49.

由竞争的法律》，充分利用市场功能为特许经营项目定价，加快公私合作的市场化进程。为了给公私合作特许经营模式提供公平竞争、透明公开的市场环境，法国还加快了对价格审查程序的完善和改进，进一步落实了对市场垄断行为、项目不正规操作行为的执法力度。

（2）法国特许经营项目价格管理要点。对于特许经营模式项目而言，价格管理是非常关键的问题，法国对价格的掌控主要体现在以下几方面：第一，不管是任何一种具体形式的特许经营，包括委托形式，价格的最终确定都需要经过市政议会讨论通过，不得以私下协商或是任何其他形式绕开市政议会的指导价格。第二，价格由第三方咨询机构在科学方法指导下，通过合理预测，以及推算而得，论证严谨而周密。第三，对价格进行定期的调整和复核，针对特许经营项目的价格变化与支付给社会资本的金额，政府需要在一个固定的周期对价格进行重新制定以及修正，价格调整的频率保持大概每四、五年一次。第四，执行价格仲裁机制。第五，法国政府保留对项目价格的干预权力，若是确认社会资本没有按照特许经营协议价格提供产品或服务，在情况严重时可以解除与对方的合同合作关系。

（3）项目价格监管机构。法国中央政府中对公私合作特许经营项目价格负责监管工作的主要是财政部和经济部，统领并对经济发展工作以及财政采购管理负责。此外，还由国家竞争委员会负责对违法违规行为作出处罚，以及提供咨询，该机构与其他机构保持相对的独立，以确保对违法违规行为做出处罚的公信程度。特许经营价格监管机制还覆盖了财政部公共采购经济观察处（The Economic Observatory，EO）与财政部法律事务指导处（Direction des Affaires Juridiques，DAJ）两个机构。

6.2.4.3 美国

就基础设施建设领域而言，美国政府与社会资本合作（PPP）项目的金额远不如私人部门占有的比例高。自遭遇金融危机以来，美国政府压力增大，为了缓解政府的支出压力，尽快恢复公共物品和服务的提供效率，美国政府大力推动政府与社会资本合作模式，使其进入快速发展阶段。

（1）项目监管法律制度。与其他国家的政体结构相比，美国的各级政府享有较大的自治权力，可以根据州和地方的不同需要对 PPP 项目进行详细的规范和约束。为了确保价格法律体系的灵活性，美国联邦并未对项目进行统一的规范，而是将立法权力交由各州和地区自主行使，制定有针对性、地域特点的法律和政策内容同时自主约束 PPP 项目的全过程。截至 2016 年 4 月，美国已有 37 个州和地区发布 PPP 相关法律法规。由于美国 PPP 项目大多集中在交通领域，各州和地区的 PPP 法律政策也主要由交通部门组织发布[①]。

（2）项目价格监管机构。受到美国自由主义经济体制的影响，价格管理工作主要由司法部下设的反垄断局以及联邦贸易委员会负责，没有设立项目价格专门监管的机构。

（3）公正收益率法。在提供公共服务和产品上，美国广泛应用的价格管理方法是公正收益率法。该方法最初被应用于交通领域，专为解决美国铁路垄断的局面而设计。简单来说，就是将变动成本总额，资本成本总额与公正收益率之积，两者相加，相加之和与项目整体收入数额相等。通过项目运营数据的收集，公正收益率法方法所涉及的可变成本、资本成本总额、公正收益率、整体收入都可以获得确切的资料。

6.2.4.4 各国经验借鉴

通过上述分析可以看出，各国在公私合作特许经营项目价格管理过程中，政府都采取一定的措施，对价格进行一定的调控，以实现政府特许经营的目标，如英国的价格上下限制度、法国以成本管理为基础的审批制度、美国的收益率法制度等，这也说明以特许经营方式提供的公共服务，其价格是一种政府调控下的价格，不是完全由市场调节的价格。当然，各国在公私合作特许经营服务价格调控中，充分考虑和发挥了市场机制的作用，是一种以市场为基础的政府调节价格。各国在公私合作特许经营项目价格管理中，一般都有明确的管理机构，管理责任明确。

---

① 赵阳光. 政府和社会资本合作（PPP）项目价格机制研究 [D]. 北京：中国财政科学研究院，2017.

6.2.5　价格的监管与财政风险

在公私合作特许经营项目运用过程中，价格监管对财政风险的控制十分重要。政府在对特许经营项目的运营，以及实际社会资本方获得的投资回报率相关信息方面，存在不对称的风险，容易过高或过低估计项目的盈利能力，从而引起价格机制部分失灵。调价机制监管，应做到与项目绩效评估结果相结合，通过绩效评价结果，对价格机制监管效果进行修正与调整。公私合作特许经营项目涉及多个管理部门，物价、发改、审计、财政等部门均对价格负有监督责任。在这种存在众多监管机构的情况下，特许经营项目价格机制监督管理更强调各部门、机构之间的相互协助、相互配合，及时沟通。

6.3　公私合作特许经营项目付费方式与财政风险管理

公私合作特许经营作为我国在公共事业以及基础设施领域的重要经营模式，其付费方式是核心内容之一。付费方式也称为特许经营项目回报机制，是政府与社会资本方建立长期稳定合作关系的关键。在"风险分担、利益共享"的核心原则下，特许经营项目运营期间的经济效益为政府和社会资本方共同分享。目前，使用者付费、政府付费、可行性缺口补贴，是公私合作特许经营项目常用的几类付费方式，也是项目收入的主要来源。

根据《政府和社会资本合作模式操作指南（试行）》中的规定，"付费机制是 PPP 项目合同中的核心条款"，特许经营项协议中对付费方式的规定关乎着政府承担的财政风险，合理的公私合作特许经营项目付费方式，需要做到既尊重社会资本方的经济追求，也能满足政府希望实现的社会效益。

6.3.1　付费方式设计原则

付费方式的设计，关系着特许经营项目收益以及政府支出，是鼓励社会资本积极参与提供公共物品和服务中一个重要内容。

6.3.1.1 保证社会资本获得合理利润

"获利但不暴利"是公私合作特许经营项目付费机制的重要原则，这是由公私合作特许经营项目的性质决定的。获得合理利润是项目开展的前提，双方通过谈判希望达成协商一致的重要内容之一，就是确保社会资本方在合理范围内具有盈利能力而不能获取暴利。

6.3.1.2 充分利用项目潜在运营能力

公私合作特许经营项目，主要以基础设施建设，以及养老、医疗等领域内容为主，具有较强的正外部性，与一般项目相比运营能力有限，投资回报率较低，需要充分利用项目的潜力进行运作。

6.3.1.3 灵活设计付费机制

付费机制的设计是一个复杂的过程，会受到诸多因素的影响。付费机制的设计需要考虑特许经营项目执行周期长、参与方众多的性质，更需要根据市场等因素进行灵活安排。

6.3.2 付费机制设计依据

付费机制的设计，要充分考虑项目的性质、风险分担机制、盈利模式、优惠政策、财政承受能力、特许经营期限等因素，结合国内外经验，制定最适合的付费机制。

6.3.2.1 项目性质

根据项目性质，可将公私合作特许经营项目根据盈利能力划分为三类：经营性项目、准经营性项目和非经营性项目，对于不同性质的公私合作特许经营项目，设计付费机制也应做出适当调整和区别。

（1）经营性项目。经营性项目的盈利能力较好，通过向使用项目的对象收取一定的费用即可获得较为可观的项目收入。这类项目较常见付费方式是使用者付费。

（2）准经营性项目。准经营项目在盈利能力上稍逊于经营性项目，具有一定的盈利能力，但难以完全依靠项目自身运转获得合理利润，经济效益并不明显，在完成资本回收目标上有一定难度。该类项目提供的产品和服务进入市场，市场运营的收入无法弥补资金投入，形成资金缺口，需要政府给予一定的政策扶持和资金支持。

（3）非经营性项目。非经营项目的盈利能力是三类项目中最弱的，常见的非经营性项目多数基本不具有盈利能力，难以通过特许经营项目在市场上的运转获得经济收益。因此，此类项目更需要政府主导，通过公私合作特许经营项目的形式开展，由政府付出资金来获得相应的公共物品和服务。

6.3.2.2 项目风险分担机制

除了特许经营项目正常运转获得的收益之外，项目还可能获得超额利润或是收到政府对项目某些风险的补偿。获得超额利润的同时项目需要面对超额风险，政府需要做的就是将超额风险与社会资本方进行合理划分，掌握能力项目承受风险的能力，在承受能力允许范围内参与超额利润而非暴利的获取。在风险分担框架下，政府对某些盈利能力较弱甚至缺乏的项目进行补偿也是付费机制与财政风险联系紧密的内容。

6.3.2.3 项目盈利能力

（1）产出与收益数量关系。项目产出与项目收益存在一定的数量关系，一旦能掌握项目产出的具体情况，就可以对项目的盈利能力做出预测，更科学地制定合适的付费模式。

（2）收益模式。公私合作特许经营项目收益模式，关系着项目经济效益的实现，是设计付费项目需要重点关注的内容。社会资本方通过项目取得收益的方式较多，如项目经营利润、政府可行性缺口补贴、政府奖励、项目搭配的可商业开发的土地等。

（3）成本结构。在保证项目支出运转的基础上，缩减项目支出，是优化项目盈利能力的要求。

6.3.2.4 优惠政策

对公私合作特许经营项目的政策优惠，也是社会资本方参与项目执行能获得的政府支持内容之一。2015 年 5 月，财政部、国家发改委和中国人民银行联合发布的《关于在公共服务领域推广政府和社会资本合作模式的指导意见》中提出，落实和完善国家支持公共服务事业的税收优惠政策，公共服务项目采取政府和社会资本合作（PPP）模式的，可按规定享受相关优惠政策[①]。

6.3.2.5 政府财政承受能力

在项目付费模式下，政府需要承担一定的支出责任，支付可行性缺口补助、政府付费等。在这类项目付费模式下，政府要能够保证按约定的时间、数量、条件支付相应数量的资金，保障社会资本方的合法权益。这需要政府对自身财政承受能力做出准确的评估，正确预测未来一定时间内政府财力的流入流出情况，避开支付的高峰，分散支付压力。

6.3.2.6 特许经营期限

公私合作特许经营项目的运行周期越长，为完成资本回收留下的时间越充足。在设计付费机制上要从长期考虑项目的收益，将特许经营期限作为重要的经济参数纳入付费机制设计的考虑中。

6.3.2.7 激励效果

通过付费机制，能否激励社会资本方对运营方式进行优化改良，例如绩效付费形式，在项目成本能够稳定回收的同时，使用何种方式进行付费能激励社会资本方不断提高效率和质量，积极应对市场竞争，促进经济发展，何种方式即为最优选择。

---

① 赵琦. 中国 PPP 理论与实操［M］. 北京：企业管理出版社，2017.

6.3.3　使用者付费

使用者付费模式主要适用于经营性项目，即特许经营项目本身具有一定的盈利能力，社会资本方通过经营项目获得的经济收入，能够覆盖已经发生的项目支出，并获得合理范围内的经济回报。

6.3.3.1　使用者付费项目的性质

使用者付费模式的公私合作特许经营项目，根据项目所在行业的竞争性程度可以分为垄断性项目和竞争性项目。

（1）垄断性项目，是指公私合作特许经营项目在所处行业中占据垄断地位，消费者在该特许经营区域内，根据生产经营和生活等需要或政策法律等规定，通常需要进行付费的项目。

（2）竞争性项目，是指公私合作特许经营项目所涉及的行业内存在较充分的竞争，不受产品或者服务供给者的限制，消费者根据个人意愿选择消费或者是不消费。

6.3.3.2　使用者付费使用形式

（1）使用者付费的定价方式。依据现有规章制度以及实践经验，采用使用者付费的项目定价主要通过以下三种途径实现，第一种是根据《价格法》的规定，以及地方政府对使用者付费项目模式的规章制度或政策，依照政策规范性指导的内容逐步推进；第二种是遵循以往的案例和实践经验，由政府和社会资本方对特殊公私合作特许经营项目经过双方协商一致进行项目价格的制定，并将明确的价格执行方案、调整方案、豁免责任等一并写入项目协议，以法律效力赋予定价机制效力；第三种更多依赖于当前的市场环境以及行业标准，项目定价市场化，不需要政府和社会资本方过多干预项目的收费及定价。

（2）政府参与使用者付费模式定价的考虑因素，具体包括：需求的弹性程度、使用者负担程度、价格范围的合法合规性等。

（3）政府参与定价的方式。根据现有的定价经验，政府对公私合作特许经营项目制定价格的参与方式，集中体现为项目所处行业制定统一价格或是设置价格最高上限，与社会资本方在双方合意的基础上约定特许经营项目价格或是制定价格最高上限。

6.3.3.3　排斥性条款与超额利润限制

（1）排斥性条款。排斥性条款也称作唯一性条款或排他性条款，是政府为了保证项目在建设及运营期间获得足够的消费者使用量，不会因为需求风险导致项目失败的保护机制。

（2）超额利润限制。针对超额利润的情形，使用者付费机制下也需对价格制定限制，具体可以通过约定投资回报率上限，在项目合同中价格机制部分对超额利润进行分配处理时，将其全部收归政府方所有来完成。

6.3.3.4　使用者付费方式下的财政风险

首先，体现在难以对超额收益进行分配和控制。其次，使用者付费项目的运营风险会向财政风险转化。垄断性项目的付费具有预测性，消费者在特许经营的期限和范围内会有持续稳定的消费行为，通过观察和统计消费者的习惯，结合消费者数量，能够大致得出项目在一段时间内的收入。而竞争性项目存在较大的不确定性，难以预测消费者是否进行消费，以及消费的频率，总体项目收益波动性较大。为了引导项目发展，前期需要政府给予一定的扶持和帮助，一旦发展成熟，政府应当不再给予保护性发展政策，否则会破坏市场的公平和效率，增加财政压力。

6.3.4　政府付费

政府付费项目多数属于非经营性公益项目，以实现社会效益为主，政府的出发点是保本微利，虽然难以实现社会资本方追求的高利润回报的目标，但是也应当尊重社会资本方正当、合理的利润。

6.3.4.1 政府付费形式的分类

目前，尚未统一公私合作特许经营项目的政府付费形式，根据适用项目的特点总结了三种主要的类型：可用性付费、使用量付费，以及绩效付费。

（1）可用性付费（Availability Payment），是指政府通过判断社会资本方所提供的项目设施或服务是否符合合同约定的标准和要求进行付费。

年度可用性服务费计算公式：

$$A = P \times \frac{(1+i)^n \times i}{(1+i)^{n-1}} \tag{6.5}$$

式（6.5）为政府年度可用性付费常用的一个公式。其中，A 表示年度可用性付费基数；P 表示竣工决算审计报告中确认的项目总投资（若政府不分红，P 值应减去政府出资部分）；n 表示运营年限；i 表示投资收益率[①]。在公私合作特许经营项目的使用量不能充分掌握，以及可用性实现更为迫切的情况下，政府对项目的付费方式更倾向于使用可用性付费方式。另外，若是政府对项目的需求能够进行有效控制，或是项目需求缺乏弹性，政府有较大优势承担需求风险，则在项目运营期内政府将更关注项目预期能够实现的功能和服务。可用性付费由于付费方式本身对项目功能，以及实用性更为关注，项目价格详细方案需要在项目完成竣工结算后，对项目的全面服务进行核实和确认后才能执行。在建设过程中对项目进行与功能相关的实质性改造时，需要对原付费方案调整或是另行设计付费方案。可用性付费在设置时需注意以下几点。

第一，基本原则。可用性付费主要的风险，与项目设施的质量以及提供服务的能力相关，社会资本方不承担项目的使用量风险，只要按照合同要求的相应标准完成项目建设工程即可获得项目回报。

第二，可用与不可用界定。建立的可用性标准首先必须处于行业内能够实现的范围内，能较好进行测量与管理；其次，对于项目的功能实现，必须符合制定的可用性标准。

① 左玉香. 论 PPP 项目中影响政府付费的几个要素 ［J］. 山西建筑，2018，44（35）：224 - 225.

第三，宽限期的设定。在项目真实提供全部功能之后，对项目的运营效果进行测算，若是并未实现可用性标准，可以获得一段宽限期。

（2）使用量付费（Usage Payment），是指政府主要根据项目公司所提供的项目设施或服务的实际使用量来付费。使用量付费还要注意以下两点。

第一，使用量付费的原则。使用量付费主要特征就是将项目的使用量与付费数额挂钩，以项目的使用量为给付标准。

第二，使用量付费的分级付费标准。项目的使用量可以根据具体情况进行不同范围的分级付费方案设计，根据项目提供服务的具体性质、项目初始最低投资成本、预期使用量等内容，可以对使用量范围进行分层，并根据实际使用量所属的层次执行相应的付费方案。

（3）绩效付费（Performance Payment），是指政府依据项目公司所提供的公共物品或服务的质量付费，通常会与可用性付费或者使用量付费搭配使用。绩效付费要注意以下几点。

第一，绩效付费的标准。绩效付费形式中最核心的内容就是绩效标准，绩效标准是根据特许经营项目性质以及社会资本方能力等因素综合确定的。

第二，绩效付费的监督管理。政府对绩效的管理关系到财政风险的控制，以绩效结果来监督社会资本方，既是确保项目为公众提供公共服务与产品的效率，也是确保社会资本方对财政投入资金的使用效率。

第三，绩效付费的应用结果。绩效付费与绩效管理相结合，对项目进行各方面评估和打分，运用一定的计量模型与方法得出项目与绩效标准的差距。利用绩效评价对项目执行正面激励与反面约束，建立完善的绩效运用方案，对绩效评估结果优异的项目可给予奖励，对绩效评估结果不尽如人意的项目执行惩罚，包括递增性扣除绩效付费和线性扣除绩效付费。

6.3.4.2　政府付费方式下的财政风险

政府付费模式中的折现率选择不当，容易带来长期的财政资金支付压力。在调整政府付费计划时需对社会资本方的风险偏好、运行成本、特许经营期限等因素有充分了解，从而形成价格合理、付费方式科学的政府付费机制，满足双方合理的利益需求。在政府付费方式下，各类引起财政支出增加的因

素，都会直接导致财政风险。

6.3.5　可行性缺口补贴

可行性缺口补贴是公私合作特许经营项目中常使用的三种付费方式之一，是指由于使用者付费不能满足社会资本方或者是项目公司的利益需求，即通过项目收益实现成本回收并不能获得合理经济上的回报，需由政府给予一定形式的投资补贴、价格补贴和其他补贴，通过这种形式，为社会资本或项目公司分担部分项目资金压力。

6.3.5.1　可行性缺口补助的形式

（1）投资补助。在特许经营项目的支出压力较大时，无偿为社会资本方提供部分项目建设资金，以缓解社会资本方或项目公司的前期资金压力，降低特许经营项目融资成本。

（2）价格补贴。若由于执行较低的政府核准定价或指导价，导致通过使用者付费形式获取的收益难以覆盖特许经营项目的成本以及实现合理收益，那么政府通常会给予项目公司一定的价格补贴。诸如对地铁票价执行一定价格补贴，弥补由于票价太低影响弥补运营成本的能力。

（3）其他补助。此外，政府还可通过无偿划拨土地，提供优惠贷款、贷款贴息、投资入股、放弃项目公司中政府占股的分红权，以及授予项目周边的土地、商业等开发收益权等方式，有效降低项目的建设、运营成本，提高项目公司的整体收益水平，确保项目的商业可行性。

6.3.5.2　可行性缺口补贴方式下的财政风险

首先，可行性缺口的规范性不足，容易形成财政资金的浪费。目前，法律上对PPP项目的操作各有体系，不少地方政府都出台了相应的规范性文件，进行了不少的探索，但对于政府可行性缺口补助的操作尚无统一计算、管理模式。使用不同的办法对特许经营项目进行补助测算时，结果存在较大的差异，容易出现过高估计项目可行性缺口，发生不必要的补助。

其次，可行性缺口容易带来隐性的政府债务负担。政府可行性缺口补助为"明股实债"提供了操作机会，政府为了吸引社会资本方对公益性质特许经营项目进行投资，表面上投入股份，实际上承担了政府不应承担的经营风险。

6.3.6　混合付费

公私合作特许经营项目常使用的混合付费模式形式多样，如污水处理工程的"可用性付费+运营维护费"模式，以及在探讨的"容量付费+水量付费"等。"可用性付费+运营维护费"的混合付费模式下，负责运营的社会资本方通过对项目设施的维护，保证公私合作特许经营项目的可用性，再根据具体维护需要向社会资本方支付与绩效评价相应的可用性付费；与此同时，政府根据社会资本方对污水处理厂及配套管网的经营情况向其支付运营维护费。这样充分考虑了项目的特殊性质，利用不同的付费手段对项目进行管理，能最大限度保证项目运行也不会过多增加政府财政风险。

6.3.6.1　使用者付费+政府补贴

盈利条件较好的一些公私合作特许经营项目，使用者付费也可能需要政府的帮助，才能实现项目成本的回收以及获得合理的经济利润。政府通过财政补贴等形式，帮助社会资本方弥补运营资本的缺口，为项目的顺利进展提供一定保证。除了直接的财政资金补助之外，还可以以优惠贷款、贷款贴息、放弃分红、授予项目相关开发收益权等形式中的一种，或多种与使用者付费模式相结合。

6.3.6.2　第三方收入+政府补贴

从收入来源看，项目在执行过程中获得的收入大部分来源于使用者、政府补贴，还可能存在部分从第三方获得的收入。例如垃圾焚烧项目中产生的售电收入、地铁沿线广告位的租金收入等。

6.3.6.3　可用性付费＋绩效付费

可用性付费在风险上集中体现为项目可用性标准，社会资本方融资较为容易，政府转移给社会资本方的运营风险较少，相对于使用者付费、使用量付费形式，完全的可用性付费方式利用价格机制对社会资本方积极性产生约束和监管作用较小，难以保证项目最终能够完全实现合同的预期目的。政府对项目的监督管理难度大，需要与绩效付费模式相结合，促使社会资本方更多考虑项目可用性的实现。

6.3.6.4　混合付费方式下财政风险分析

混合付费模式财政管理难度较大，如果不能做到及时调整付费形式，以及相应的比例，就会造成风险分担和利益分配不均衡，付费机制产生不了激励效果，难以确保特许经营项目的质量和效率。混合付费模式设计的影响因素更为复杂，使用混合付费模式的项目，既要控制好市场风险对项目的影响，也要对财政资金负责，落实对社会资本方的运营监督。

6.3.7　公私合作特许经营项目付费方式现存问题

目前，公私合作特许经营项目暴露的付费上的上限虚化、奖励和约束机制不合理现象，多是由于选择或使用付费方式上存在不同程度的问题，政府应当重视。

6.3.7.1　项目回报机制采取形式过于集中

公私合作特许经营项目作为近年来快速发展的政府融资手段，与社会资本一起补足公共物品和服务短板，大量落地之后也新增不少政府支付责任。在项目的政府付费方式选择上，政府倾向于使用可行性缺口付费、政府付费，使用者付费模式所占比重比较小，这反映出目前政府仍承担较重的财政支出责任，存在较大的财政风险。

6.3.7.2 使用者付费形式存在使用误区

为了将项目财政支付责任控制在预算红线以内，使用者付费项目数量逐渐增加，但其中存在不少没有通过物有所值评价和财政承受能力论证的项目，这些项目名义上是使用者付费项目，实际上大部分开支由政府补贴覆盖，项目承担的风险超过使用者付费项目应当承担的风险。

6.3.7.3 前期调研专业度不够

在充分听取市场测试中社会资本方的合理建议和诉求上，政府的重视度不够，没有充分发挥第三方力量，为项目量身打造最为合适的付费方式。在选择政府付费形式上的透明度仍需提升，不同项目之间即使行业相同也会存在一定差异，需要有针对性地开展前期测试和设计付费机制。缺乏合适的项目回报机制，容易让运营责任虚化，造成政府对运营风险兜底。

6.3.7.4 政府付费以及扣费机制不合理，尚未形成有效激励约束

以可用性付费项目为例，可用性付费理应围绕项目整个生命周期，充分应用绩效评价结果，提升可用性付费部分与绩效评价挂钩比例，就目前而言，付费机制激励作用并未得到完全发挥。对项目进行绩效管理比较粗糙，指标体系不健全，多数政府付费机制在项目竣工结算时已经提前锁定为固定金额。

6.4 公私合作特许经营项目绩效评价与财政风险管理

公私合作特许经营项目的绩效评价，是财政部门、业务主管部门等根据项目设定的绩效目标，遵循相应的评价程序，运用科学、规范的绩效评价方法和指标体系，对项目提供公共服务的数量、质量及效率是否达到绩效目标要求进行评估和鉴定，并将其评价结果运用于项目管理的活动。绩效评价也是绩效管理的一部分。绩效管理是对公共服务或计划目标进行设定，并对实

现结果进行系统评估的过程，从管理学研究的角度讲，目标确立之后的过程控制是关键，绩效管理就是过程控制与事后评价的体现，其目的就是为了更好地实现目标[①]。

绩效评价是评判公私合作特许经营项目经营成果的重要内容，根据绩效评价可以掌握项目具体运营情况，获得横向、纵向的对比数据，为政府监督掌控公私合作特许经营项目提供了清晰、可靠的依据。绩效评价的结果，也是政府付费的重要依据，与财政风险直接相关。

6.4.1 公私合作特许经营项目绩效评价的地位

《国家发展改革委关于开展政府和社会资本合作的指导意见》第五条要求对 PPP 项目进行绩效评价："项目实施过程中，加强工程质量、运营标准的全程监督，确保公共物品和服务的质量、效率和延续性。鼓励推进第三方评价，对公共物品和服务的数量、质量以及资金使用效率等方面进行综合评价，评价结果向社会公示，作为价费标准、财政补贴以及合作期限等调整的参考依据。"

目前财政部已发布了《政府与社会资本合作（PPP）绩效管理操作指引》（以下简称《指引》）。该《指引》分为总则、PPP 项目绩效目标与绩效指标管理、PPP 项目绩效监控、PPP 项目绩效评价、组织保障和附则等内容。该文件的正式发布，将对我国公私合作特许经营项目的绩效管理发挥重要的推动作用。

6.4.2 公私合作特许经营项目绩效评价的方法

为了做好政府方及社会资本方的工作，发挥公私合作的最大效果，离不开绩效评价工具。实现政府和社会资本方有机结合，建立绩效评价的顶层设计，将公私合作特许经营项目做好，选择适宜的绩效评价办法是必要的途径。

---

① 杨宝昆 . PPP 项目全过程绩效管理思考［J］. 新理财（政府理财），2018（11）：57－60.

6.4.2.1 公私合作特许经营项目绩效评价影响因素

外部影响因素。在外部因素中，第一，法律环境影响。绩效评价必须在法律框架内开展。项目也需在法律框架内建设运营，一旦法律有所变动，绩效评价也要做出相应调整。第二，经济政策环境影响。行业内政策经济环境对项目的成败有直接的联系。第三，政治环境影响。政治上对公私合作特许经营项目大力支持，主要体现在公共政策的制定和执行上，若是政策上对公私合作特许经营项目给予倾斜，那么社会资本方也更愿意积极响应，投入到与政府合作中，从而加快当地公共事业等领域的发展。

内部影响因素。第一，政府和社会资本方的博弈关系。双方利益出发点不同，政府希望以较小的成本换取更高质量和效率的公共服务和产品，社会资本方则希望用更少的投入换取更大的回报，双方为了获得各自的预期利益，博弈无可避免。第二，利益分享条款。通常公私合作特许经营项目的社会资本方会获得一定政府的经济利益让步，比如税收优惠、财政补贴等，以吸引社会资本参与到公共事业等领域，但如果过多扶持社会资本方，会减弱社会资本的积极性，这样不仅会加重财政负担，还会减少运营方积极性，不利于提高生产、管理效率。

6.4.2.2 常用公私合作特许经营项目绩效评价方法

目前，国内对于公私合作特许经营项目进行绩效评价使用的工具，主要集中于平衡计分卡、模糊综合评价法、层次分析法、灰色关联分析方法等。

（1）平衡计分卡（Balance Score Cards，BSC）是由美国学者罗伯特·卡普兰（Robert S. Kaplan）和大卫·诺顿（David P. Norton）在 1992 年提出的绩效评价方法，该方法主要从顾客层面、财务层面、内部流程控制层面和创新与学习层面对企业进行综合评价。

平衡计分卡最初主要服务于企业管理，后来才慢慢被用于评价政府等部门或公共机构的效率。平衡计分卡以企业战略、财务管理、人力资源管理等理论作为理论支撑，评估对象面对市场，围绕企业内外部环境与业绩、财务状况与非财务状况，来考察企业经营状况、目标与战略。

平衡计分卡可分为四个维度，分别是内部业务流程、顾客、财务、创新与学习。

内部业务流程维度在原设计上更注重对风险分担的关注，项目面临的风险不仅来自项目的内部，也来自项目的外部，指标的设计以预防、解决风险为主。公私合作特许经营项目面临的宏观风险包括法治风险、经济风险等，微观风险包括需求风险、审批风险等，除此之外，公私合作特许经营项目还会面临项目合同风险、建设风险、运营风险等。

顾客维度主要关注利益相关者满意度。在项目执行期间，政府、社会资本方，以及社会公众的需求是否得到满足，是项目实现利益共享的评判标准。

财务维度对于公私合作特许经营项目则主要考察项目资金的拨付与使用情况。不仅要考察社会资本方和项目公司的资金状况，为了避免财政风险，政府的财政资金在不同执行环节的状况，也作为核心考察内容之一。

创新与学习维度扩展为可持续发展角度，也是服务于公私合作特许经营项目初衷的。

平衡计分卡四个维度相互联系，构建了公私合作特许经营项目平衡计分卡。各项维度的指标，在选取时应合理借鉴并改进企业经验，随着战略目标的变化而变化，适应使用者的需求。

（2）模糊综合评价法。模糊综合评价法根据模糊数学建立，是根据模糊关系合成原理，把难以定量的因素定量化，从而实现综合评价的一种方法[①]。美国控制论专家 L. A. 艾登（Eden）于 1965 年创立模糊综合评价法，该方法较多地被应用于评价因素结构层次复杂，并且因素难以进行定量的被评价系统。

与其他评价方法较为不同的是，模糊综合评价法对项目的评价是通过划分等级而非分数进行明确的区别。这种形式更为简便和明确，无须给出准确分数，最终以"优、良、中、较差、差"等级标记各评价环节。模糊评价法首先要确定影响因素，然后确定评判集合，接着确定评价矩阵，建立权重集，进入模糊综合评价阶段，最后得出评判结果。

---

① 钱忠宝. 一种基于模糊数学的评标方法——模糊综合评价法［J］. 中国招标，2008（4）：14－25.

模糊综合评价法一般步骤包括：第一步，模糊综合评价指标的构建，根据相关行业准则，以及法律法规进行评价指标的选择，并判断指标选择是否恰当关系着整个绩效评价的准确性。第二步，构建权重向量以及评价矩阵，采用适合的合成因子合成权重，并对结果向量进行解释，完成整个绩效评价过程。

模糊综合评价法将公私合作特许经营项目的不确定性影响因素从形式上转为确定性，其不仅适用于项目的各个时期，也能满足不同评估方的需求，可根据项目变化进行灵活调整，构建多层次、全面的评价体系，对项目所处阶段进行准确评价。但较为突出的不足就是前期选择影响因素的偏差对后期的计算会产生较为严重的影响；最终各个等级的临界值确定难度较大，稍有失误可能形成错误的评价。

（3）层次分析法（Analytical Hierarehy Process，AHP）是 1973 年由美国数学家托马斯·斯塔蒂（ThomasL. Staaty）提出的用于解决包含多项标准的复杂问题的方法。层次分析法的核心内容是将要进行考察或评价的目标，分解成若干组成因素，然后按照各因素之间的关联关系，将这些因素以从高到低的排列顺序分为若干层次，同一层内的不同因素，以两两比较的方法判断其影响力大小；在对相邻的下一层不同因素的影响力大小的确定时，既要于本层次因素比较，也需考虑上一层次，综合判断其影响力大小；通过逐层的比较衡量，最终可以获得相对影响力数值，更好地掌握各因素的重要性。

进行层次分析首先需要建立评价层级，根据评价目标划分为目标层、准则层以及子准则层，然后在评价层次模型的基础上构造判断矩阵，对影响程度赋值，最后根据公式判断并计算一致性，以计算得出的相对重要性作为评价的依据。

层次分析法作为定量与定性相结合的分析办法，使用面广、方法简便、系统操作性强，是对复杂项目进行绩效评价的一个有力工具。层次分析法将复杂问题简单化，常被应用于多目标决策和多方案的优化问题。但层次分析法是从备选方案中择优选择，即从已知方案中选择较好的方案，并不能对现有方案提出详细的改进建议，难以实现突破和创新。另外，层次分析法属于模拟人脑的决策过程，在操作上存在大量定性过程，没有较严格的数学论证和完善的定量方法，科学性和严谨性容易被质疑。同时，当层次分析法中的指标设置过多，就需要构造层次更深、数量更多、规模更庞大的判断矩阵，这样会使得计算量增加，赋予权重相对复杂，难度增加。

（4）灰色关联分析法（Grey Relational Analysis，GRA）是由著名学者邓聚龙教授首创的一种系统科学理论，其中的灰色关联分析是指根据各因素变化曲线几何形状的相似程度，来判断因素之间关联程度的方法①。灰色关联指的是事物间或者因子之间的关系不明确、不唯一。灰色关联分析法的核心内容是使用行为因子序列来考察因子之间的关联性，以及各因子对行为的影响能力大小，从而获得因子动态变化趋势，或依据因子动态变化来分析因子间的离散度。灰色关联分析法对样本数量以及分布情况没有严格限制，得出的结论可靠性强，是目前公私合作特许经营项目中被广泛应用的分析方法之一。

目前学术界常用的灰色聚类方法按照其聚类的对象来区分，首先是灰色白化权函数，该方法计算并检测被评估对象的评估值是否与预选设定的类别一致，以便进行区分，其次是灰色关联矩阵，该方法是将同类的被评估对象合并，减少系统的复杂程度②。

灰色关联分析法的具体使用步骤如下：首先需要确定分析数列，确定反映系统行为特征的参考数列和影响系统行为的比较数列。反映系统行为特征的数据序列，称为参考数列；影响系统行为的因素组成的数据序列称为比较数列。其次实现变量的无量纲化，紧接着计算关联系数以及关联度。最后根据计算得出的关联度排序。

公私合作特许经营项目有许多风险难以量化，不确定因素较多，而使用灰色系统分析法能够充分考虑到项目面临的不确定因素与难以量化风险，同时不限制样本数量，不要求数据分布。

6.4.3　公私合作特许经营项目绩效评价构建重点

绩效评价是公私合作特许经营项目管理框架中的重要组成部分，但公私

① 冯丽艳. 灰色关联度分析统计方法在市场法评估中的应用 [J]. 财会通讯，2010（11）：55 – 56.
② 陈东方. 基于灰色理论的 PPP 项目风险识别与评估 [D]. 上海：上海国家会计学院，2017.

合作特许经营项目通常合作周期长、涉及参与方众多、资金规模大，根据党的十九大报告提出的，要求建立全方位、多层次、全过程、全覆盖的绩效管理体系，充分理解绩效评价的内容和评价原则，并以此为基础搭建绩效评价制度。

6.4.3.1 绩效评价覆盖项目生命周期

绩效评价需要对公私合作特许经营项目的整个生命周期进行覆盖，包括项目的识别、准备、采购、执行和移交各个环节。针对各环节的主要内容进行绩效评价体系的设计，实现不同的管理目标。

6.4.3.2 重视绩效评价的应用

绩效结果与公私合作特许经营项目其他环节挂钩，优秀的绩效评价结果对社会资本方以后参与其他项目有一定优势，并且示范项目更容易得到政策倾斜，获得更好的运营补贴。政府将公私合作特许经营项目的财政支出行为纳入公共预管理体系，在项目执行过程中根据绩效结果不断调整付费形式，健全项目付费制度，践行按效付费理念，以此激励社会资本方不断调整运营模式，提高公共物品的质量以及公共服务水平。

6.4.3.3 信息共享

除了财政部 PPP 项目信息平台外，PPP 项目绩效管理信息也应当随着各预算部门、单位上报预算管理信息系统，通过数据交换和整合，来推进 PPP 项目管理、预算管理、预算绩效管理等数据平台的对接，逐步实现 PPP 项目绩效信息资源的共享，为加强 PPP 项目绩效管理，提升绩效管理质量提供技术支撑[1]。

6.4.3.4 重视可操作性

在设计具体的绩效评价指标体系时，需要考虑相关数据的可获得性，使

---

[1] 杨宝昆. PPP 项目全过程绩效管理思考 [J]. 新理财（政府理财），2018（11）：57–60.

用数学模型或是由以往经验预测的数据，需要考虑数据的准确性以及科学性，确保数据的真实性、有用性。对项目风险的控制需要整体环节可控，当公私合作特许经营项目全生命周期的管理中难以实施绩效评估环节，那么对于最终的绩效评估结果将会有巨大的影响，甚至会影响项目的成功和失败。

6.4.3.5 考核内容全面化

绩效评价在设计具体适用的指标体系时，对绩效评价的实施主体、对象、评估办法、相应指标、监督管理、结果运用需要一一明确。在运用共性指标的同时，还需要针对项目、各地方的个性问题进行考察。项目的长期性、参与方结构的复杂性，都给绩效评价带了不少的困难和挑战，针对项目的绩效评价体系要不断推陈出新，研究出跨层级、全方位、多角度的考核内容，与绩效管理活动有机衔接。

6.4.4 公私合作特许经营项目绩效评价与传统项目绩效评价的区别

6.4.4.1 二者绩效评价依据不同

传统工程项目绩效考察主要依据行业内各项建设规范标准，具体的流程和指标已经形成了较为成熟的体系，较为统一；与传统的绩效考察相比，公私合作特许经营项目绩效评价的依据除行业建设规范、标准外，还要考核公私合作特许经营协议中公私双方已达成的共识和项目建设运用目标的执行情况。这些建设运营的绩效目标，在不同的公私合作特许经营项目中，其内容是不一样的，这就构成了不同项目绩效评价依据的重要差别。

6.4.4.2 二者绩效管理目标不同

传统项目预算绩效的管理较为直观，主要围绕项目立项、业务管理、财务管理、项目产出以及项目效益展开，对项目产出的衡量评估是通过将项目绩效目标细化分解为具体的绩效指标，考察项目产出相应内容是否与项目年度任务数或计划数相对应，是否与预算确定的项目投资额或资金量相匹配，计算完成及时率、质量达标率、成本节约率①。公私合作特许经营项目的绩效管理，通常需要在传统项目绩效管理上进行更多的考察，服务于资源配置合理性、部门履职到位情况、财政资金使用效率之外，还需考察在现有的绩效指标体系下，是否符合激励相容、按效付费的情况。

6.4.4.3　二者绩效管理对象不同

与传统项目的考核内容相比，公私合作特许经营项目的绩效管理对象也更为丰富，为了更好管理涉及的政府财政资金，在对政府付费部分进行绩效管理时，除了常规考核内容如项目建设、项目运营等，还需根据按效付费原则，对项目公司、社会资本方经营、管理状况进行考核。在具体的指标设计上，社会资本方以及政府作为特许经营项目的具体实施者，双方在项目执行过程中的人力、物资等投入也是重点考察对象。

绩效评价落实到执行阶段，传统项目的考核以投入产出为核心，而公私合作特许经营项目进一步将提供的公共物品和服务的质量、数量等情况纳入考察范围，由各级管理主体、预算主管部门对实施机构或负责人进行履职履责考察。特许经营项目的绩效评价，在社会效益的实现程度上设置了更多、更细致的考察和评估，以此来评价项目是否有效地为公众提供了产品和服务。

6.4.5　公私合作特许经营项目绩效评价存在的问题

6.4.5.1　公私合作特许经营项目绩效评价管理制度不健全

尽管在国务院、财政部、国家发改委的有关制度文件中，都要求对公私合作特许经营项目进行绩效评价，但这些文件中的规定，都是一些基本原则描述，可操作性不强。在这种情况下，各地区在开展公私合作特许经营项目绩效评价管理时，主要是参考财政部门已有的绩效管理制度或者建设部门项

---

① 财政部.关于印发《预算绩效评价共性指标体系框架》的通知［EB/OL］.（2013 – 04 – 21）. http：//yss. mof. gov. cn/zhengwuxinxi/zhengceguizhang/201305/t20130507_857159. html.

目管理的经验来开展，其结果就是呈现出五花八门的绩效评价和管理方法，难以满足公私合作特许经营项目绩效评价管理的需要。更甚至有些所谓的公私合作特许经营项目绩效评价管理，就是仅仅为了应对财政部门拨付资金的需要。

6.4.5.2　公私合作特许经营项目绩效评价指标体系不健全

（1）指标体系未能很好体现特许经营项目性质。在特许经营项目的绩效评价指标设置方面，各地区更多的是使用传统项目的绩效评价体系作为参考标准。但在具体的使用过程中，容易忽视特许经营项目的性质。

（2）指标的互斥性、行业特征体现不够明显。在确保绩效评价的科学性的同时，应该尽量做到特许经营项目指标的不重复，每一项评价内容的指标与指标之间不存在强相关性。现有的绩效评价指标体系在设计上并没有注意维持各项指标之间的信息独立，存在一定的重复工作，影响项目绩效评价效率。同时，现有公私合作特许经营项目已经涉及十多个行业，但还没有建立具有行业特色的评价指标体系。

（3）有些绩效评价指标设置过于繁杂。有些地方政府绩效评价指标制定过于复杂、过于严苛，改变了绩效评价以提高效率为目标的本质。部分不相关甚至是不合理的指标，不仅难以发挥绩效评价的作用，无法对项目进展做出评价，无法及时找出不足，还会影响社会资本方的积极性，不利于未来公私合作特许经营项目的开展。

6.4.5.3　公私合作特许经营项目尚未完全落实按绩效付费

目前已进入执行阶段的公私合作特许经营项目绩效评价，尚未完全落实按绩效付费。各地区公私合作特许经营项目绩效评价还存在可用性付费现象，即在项目建设运营过程中，工程建设费用，由政府根据工程建设工作量和进度支付相应费用，工程完工交付使用后，工程建设的费用连同建筑利润都付给了社会资本方，仅剩下为数不多的投资，通过项目运营来收回。在这种情况下，只有运营部分的支出需要依据绩效支付，政府承担了大部分建设运营风险，社会资本方在收回大部分投资，获得建筑利润的情况下，大大增加了在运营阶段违约的可能性，使得政府财政风险大幅度上升。同时，有的项目合同规定付费的直接依据是相关的工作量，如污水处理量、车流量等，这也对项目绩效管理产生不利影响。

6.4.5.4　部分社会资本方未树立通过运营绩效获得合理回报的理念

在现有的公私合作特许经营项目中，有些社会资本方跨行业中标，如建筑企业中标医院、医养结合项目，银行中标地铁项目等。这些社会资本方目前基本没有自己经营这些项目的能力，只能在项目建成后，招聘专门的经营企业来运营，或者社会资本方自身转型发展，多业经营。但后者无疑困难重重，前景难料。于是有的社会资本方寄希望于经营期转让、流通，探索发展PPP项目资产交易二级市场。这就说明，有的社会资本方从合作一开始，就没有把思想放在通过项目长期运营取得绩效，获得合作回报，而是寄希望于短期获得项目建筑利润，中途转让退出，这和公私合作特许经营项目的基本准则背道而驰。

6.5　公私合作特许经营项目协议执行、调整与财政风险管理

协议调整机制作为财政风险监管的重要手段，是公私合作特许经营项目合同管理的核心内容之一。与传统项目相比，公私合作特许经营项目要求资金实力雄厚，开展时间长，其中涉及主体众多且结构复杂，极易受到市场经济环境、价格机制、政治、法律等因素变动的影响。为了做到因地、因时制宜，项目协议中应设置关于期限变更、内容变更、主体变更等条款变更细则，这对规避财政风险，确保实现公私合作目的大有益处。

6.5.1　现阶段公私合作特许经营项目协议特殊性及问题

政府与社会资本的合作通过协议的形式确立，将合作方式、风险分配机

制，以协议条款形式一一记录并赋予法律效力，协议是项目顺利执行的重要依据，也是管理政府财政风险的重要工具。项目协议在整个公私合作特许经营项目生命周期中，发挥着不可或缺的作用，连接了项目准备、融资、采购、运营、移交等环节的工作，确定了政府与社会资本方合作的核心边界、经济基础指标等相关权利义务关系。但现阶段的公私合作特许经营项目协议还存在着一些问题尚未解决。

6.5.1.1　《中华人民共和国民法典》覆盖范围还不够全面

《中华人民共和国民法典》（以下简称《民法典》）中规定的合同类别有买卖、供用电水气热力、赠与、保管、租赁、融资租赁、承揽、建设工程、运输、技术、借款、仓储、委托、行纪、居间等，而医疗、教育、旅游等公共服务协议没有覆盖，这就削弱了《民法典》对公私合作特许经营项目协议的约束力。随着公私合作特许经营项目涉及的领域越来越多元化、复杂化，为了适应未来项目协议的需要，那么就势必要不断更新《民法典》对公私合作特许经营项目协议的描述与规定。

6.5.1.2　特许经营协议的特别条款风险

公私合作特许经营项目与传统政府采购项目，以及一般商业合作项目不同，在协议的目的上更加注重维护社会公共利益的实现，这就对协议条款做出了更多的要求。为了实现公共利益，协议会做出另外的设计，例如对争议事项的解决机制、排他性条款、对项目协议变更的行政条款、建设运营中的绩效评估条款，为政府监督项目执行给予了特定情况的介入权，防控财政风险。

（1）政府监督权与财政支出压力。公私合作特许经营项目进入执行期间时，主要由社会资本方负责承担运营风险，以及日常的维护工作。特许经营协议赋予政府对项目监督的权利，确保项目按照协议约定促进公共社会效益的实现。政府监督权的赋予不是通过单独列出，而是体现在特许经营协议的不同条款之中。

（2）对项目各阶段的知情权。在项目的运营维护期间，政府可以通过运营手册以及项目机器、设备维修记录，来获得有关的运营和维护信息，包括运营的相关财务报告、设备日常检修及维护报告、重大事故报告以及其他政府需要的其他信息等。

（3）对项目实施实地检查和测试。在特定的情形下，政府进入项目现场，对特许经营项目采取实地调查和测试。在不干预项目的正常建设和运营的基础上，根据特定目的对项目现场进行检查和测试，例如检查项目实际进度、测试项目公司产品或服务的质量、相关安全措施的落实以及其他社会资本方的履约情况。

（4）对项目承包商和分包商选择的知情和参与。因为公私合作特许经营项目的复杂，允许社会资本方选择合格的承包商和分包商参与项目，以此转移部分建设和运营风险。对于承包商和分包商的资质标准以及最终的选择，政府有权也有义务进行把控。

（5）政府介入条款增加管理义务。政府的介入权通常适用于特定的情形，主要是为了应对项目的短期突发状况，此时仅靠社会资本方难以解决，需要政府施以援手才能尽快化解项目困境。

政府介入可以分为社会资本方未违约情形下的介入，以及社会资本方违约情形下的介入。

第一，非违约情形下政府的介入。政府介入的重要前提，是不对公私合作特许经营项目的正常执行造成影响，不干预社会资本方的正常管理和运营。只有在发生特定情形时，政府才能行使介入权利。

第二，违约情形下政府的介入。政府本来就负有对特许经营项目监督的义务，在对社会资本方行使监督权时，若发现社会资本方存在违约行为，危及项目的正常执行时，则有必要介入项目。

（6）排他性条款（唯一性条款）排他性不明。从本质上看，特许经营模式是政府对项目主要风险的转移，以及对自身角色的转换，通过排他性条款，政府与社会资本方达成一致，就特许经营权的授予范围、方式、排他性等内容进行充分的商讨和谈判，根据《基础设施与公用事业特许经管理办法》中的相关规定，充分协商沟通，最终在特许经营协议里予以明确。特许经营的具体方式、项目存续的期限、项目内容所使用的范围、政府的相关承诺和保障等特许经营条款内容的制定，为特许经营项目执行阶段减少财政风险，确保项目能获得合理利润提供了保障。同时，在政府承诺部分，政府通过行政手段对社会资本方承担部分风险，确保在一定范围、期限内防止来自同类项目的不必要竞争。

在实践过程中，项目的特许经营权在协议中不明确，对项目的排他性条款模糊，导致特许经营范围、方式在协议执行时没能减轻项目的风险，可能与其他经营者就"特许经营""排他性权利"产生争议，干扰项目的正常运转，增加财政支出的压力，影响公共物品和服务的稳定提供，以及政府管理监督上的风险，给政府和社会资本方履行各自的协议义务带来困扰。

6.5.2　公私合作特许经营项目协议执行异常处理

进入执行阶段，公私合作特许经营项目的各项工作将根据特许经营项目协议体系有条不紊地开展，以特许经营协议为核心的协议体系对项目进行全方位覆盖，进行全面的规范与约束。在各项协议的实际执行过程中，难免由于各种外部或内部因素的干扰，出现协议执行异常的情形。常见的协议执行异常的情况可以分为两类：发生违约事件和提前终止协议履行。

6.5.2.1　特许经营项目合同违约处理机制

在项目执行阶段中，通常会将合同双方没有按照约定履行合同义务，阻碍特许经营项目合同执行的情形，列明作为违约事件。并非所有的违约事件都会造成项目合同无法继续执行，只要及时对违约事件进行处理，进行相应的补救措施，就可以减少项目因为违约事件造成的损失，减少政府的财政风险。

第一，违约事件的列明方式。在实践中，因为不同政府与社会资本方达成的合作合同的不同，在对违约事件的表述上也有不同。为了较好的对违约事件进行界定，特许经营项目合同主要采用概括、列举、概括及列举三种表述形式对违约事件定义进行阐述。通过列举违约事件，在特许经营项目合同中载明违约情形，是最直接、明确的一种方式，但这种方式往往难以穷举所有的违约事项，所以更多时候采取将列举和概括两种形式结合的方式，避免在对违约事件认定时产生争议。

第二，政府方违约。在项目执行过程中，政府违约主要由于政府方应当履行的义务没有完成，对风险承担不完全或不彻底。政府方违约主要体现在：没有按照约定为社会资本方提供足额的财政补助；违反特许经营合同的内容，将政府方应当履行的义务转让给第三方；出于政府原因，例如法律或政策的重大改变造成特许经营项目无法继续推进；因政府原因，对特许经营项目的设施和相关设备进行征收或征用；其他由政府造成的，导致特许经营项目难以正常运作的事项。

第三，社会资本方违约。社会资本方或是项目公司违约的情形，是政府财政风险的另一形成原因。一旦社会资本方在特许经营项目执行阶段中止对合同义务的履行，就会对项目的运营带来风险，甚至导致项目失败。与政府相比，社会资本方在建设和运营时构成违约的情形更为复杂多样，通常难以如政府违约事件一般将可能形式一一列举。无法列举，也没有必要将全部情形进行列举，所以对社会资本方违约的情形，通常是采用有限列举和概括的形式来定义。因此，常见的社会资本方违约包括但是不限于以下情形：项目公司破产或缺乏资金维持项目继续开展；已经到建设完工期限，但建设任务仍未完成，且在预计较长的一段时间内都处于逾期状态；社会资本方提供的公共物品或服务的质量，或者数量不符合特许经营合同的标准；社会资本方违反特许经营合同的规定，私自变更股权结构，等等。

6.5.2.2 特许经营合同提前终止处理机制

合同提前终止，是违约事件发生可能导致的严重后果，并非所有的违约都会导致合同终止，也并非只有违约才能导致合同终止。导致特许经营项目提前终止的可能形式可以大致分为四种：一是政府方违约，在一定时间内不能做出补救措施，致使特许经营项目不能继续开展，社会资本方根据特许经营合同约定主张合同提前终止。二是社会资本方违约，在政府通知社会资本方采取补救措施之后，社会资本方拒不履行合同义务，或是未能在规定期限内采取措施进行补救，政府方可以根据特许经营合同约定提前终止合同关系。

三是政府方根据公共物品或服务的市场供求状况，当该类公共物品或服务已经不能满足社会需要，或是市场已经足够成熟，不需要使用特许经营形式进行提供，根据社会公共利益，政府在特定情况下，可以单方面解除与社会资本方的特许经营合同，并根据具体情况给社会资本方足额的补偿。四是不可抗力造成的项目损失达到一定程度后，任何一方均可以根据特许经营合同解除合作关系，终止特许经营项目。

在项目终止后，要对项目相关的设施、机器等资产进行处理。不同的终止事由，需要采取不同的处理办法应对。项目终止后处理事项，主要围绕确定回购范围，以及制定回购补偿两方面内容展开。

第一，确定回购范围。特许经营项目的提前终止，并不意味政府必须全盘回购项目的设施，政府的回购范围越大，财政支出责任就越大，相应的社会资本方承担的风险就越小。若是政府选择不回购建设中或是已完成建设进入运营阶段的项目，社会资本方就可能难以通过政府回购补偿来弥补前期的投资损失的可能性。政府回购的选择权，只有在项目提前终止的缘由是社会资本方违约时才能使用。政府在社会资本方负主要违约责任的情况下，可以选择是否回购项目设施，以及回购部分还是全部项目设施。在回购时，还需考虑到特许经营项目涉及的公共利益的实现，若是关系公共安全，以及需要持续保障相应产品或服务供给的情况下，即使项目终止由社会资本方负主要责任，政府也应当选择回购项目设施。

第二，确定回购补偿。在确定项目的回购范围之后，需要对项目的回购补偿进一步确认，通过合理的评估手段，控制政府财政支出责任，减少支付压力。政府违约、决定终止合同关系，以及政治不可抗力的情形下的收购，主要是对由于提前终止项目对社会资本方造成的损失进行补偿，补偿的力度应当依据项目没有提前终止的标准制定，不得超过项目正常运转所能获得的利润。

对于项目公司违约造成的提前终止，如果政府有义务做出回购或者选择对项目进行回购，那么相应的回购补偿应当根据市场价值或者账面价值进行评估测算，准确衡量回购项目内容的价值，减少财政风险。若是根据市场价值确定补偿数额，则需要根据当时市场相似或是同类项目的采购价值计算补偿金额，相对公平，也能尽可能弥补项目损失；若是使用项目的账面价值确定，则需要根据账面上记载的各项资产的价值进行补偿，考虑到账面价值与市场价值可能存在较大的差异，在进行具体补偿时，要避免政府获得不当收益，确保不影响社会资本方参与公共物品与服务的提供。

补偿的具体计算需要经过专业的评估程序，在此基础上，项目回购形成的费用和其他支出应当从补偿金额中扣除，形成最终的补偿结果。

第三，补偿的支付。完善的补偿支付程序与方式，有利于政府进行充分的财政安排，提高财政资金的使用效率。在支付补偿金额时，政府可以根据财力状况选择分期支付或者是一次性全额支付。使用分期支付需要与社会资本方协商。为了尽快获得足额的补偿，收回部分应发生的额外项目成本，社会资本方更倾向于以一次性全额支付的形式获得补偿。若政府选择分期付款形式，有可能涉及分期支付利息，同时，社会资本方有权根据支付进度移交项目资产，影响回购时间。但与一次性全额支付相比，分期支付形式能够缓解政府的财政压力，可以通过预算更好地管理财政资金。

6.5.3 公私合作特许经营项目合同调整影响因素

6.5.3.1 市场供求关系及财政风险

公共物品进入市场后与其他商品和劳务一样，受供求关系影响。提高公共物品的提供效率，显然离不开市场供求。市场供求关系的变动涉及不少商品和劳务，不仅关系到公共物品，还关系到项目的运营周期。政府牵头社会资本方提供公共物品的直接目的，是满足社会的公共需求，随着经济、社会、人口等因素的变化，供求关系也随之改变，不可避免地引起人们对公共物品需求的改变。例如，在市场供求发生较大变动情况下，项目实际销售与预期销售水平相比存在差距，无法满足市场需求等意外状况，都会关系到项目的成本大小，使得项目经营面临风险。

供求关系一定程度上反映市场风险信号，一旦供求出现异常，项目就有可能遭受损失，也意味着政府可能遭遇财政风险。只有在特许经营协议中对市场的供求关系设计相应的调整机制，才能确保项目既能在稳定、秩序正常的市场环境下进行，也能及时在风险中止损，避免更大的财政资金损失。

6.5.3.2　价格调整及财政风险

在后续价格调整的过程中，调价方式在选择上出现分歧，会令特许经营项目双方产生摩擦，影响项目运营；在调价指标的选择上，过多的人为因素会导致价格虚高，让社会资本方攫取暴利，干扰正常的市场秩序，引发公众不满的情绪，阻碍社会效益的提高；而过低的价格则难以引起社会资本方的参与兴趣，无法满足社会资本方必要的投资回报率，不利于扩大再生产，还需要政府额外拨付大量的财政资金予以支持，同样也无益于项目的后续运转。

调价存在周期，如果规定的调价周期未满，但价格已经不满足当前项目的需求，政府和社会资本方需要及时进行调整，不仅是对价格适度上调或是下降，还需对调价方式进行优化，否则因价格不合理带来的隐性债务会在运营期逐步转化为更大的财政压力。

6.5.3.3　收益分配调整及财政风险

为了防止社会资本利用公私合作特许经营项目获取暴利，应该在付费机制上建立合同调整制度。政府参与公私合作特许经营项目，是为了实现社会效益，社会资本方本质上还是独立的经济主体、市场主体，追求的是更大的经济利益。项目付费机制的设立，也是为了确保社会资本方通过经营方式取得收益以弥补成本，允许运营方在此基础上进一步获得合理回报。

现有的特许经营项目付费形式，主要分为政府付费、使用者付费以及混合付费三种。收益因素对应的协议调整细则的设计，应当建立在这几类付费方式基础上，对调整范围、影响因素、调整方式、调整幅度，以及争议内容的处理方式和协商机制等内容进行明确规定，以应对可能发生的变化，规避财政风险。

6.5.3.4　法律调整及财政风险

我国现行的法律制度环境，给公私合作特许经营项目的执行带来了一定的困难，不利于项目合同的执行。

一是多头监管，政出多门。监管主体不明确带来的法律政策环境风险，是目前的一大难题；二是高位法空缺，暂无专门性法律约束公私合作特许经营项目开展；三是现有法律法规的矛盾未得到解决，影响项目的执行与推进。

6.5.3.5 政策调整及财政风险

在长达 30 年的公私合作特许经营中，政府政策不稳定会带来项目成本的改变，增加财政风险。虽然可以聘请有经验的专家、学者或第三方机构为项目设计和考察开展方案，但无法保证万无一失，合同对政策环境变化不敏感可能导致项目不能顺利实施，甚至需重新履行报批、采购等程序。

6.6 公私合作特许项目后评价管理

项目后评价，是对特许经营项目进行全过程管理思想的具体实践，是通过对公私合作特许经营项目的政策规划、技术标准、资金使用效率等方面进行综合考察，总结项目经验和教训，为项目相关执行部门提高决策能力、提高项目运营效率、提升投资收益、改进项目管理办法等提供数据、资料的管理活动。公私合作特许经营项目的管理运营周期长，因此及时使用项目后评价，能为政府方提供监督管理项目依据，不断提高项目投资管理水平。

6.6.1 项目后评价原则

独立原则。项目后评价结果的可靠性、客观性，都由独立原则进行保障。独立原则除了体现在评价人与执行阶段负责人、直接执行者等相互无关联关系，还体现在项目后评价结果与前期结果之间相互独立。项目后评价结果不受前期评估结果的干扰，是对当时项目具体内外部信息处理和分析的结果。

透明原则。项目后评价与绩效评价一样，要求做到对外公开透明，便于评价委托方（政府）的评价结果能够被充分应用。

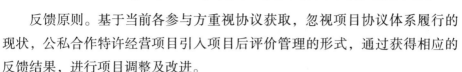

反馈原则。基于当前各参与方重视协议获取，忽视项目协议体系履行的现状，公私合作特许经营项目引入项目后评价管理的形式，通过获得相应的反馈结果，进行项目调整及改进。

6.6.2　项目后评价的方法

项目后评价的主要方法是综合评价法，通过对项目前期工作的落实程度，以及与项目实施规划方案差距的分析和经验总结，获得项目运营、项目管理、项目效益、项目影响等方面的信息。

项目后评价方法需要定性分析与定量分析相结合，通过具体数量的分析和计算，结合定性分析结论，对项目的前期工作以及管理运营内容作出评价。项目后评价的定性分析主要可以通过过程评价法、效益评价法、影响评价法、对比分析法、逻辑框架法、层次分析法等进行，定量分析法主要通过指标计算法、因素分析法、统计分析法等展开。在项目评价指标的设计上，指标体系要分项分级分类，兼顾个性和共性。

6.6.3　项目后评价的主要内容

在对项目后评价进行应用时，主要关注公私合作特许经营项目的以下内容：公私合作特许经营项目概况、公私合作特许经营项目目标、公私合作特许经营项目影响、公私合作特许经营项目效益。

6.6.3.1　公私合作特许经营项目概况

项目后评价首要的任务，是对项目概况进行梳理，以便委托方充分掌握项目执行阶段的具体进展，以及项目各项工作开展的详细情况。在本部分内容里，需要对公私合作特许经营项目的地址、资金使用状况、资金回收状况、特许经营项目各参与方情况进行整理，对项目的管理框架和决策程序进行明确，统一编制项目前期制定的设计方案、规划等文件目录。

6.6.3.2 公私合作特许经营项目建设目标

公私合作特许经营项目建设目标的项目后评价，主要针对项目的既定目标、工程量目标、资本回收目标、资金使用效率目标、建设标准、资金到位等具体执行情况。对实际执行阶段获得的数据与特许经营项目前期预估数据的差异，以及差异产生原因的分析和总结，是确定公私合作特许经营项目是否顺利完成阶段性目标，是否为最终目标服务的重要环节。

6.6.3.3 公私合作特许经营项目效益

公私合作特许经营项目的效益分析，主要是对经济效益、社会效益、生态效益等方面内容的评估。对社会资本方最重要的就是经济效益的实现，而对政府而言实现社会效益、生态效益往往是项目设立的初衷。

为了保证社会资本方在公私合作特许经营项目中实现预期合理的资本收益率，政府通常需要给予一定的政策倾斜和财政补贴，通过政府定价规范项目运营。因此，公私合作特许经营项目的经济效益在对项目价格评估的同时，还需要对政府的政策扶持和财政补贴等进行评估。如果经济效益的评估结果呈现的是收入与成本费用相差较大，运营处于亏损状态，则需要对运营环节进行完整地考察，从资金使用效率、材料使用效率、管理效率等各方面找出导致项目亏损的原因，并针对具体问题提出可行的解决方案。若是仍旧无法扭亏为盈，就需要对项目亏损的直接责任方追责，情况严重的可以解除与社会资本方的合作关系，及时止损。对经济效益造成影响的因素，除了项目运营方能控制的自身因素以外，还包括难以控制的外部因素。

政府的出发点主要是实现社会效益，经济效益并不是政府参与经营项目的最终目标。公私合作特许经营项目在实现国家安全、社会发展目标、完善产业布局、优化公共物品和服务提供的效率、便利周边人群生产生活等方面，都能发挥一定作用。通过将项目运营风险转移的方式，提高公共物品和服务的效率，最终实现整体社会效益的提升。项目实现社会效益的成果好，无形中会为社会资本方以及政府树立良好的形象，也有益于政府公信力的建立。项目的效益评价表达了公众对公私合作特许经营项目最直观的感受和想法，通过互联网、媒体等渠道获得的公众反馈，是社会效益评估的重要资料来源。除此之外，项目的社会效益的评价，还涉及项目各阶段和各方面内容的公开透明。

在环境效益方面，按照《中华人民共和国环境影响评价法》的规定，环境影响评价是指"对规划和建设项目实施后可能造成的环境影响进行分析、预测和评估，提出预防或者减轻不良环境影响的对策和措施，进行跟踪监测的方法与制度"①。在各项影响内容中，公私合作特许经营项目后评价十分重视对环境的影响。生态文明建设背景下，项目的建设和运营都需要遵循一定的环境保护原则，以环保节能来进行项目约束和项目管理。公私合作特许经营项目对环境的影响是深远的，为落实项目的可持续发展，一定要重视项目环境影响。

6.7 公私合作特许经营项目执行的财政风险管理技术对策建议

针对公私合作特许经营项目在上述各个领域存在的问题，我们提出以下对策建议。

6.7.1 项目土地问题建议

土地问题，是公私合作特许经营项目在执行阶段最为复杂的问题之一，不仅体现在项目用地的获得，还体现在相应配置用地的取得。项目土地使用权的获得中，政府更有优势去面对和解决可能面临的风险，所以，项目土地相关风险主要还是由政府方进行规避和应对，以降低项目的财政风险。

---

① 中华人民共和国环境影响评价法［EB/OL］.（2019 - 01 - 07）. http：//www. npc. gov. cn/npc/c30834/201901/9692c9d16559456ab0eda0d2969f1dod. shtml.

6.7.1.1 土地配置与财政风险防范

在项目建设期间，特许经营项目建设用地资源的落实，关系着后续一切工作的开展。各地区对规范特许经营项目的用地政策，存在一定的差异，不同项目在同一地区开展，或是同类项目在不同地区开展，都可能会面临不同的土地政策。作为项目参与方的一部分，政府承担土地获得的风险，关系到后续项目建设、运营移交等环节的工作。针对目前公私合作特许经营项目在土地资源取得中存在的主要问题和风险，政府方需要重点做好以下几方面的工作。

第一，努力争取以优惠方式取得土地资源。目前，政府配置土地资源的方式主要有行政划拨、协议出让和市场化的"招拍挂"，其主要依据是建设项目的用地性质。根据公私合作特许经营项目的性质，有关政府部门的实施机构需要配合项目公司，向国土资源部门争取以优惠的方式取得土地使用权。对于纯公益性的公私合作特许经营项目，尽可能以行政划拨的方式取得土地使用权；对于有一定收益的公益性公私合作特许经营项目，争取以协议出让的方式取得土地使用权。这样，可以尽可能降低项目公司的经济负担，加快项目建设进度，按期交付使用，降低建设阶段的财政风险。

第二，制定、实施公私合作特许经营项目的土地优惠政策。目前，公私合作特许经营项目没有专门的土地政策，只能利用现有的一些基础设施和公用事业通用的土地优惠政策。这种状况不利于公私合作特许经营项目的发展。因为与一般的基础设施和公用事业项目相比，采用公私合作特许经营方式的项目具有经营时间长、参与主体多、风险大的特点，需要更多土地优惠政策的支持。另外，目前土地政策不支持特许经营项目用一部分土地进行与基础设施和公用事业相关的商业开发，用商业开发的利润补充基础设施和公用事业项目的公益性，以达到既保证社会公共利益，又使社会资本方能够获得合理回报，实现公私合作共赢的目标。这一点，还需要土地政策的突破。

第三，精准评估项目土地评估审批、征用的周期，合理安排工期，防止政府违约。在现阶段，我国城镇房地产价格经过多年的迅速上升，目前处于高位，土地被征用的农民，其法律意识、市场意识、维权意识已大大提高，土地征用的成本逐年提高，难度大大增加。政府方实施机构在办理土地征用的过程中，需要精准评估项目土地评估审批、征用的周期，在商定的开工期限之前，完成与土地相关的工作和手续，保证项目按期开工建设，按期完工，交付使用。防止因不能及时提供土地，导致项目公司向政府索赔，而造成财政风险和损失。

第四，及时妥善解决土地资源配置其他问题，保证按期完成项目建设任务，交付使用。在项目建设过程中，有时会出现一些突发性问题，比如施工现场出现国家保护文物，或者发生突发性环境事项等，这时就需要政府部门及时与有关方面协商，及时解决问题，避免影响施工，延误工期，给项目建设和运营造成损失，产生相应的财政风险。

6.7.1.2 拆迁与财政风险防范

第一，合法拆迁，防范群体性事件。在土地征用、房屋拆迁的过程中，容易引起居民的反对和群体性事件。政府应当充分履行对程序性的要求，例如《国有土地上房屋征收与补偿条例》第十二条规定："市、县级人民政府作出房屋征收决定前，应当按照有关规定进行社会稳定风险评估；房屋征收决定涉及被征收人数量较多的，应当经政府常务会议讨论决定。"即使建筑的所有权不明晰，也应该先完成调查程序，明确产权后再开展拆迁。规范使用征用土地公告，合法合规性地拆迁，才能作为有效拆迁。无效拆迁不仅会造成资源的浪费，还易引起民众的不满，形成社会不稳定因素，产生财政风险。

第二，控制拆迁成本，避免造成项目公司过大的财务压力，导致项目建设阶段的财政风险。在项目拆迁、征地拆迁方案执行过程中，会受到一定不可控因素的阻碍，但前期专业的风险评估，可以规避部分风险。补偿在前，拆迁在后，保证被征人对征地拆迁补偿协议内容的充分知情权，减少双方产生误解、引起纠纷的可能性。征地协议里提出的征地赔偿款应当足额、按时送达被征人，不得随意拖欠。有效控制拆迁成本，使项目公司顺利完成项目建设，防止建设延期造成的财政损失。

第三，及时跟进拆迁进度，在合理时间内完成拆迁工作，减少时间延误带来的财政风险。拆迁进度异常，无法如期执行拆迁方案，就会严重影响工程进度，造成项目建设延期。因此，政府实施机构和项目公司需要对项目的整体拆迁工作制定节点计划，严格控制各节点所需的时间，对于关键性步骤，还需制定工期延误的备用方案、关于工程延误的责任追究，以及适用的补偿措施，来保证按期完成拆迁工作，及时推进项目建设，控制财政风险。

6.7.2 完善运营价格管理降低财政风险的建议

从我国公私合作特许经营项目价格管理的上述问题来看，在项目执行期间，需要建立价格动态调整机制、完善财政补贴制度，加强项目价格监管，完善绩效评价对价格的应用，维护公私双方利益，有效控制财政风险。

6.7.2.1 完善公私合作特许经营协议价格调整机制，兼顾公私双方利益

根据我国公私合作特许经营管理制度规定，其项目经营期限最长可达30年之久，在此期间，市场供求管理、国家法律制度、科学技术等都会发生较大变化，这些变化会影响到公私合作特许经营项目服务的价格。因此，需要在特许经营条例中明确建立其服务价格调整机制，即在公私合作特许经营协议中明确规定项目公共服务价格调整的时间、条件、方法等内容。在协议执行过程中，如出现符合价格调整的情况，可立即启动价格调整程序，以维护公私双方的利益，控制财政风险。从具体协议条款的设置上，可以根据不同项目的具体情况进行安排。如规定每隔3~4年，双方对价格执行情况进行一次评估，若达到一定标准，需要调整价格，可按国家规定程序启动价格调整工作；也可以规定价格调整与零售物价指数挂钩，若其上升一定幅度后，就启动价格调整机制。通过调价机制的设置，可以防止在协议执行中因价格调整而出现的重新谈判，甚至导致项目失败的情况。

公私合作特许经营项目关系到公共利益的实现和公共资源的分配，针对在运营期间可能出现的价格风险，进行有针对的调价机制设计。运营期内的经济风险、政治风险、法律风险等，都是影响价格的重要因素，根据影响因素的变化幅度，相应价格需要做出调整和修订。特别是要充分利用信息平台

和大数据优势，减少信息不对称的情况。如在调价公式中设置政策变动系数，降低政策变动对项目价格的不利影响；与消费指数挂钩，减少通货膨胀带来的不利影响，设置汇率、原材料、需求变动相关指标，降低相应的价格波动风险，等等。

6.7.2.2 改革价格管理体制，减轻政府财政补贴负担

对于属于政府定价的公私合作特许经营项目的价格，地方政府可在管理权限范围内，加快价格管理体制改革，大幅度压缩价格调整中的成本监审、审批、召开价格听证会所需的程序、时间。当公私合作特许经营项目价格需要调整时，需要在较短的时间内尽快完成价格听证、审批等工作，保障公私合作特许经营项目的正常运行，避免因价格不合理、调整时间长，使得政府迫不得已增加政府财政补贴，加大财政负担的现象。对于属于政府定价范围内，公私合作特许经营项目较多的地区，地方政府可通过制定专门的价格管理制度来规范管理，精简程序，提高效率，促进公私合作特许经营项目健康发展，满足社会公共需要。

6.7.2.3 建立价格激励机制，提高社会资本项目经营积极性

在公私合作特许经营项目价格调整方案中，建立价格激励机制，其主要包括以下几点：（1）鼓励企业技术创新和进步。对于项目公司因采用新技术、新工艺而增加的成本，在价格调整时予以优先考虑，以此来鼓励企业不断推进技术进步，为社会提供优质的公共服务。对于技术进步产生的利润主要留给项目公司，不通过价格调整的方式进行分配。（2）鼓励企业加强管理、节能降耗、降低成本。对于企业通过加强管理、节能降耗等措施，在一定时期内降低了成本，因此增加的利润主要留给项目公司，不通过价格调整的方式进行分配。这样，有利于鼓励项目公司进行精细化管理，挖掘企业管理潜力，不断降低成本，增加利润，促进项目健康发展，为居民和企业提供良好的公共服务，实现公私合作共赢。

6.7.2.4 建立健全价格监督体制，维护公私双方的利益

完善以发改部门为主的价格监管体制，及时反映、监督和处理公私合作

项目运营过程的价格问题。发改部门及时修改、制定涉及公私合作特许经营项目的各项价格管理制度、政策，减少审批环节，提高成本监审效率，满足公私合作特许经营项目价格监管的需要；各业务主管部门配合做好成本监审；财政部门在各个环节做好价格信息的公开、透明；社会公众和新闻媒体密切跟踪项目建设运营进度，监督公共服务价格的合理性、合法性，维护社会公共利益。这样，形成价格监督的合力，有效监督公私合作特许经营项目的价格违法违纪行为，保护公私双方的合法权益，特别是保护消费者的合法权益，防止社会资本方利用价格调整损害消费者的利益。这是公私合作特许经营项目建设和运营的初衷。

6.7.3 公私合作特许经营项目付费机制及财政风险管理技术控制的建议

6.7.3.1 推进项目付费模式的多样化降低财政风险

如前所述，目前进入管理库的 PPP 项目，使用者付费类项目只占管理库项目数量的 18.5%，占投资金额的 14.7%。说明绝大多数 PPP 项目都需要政府付费或政府对缺口进行补助付费，结构不合理，会加剧财政支出的压力①。要根据项目的实际情况以及政府的承受能力，选择既满足政府减少财政支出责任，又满足一定收益报酬率的形式，在可操作的框架下兼顾政府诉求以及社会资本方的合理建议和诉求。

减少直接补贴资金的形式，推动特许经营项目可持续发展。可行性缺口补助要避免变成简单弥补运营收支缺口形式。在较长的运营周期之中，项目的运营收支缺口会有一定的波动和预期偏离。在不断提高预测准确性的同时，还要强化补贴对项目创新和提效的引导作用，不能仅是补足缺口。对于经营性的经营收支缺口，应严格控制在一定规模，不能由政府完全承担补足经营成本的资金风险。对于财政补贴形式以外的可行性缺口补助，也应当进行充

---

① 赵全厚. PPP 中隐匿的财政风险 [J]. 经济研究参考，2018（39）：3-25.

分利用。将特许经营面临的政策性运营成本损失以交叉补贴、优惠政策等形式进行补偿，既能避免支付大额财政资金，也能通过条件的改善，帮助社会资本方（项目公司）扭转经营状况。

避免政府付费的固化。政府直接进行产品和服务的购买，应当对财政资金的使用进一步规范。政府付费在有预算红线的约束下，控制在不超过当年一般公共预算支出的 10%。对采用按效付费的项目，强化指标选取的有效性，将绩效重点与项目运营关键因素结合，用系统化的绩效考评考察特许经营项目整个执行阶段的运营成果。

改善使用者付费项目的融资环境，降低融资难度。使用者付费项目的付费者是直接获得公共物品和服务的社会公众，除非需求量十分明确可以进行准确测算，否则，会对使用者付费项目的可融资性造成一定的影响，难以降低项目融资成本。政府给予一定融资政策的支持，有利于社会资本方在定价时减少来自融资成本的压力，保证特许经营项目提供产品和服务的质量。

在可行的付费程度内，制定使用者付费项目的定价上限。参考当地物价，对使用者付费项目的定价进行充分的测算，在成本允许的范围内，以最低价格提供公共物品及服务，实现社会效益和必要的经济效益。考虑到项目的具体特征，需要对项目的使用量进行控制和定期测算，减少由于使用量激增带来的项目损耗以及超额利润。

如前所述，在目前常见的使用者付费、政府付费和可行性缺口补贴付费方式中，80% 左右集中在后两种。[①] 在最近几年的 PPP 项目管理中，财政部门为了减轻财政负担，控制了政府付费项目的增长，于是可行性缺口补贴成为了特许经营项目付费的主要方式。由于各个项目之间差距较大，即使都采用可行性缺口补贴，不同项目的具体补贴方式、计算方法还会存在较大差距。这就要求在项目管理中，采用多样化的补贴方式，既符合项目管理实际，简便高效，又能减轻财政负担，降低财政风险。

在公私合作特许经营项目付费方式中，需要注意的一个问题是谨慎使用可用性付费方式。所谓可用性付费，主要是政府根据建设项目的可用性进行

---

① 根据财政部政府和社会资本合作中心网站公开资料整理。

付费。如按照工程建设进度，在不同的节点，政府付给社会资本方相应的费用，在工程建设完工交付使用时，基本将工程建设成本及施工利润支付完毕，社会资本投资不多的费用用于运营。但是这样，政府方承担了运营阶段的大部分风险，社会资本方随时可以以违约的方式退出，把项目的运营甩给政府，政府面临较大的财政风险。因此，在付费方式中，要谨慎使用这种方式。只有在社会资本方不承担项目市场需求风险的前提下，使用可用性付费方式才是合理的。但在现实生活中，社会资本不承担需求风险的项目少之又少。

6.7.3.2　合理处置超额利润

公私合作特许经营项目主要是基础设施和公用事业，具有显著的公益性，不允许超额利润的存在。但由于市场急剧变化等原因，有可能会出现超过约定投资回报率上限的部分。对于这部分超额利润，在公私合作特许经营协议中需要明确规定：实际利润超过预期的部分，应先由政府进行统一管理，金额统一支配，进入专门账户，再根据需要进行政府与社会资本方之间的分配。固定式和阶梯式是较为常用的超额利润分成方式，根据超额利润的产生原因，可适度向一方倾斜。对于已经形成的超额利润，可部分用于项目的激励，以新增投资的形式缓解社会资本方的投资压力。利用有效的绩效评价结果，来对社会资本方进行超额利润的分析。

对于经营性较强的项目，以及本身的运营能力较为成熟的社会资本方，可以通过提高运营效率、降低成本等形式提升特许经营项目的盈利水平。对于这类项目的超额利润的分享，可以在合理范围内上调，通过利润吸引来推动社会资本方对自身经营管理水平的提升，以带动项目整体效率的提升。

6.7.4　公私合作特许经营项目绩效评价政策建议

6.7.4.1　建立健全公私合作特许经营项目绩效评价制度

进一步整合现有的公私合作特许经营项目绩效评价政策和制度，建立统一、完整的绩效评价制度。（1）建立统一的公私合作特许经营项目绩效评价制度，改变政出多门、多头管理的状况。在政府与社会资本合作项目管理体制统一后，逐步统一公私合作特许经营项目绩效评价制度，为项目绩效评价提供统一、完整、准确的依据和标准，推动公私合作特许经营项目健康发展。（2）实施全生命周期的绩效评价管理。不只是在公私合作特许经营项目的执行阶段实施绩效管理，还要在识别、准备、采购、执行和移交的各个阶段，都实行绩效评价和管理，让绩效的理念贯彻公私合作特许经营项目的全生命周期，最终达到利用有限的资源，最大限度地为社会提供优质公共服务的目的。（3）构建较为完整的公私合作特许经营绩效制度，包括绩效评价程序、评价主体、评价标准、评价指标体系、评价方法、评价结果的使用等一系列的管理制度，满足公私合作特许经营项目的绩效管理的需要。

6.7.4.2 进一步完善公私合作特许经营项目绩效评价指体系

特许经营项目集中在基础设施和公用事业等领域，具有较强的特殊性，需要根据项目特质设置绩效指标体系，有针对性地对每个项目的风险集中部分进行监督，重点考察社会资本方以及政府在工作中较为薄弱的环节。在财政部现有通用指标的基础上，建立分行业的绩效评价指标库，以适应不同行业的公私合作特许经营项目绩效评价的需要。在目前财政部 PPP 项目管理库对 PPP 项目的分类中，涉及特许经营领域的包括交通运输、水利、能源、市政工程、城镇综合开发、政府基础设施和保障性安居等，每一个领域的绩效评价，都需要有特色的、反映本行业本质的评价指标。以水利行业中的自来水项目为例，其社会效益就是能够向居民提供符合国家水质标准的自来水数量，满足特定区域居民生活需要。

6.7.4.3 财政部门充分利用项目绩效评价按效付费

我国财政支出逐步实现全面绩效管理后，公私合作特许经营项目中的政府财政支出，无论是政府投资，还是可行性缺口补贴，抑或是财政部门对项目的各种奖励等，都需要跟踪问效，评价其效益。对于在特许经营协议中有明确绩效付费条款的，应按协议严格执行，并按照完成公共服务的数量和质量，及时、足额支付财政资金。对于特许经营协议中按绩效付款条款不完整、存在缺陷的项目，项目实施机构可与社会资本方协商、谈判，以特许经营协议补充协议的方式，完善按效付款的条款，保证财政资金发挥应有的作用。在公私合作特许经营项目绩效管理中，严格控制可用性付费方式，除项目情况特殊，社会资本方不承担市场需求风险外，其他公私合作特许经营项目不得使用可用性付费方式，并在公私合作特许经营项目管理制度中，明确规定这一限制。另外，要充分利用绩效评价的结果，促进公私合作特许经营项目的管理，对于没有达到绩效考核要求的社会资本方，严格扣减财政资金；对于绩效考核优秀的项目，给予必要的奖励，以督促项目公司为社会提供优质公共服务。

6.7.4.4　进一步普及绩效管理理念推动公私合作特许经营项目健康发展

从我国公私合作特许经营项目发展实际来看，其风险共担、利益共享的理念并未完全得到普及和接受。一些社会资本方参加公私合作特许经营项目带有明显的投机性，其跨行业参加项目并不是为了通过经营来提高绩效获得合理回报，而是寄希望于获得短期建设利润，中途将项目转移，以规避风险，比如建筑企业中标医院、医养结合项目等。有些社会资本方将所谓健全退出机制作为发展公私合作特许经营项目的重要条件。因此，在公私合作特许经营项目发展过程中，需要进一步普及风险共担、利益共享的理念，将长期合作、互利共赢作为出发点，将中途退出、转让等作为例外情况，将运营和绩效作为重点，来促进公私合作特许经营项目的健康发展。在管理制度方面，将采购环节中没有运营能力、不能保证项目绩效的社会资本方，排除在单独中标的可能性之外，使其只能和其他有运营能力的社会资本方组成联合体参加公私合作特许经营项目的招投标。

6.7.5　特许经营协议与项目合同体系管理建议

6.7.5.1　加强公私双方的契约意识

强化政府和社会资本方双方的契约精神。不仅社会资本方，政府也需要这份建立在合同和特许经营协议上的合作关系，而合作伙伴关系的存续需要双方对契约精神的遵守。我国目前公私合作特许经营项目案例中，存在大量由于政府或社会资本方单方撕毁协议，不遵守项目合同约定，提前退出项目导致项目失败的案例。对契约精神的不重视，会导致建立在项目合同和特许经营协议上的合作关系变得脆弱，对希望利用公私合作特许经营项目，通过公共物品和服务提高效率的政府，以及追求获得期望投资回报率的社会资本方带来违约风险，影响项目的正常落地和运营。

6.7.5.2　完善《民法典》，为公私合作特许经营项目提供法律保障

由于各种原因，现行《民法典》关于合同的分类中，没有单独的公私合作特许经营类别，在特许经营协议管理中，只能根据合同法的基本条款和相关条款来执行，这无疑增加了公私合作特许经营协议执行中的不稳定性。因此，根据我国近年来政府与社会资本合作项目迅速发展的实际，需要尽快修改《民法典》，增加单独的政府与社会资本合作合同（协议）类别，适应公私合作特许经营项目发展的需要。其规范的重点包括以下几点：（1）加强特许经营条款的规范。特许经营条款，是公私合作特许经营协议最核心的内容之一。在协议中，对特许经营条款的设置要合理、精准、明确，便于执行，防止因特许经营条款含义模糊、不清晰，理解上有歧义，导致在执行中公私双方发生分歧，而影响到项目的建设和运营。（2）规范双方执行合同（协议）的行为。特别是政府一方，不得随意撕毁合同，也不能因政府领导人的更替而不执行已生效的合同（协议）。（3）增强合同（协议）违约的处罚力度。使公私双方都受制于高昂的违约成本而努力遵守合同（协议），保证项目建设和运营的顺利进行。

6.7.5.3　完善公私合作特许经营协议的评估、再谈判和协商机制

在长达二三十年的公私合作特许经营协议执行中，因市场供求关系、国家政策、法律制度变化等原因，必然会出现一些在协议中没有涉及的新情况、新问题，影响到项目的正常建设和运营，需要及时解决。首先，利用协议中设置的定期评估和再谈判机制，及时启动公私双方的谈判，通过协商、谈判，

对出现的问题达成一致的解决方案，以保障项目建设运用的顺利进行。如前所述，为了解决公私合作经营期限长、不稳定因素多的问题，在特许经营协议中设置了解决新问题的机制，如价格上升的幅度或市场供求发生重大变化，已经达到启动重新谈判的限度时，就可以利用再谈判机制，启动公私双方的谈判，通过协商达成一致，以及时解决协议执行中的问题。如需要长期执行，双方可签署补充协议，作为特许经营协议的重要组成部分。其次，在协议执行中要加强公私双方的沟通和协商。面对公私合作特许经营协议在执行中各种各样的问题与矛盾，公私双方可通过相对固定的渠道相互沟通、协商，及时交换在协议执行中的意见，对一些细小的矛盾和问题及时解决，不能等到启动再谈判机制后再解决，否则，可能会失去解决问题的最佳时机，或者付出更大的成本。在政府监管部门，需要安排相对稳定的人员对公私合作特许经营项目进行监管，以保证对有关项目建设运营情况较为熟悉，能够有效开展沟通、协商和监管。同时社会资本方也需要主动与政府监管部门沟通，交流项目建设运营信息，表达有关利益诉求，及时化解矛盾和问题，保障项目的顺利实施。

6.7.5.4 有效治理地方政府随意违约的现象

从我国公私合作特许经营项目实际执行的情况来看，公私双方都有违约的现象发生，但相对而言，地方政府随意违约、不遵守协议的现象较多，甚至直接导致项目的失败。对于"新官不理旧事，一届政府一朝政策"的情况，需要从根本上治理。首先，将诚实守信列为党政干部品德和政绩考核的重要内容。在思想品德中，加入诚实守信、遵守契约的专门条款，作为社会主义市场经济条件下党政干部的一项专门要求。以诚实守信、遵守契约为荣，以违约失信、弄虚作假为耻，并逐步将诚实守信、遵守契约纳入《党政领导干部选拔任用工作条例》和《公务员法》中。其次，明确对党政官员随意撕毁合同，不遵守契约的处罚标准、程序，能够将责任落实到具体的党政干部，财政发挥应有的作用。一般的公私合作特许经营项目政府违约，应追究政府实施机构负责人的行政、法律责任；市县重点公私合作特许经营项目政府违约，应追究市县党政主要负责人的行政、法律责任。否则，一般性的号召、宣传，很难发挥其应有的作用。

6.7.5.5　将公私合作特许经营协议执行纳入国家社会信用体系建设

我国正在推进社会信用体系建设，并已取得初步成效。公私合作特许经营协议是国家合同体系的重要组成部分，可将特许经营协议的执行纳入国家信用体系建设，明确记录公私双方的违约行为，有利于惩罚失信行为。对于不履行协议、失信的社会资本方，要将其列入失信黑名单，限制其招投标、银行信贷、保险和个人消费等方面的活动，使其为失信行为付出应有的代价；而对于失信的政府机构及党政干部，也要列入失信黑名单，限制其职务晋升、招商引资、荣誉奖励评选和个人消费行为，使其受到应有的惩罚。与企业和个人失信情况处罚相比，我国目前对政府机构和党政干部失信的惩罚，在社会信用体系建设中，还处于探索阶段，不够成熟，需要在失信处罚的标准、程序、效力等方面，继续推进。

6.7.6　项目后评价结果应用建议

第一，保持项目后评价的独立性。与贯穿特许经营项目整个生命周期的绩效评价不同的是，项目后评价主要是在项目运营二三年之后进行，对项目在各阶段工作进行全面的评价、调查、分析、对比。项目后评价在实际运用时不受各阶段已经形成的文件的影响，是独立展开对项目的评价分析工作。项目后评价工作以独立的第三方咨询机构来完成，获得的结果更具有独立性和客观性，能够为政府方对项目进行全面监管、及时跟进提供完整的意见和建议。在项目后评价的独立性上，要求是前期没有参与过项目咨询，或是为项目的建设运营提供服务的机构和专家，不受项目决策者、运营者、管理者以及直接执行者的干预。

第二，努力提高项目后评价的覆盖面，逐步实现全评价。从目前后评价的实际情况来看，受各方面因素的影响，每年只是选择一部分项目开展项目后评价，且大部分都是经济社会效益显著、管理较为完善的项目，这样下去，项目后评价结论的全面性、代表性会受到影响。因此，需要创造条件，如将

政府应负担的评价费用纳入财政预算等，逐步扩大项目后评价的覆盖面，最后实现所有的项目都开展项目后评价，才能发挥项目后评价应有的作用。

第三，高度重视项目后评价结果的运用。公私合作特许经营项目的项目后评价，是在项目建成交付使用后的一二年内开展的，是对项目决策、项目管理、项目绩效的全面总结，由第三方机构运用较科学的方法，得出独立、客观、公正的结论。对于财政、发改及其他政府主管部门而言，可以充分利用项目后评价结论，总结公私合作特许经营项目建设运营的经验教训，不断提高决策水平、监管水平，促进公私合作特许经营项目的健康发展；对于项目公司而言，可以利用项目后评价的结论，有针对性地改进项目经营管理工作，努力提高经营效益，为社会提供优质公共服务，提高社会公众满意率，使企业获得合理回报，达到合作共赢的目的。

第7章

公私合作特许经营项目的移交与财政风险管理技术

7.1 公私合作特许经营项目的移交方式与财政风险管理

7.1.1 正常移交

7.1.1.1 正常移交的含义

公私合作特许经营项目的正常移交又称期满终止移交，即根据事前参与PPP项目合作方签署的特许经营协议，在协议明确约定的日期，项目公司将各有形和无形资产移交给政府部门（BOT、TOT、ROT等）。正常移交导致的项目终止属于计划内终止，因此，政府与社会资本应在期满前一定时间内启动终止准备工作，双方的谈判一般包括移交前的准备、资产权属认定、明确移交范围，以及移交中的其他问题等，并签署项目合同终止协议。

7.1.1.2 项目移交前的准备、资产权属和范围

（1）项目移交前的准备。项目移交前，合同双方需对以下事项进行针对

性的布置和安排：第一，项目移交后过渡期工作推进计划表的制定。第二，评估和测试。一般而言，政府聘请相关专业人士和项目公司组成移交委员会，全权负责PPP特许经营项目的移交前的评估和测试工作。

过渡期间，双方应遵守特许经营协议中各方的权利和义务。移交期间，社会资本方或项目公司应保证公共设施及相应设备正常工作，确保公共利益不受损害；同时，还可以约定项目设施相关零配件和备品备件的移交时间、厂商名单、基本价格，以及服务项目名单等详细资料。

明确项目移交过程中确保工作正常运行的规章制度，例如移交委员会的组织架构、移交权责归属等。一般情况下，移交委员会由独立专家或双方授权代表组成。在双方达成一致后，应该最终形成列出具体移交细节、广受认可的书面协议或清单，促使移交的顺利推进。

（2）移交资产的权属和范围。在实践中，对项目资产的权属和补偿有不同的约定和处置方法。

第一，谁投资谁所有，有偿移交，资产按评估价值补偿。例如建设部发布的《城市管道燃气特许经营协议示范文本》规定，一旦移交阶段结束，原先的项目经营方必须移交项目资产，但可以根据中介机构的评估结果和事先约定的合同条款进行补偿。

第二，项目公司在项目中投资的产权移交，双方应达成补偿协议。例如建设部发布的《城市供热特许权协议示范文本》规定，在移交时，项目合同双方应就项目公司自行投资形成的财产权属和补偿问题达成一致。

明确了移交资产的权属和补偿问题后，双方还应当对移交资产的范围作出约定。移交的项目资产一般包括：动产、不动产、经营权、股权、技术转让、项目相关合同的资料及其他相关资产。

7.1.1.3　项目资产移交办理、移交质量、风险转移和其他事项

在公私合作特许经营项目资产移交过程中，双方应协商移交手续办理、移交费用的承担、权利转让、风险转移、移交标准、质量保证等事项，并在协议中给予详细的规定。项目移交程序分解如图7－1所示。

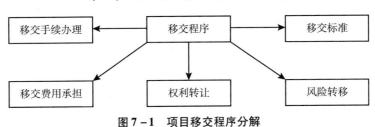

图7-1　项目移交程序分解

注：移交标准中包含质量要求。

（1）移交手续办理、移交费用。第一，移交手续办理。关于项目资产过户和协议转让的移交手续办理，双方可以在协议中约定。一般情况下，项目公司应承担此项工作。第二，移交费用（含税费）的承担。双方在移交前，应对费用的承担达成一致。项目移交的相关费用，一般有以下几种承担方式：一是由项目公司承担相关费用。《公路项目招标文件范本》特许权协议格式第7.6条规定，除法律规定应由政府承担的费用外，政府无须向项目公司支付本协议规定的移交和转让费用，但政府应自费获得所有完成项目移交和转让需要的批复，并使它们有效。二是由项目公司和政府方双方共同承担。三是由于任意一方违反事前约定合同，导致项目意外终止的，在合约双方协商后，主要由违约一方承担。

（2）项目资产的移交。第一，不动产和动产的移交。公私合作特许经营项目的不动产一般包括土地使用权和项目地上、地下的定着物，如公路项目中的土地、公路及公路周边休息区的停车区、商店、旅馆等营业设施；污水处理项目中的厂房及管线等。

土地使用权的移交，需要办理土地使用权的变更登记。除此之外，例如房屋建筑物等不动产的移交，也需要履行相关的所有权变更程序才可生效。并且由于不动产建设而产生的例如施工费、工程费用举借的债务也需要予以偿还，或解除加工承揽人的优先受偿权。而在移交前发生的与不动产相关的各类用途而产生的未缴纳税费也需全部缴纳，并出具和移交相关发票。另外，其他所有涉及权利保障方面的凭证，例如质量保修单等也需移交。

公私合作特许经营项目的动产，如公路项目中维护与保养的设备（压路机、维护车辆等），污水处理项目的机器和其他设备，有权属登记的财产等，需要办理其权属的变更登记。移交前被限制的各类有关动产的权利，例如设备质押权、抵押权等应当主动被取消。和处理不动产类似，相关税费也应予以结清，同时，各类涉及动产权利保障的凭证，应在移交阶段结束前完成全部的移交手续。

第二，经营权的移交。公私合作特许经营项目中授予的经营权证书，如公路项目中的公路收费证书，城市供水、供热、燃气经营权特许证书等需要交回，证书上的抵押、质押等也应予以解除。必要时项目公司应对外发布通知或公告，说明项目公司特许经营期已经结束。有金融机构贷款抵押或质押的，双方应进行协商后妥善处理。

第三，项目公司的股权移交。项目公司股权的移交表明项目公司已经解散，需要办理必要的手续，如现有股东之间签订协议解散项目公司或同意将项目公司的股权转让给政府继续经营，并在当地工商行政机关办理股权变更手续。在股权上设置的质押等权利也应予以解除。

第四，项目公司因为项目经营而与第三方签订的所有合同移交。项目公司应当将项目在移交阶段之前与第三方签订的正在履行的合同移交给政府或政府指定的机构，以便继续履行。

第五，项目知识产权和相关技术的转让。在公私合作特许经营项目实践中，有些项目可能涉及知识产权和相关的技术，如高铁、轨道交通项目中的信号通信技术；污水处理项目中的污水清洁技术；垃圾焚烧项目中的发电技术等。以上这些项目，可能需要项目公司将使用的技术或第三方技术移交给政府使用。因此，项目公司应保障在移交阶段完成后，不会有任何第三方以政府侵犯技术知识产权为由控诉政府方，引起合同之外的诉讼纠纷和索赔成本。

第六，确定具体的有关项目的书面资料的移交时间点，例如图纸、电子文档、保函等，并保持资料的完整。

第七，移交与项目有关的各类不动产，比如土地、建筑物、基础设施、厂房等时，应当严格遵从相关的具体法律法规，走正规程序，完成各类不动产的权益移交手续。

第八，移交项目经营必需的各类动产，主要包括各类机器设备、配件等时，应当保障项目运营所必需的消耗性备品和事故修理备品、备件等。

第九，项目人员问题。社会资本或项目公司应具体单列一份项目员工名册，其上应记录与员工有关的各类信息，包括职称、工龄、工资水平等重要细节，并在合同中授予政府在移交后自由选择是否聘用项目员工的权利。

第十，运营维护项目设施所要求的技术信息。移交协议中应当约定社会资本方或项目公司应在移交阶段无偿向政府方移交维护项目设施，使项目能够在移交后继续正常运营各类记录、日志和指南等文件资料，使得政府接受项目后，其他机构依然可以维持项目的正常运营。

第十一，移交阶段所需移交的其他有形或无形产权。移交阶段除了需要将有形实体的所有权进行移交，还需要将附着于有形资产之上的各类附加权利予以移交，附加费用予以结清。例如以公司资产为抵押所举借的债务、由有形资产处理而产生的各类尚未清缴的税费，等等。

（3）公私合作特许经营项目合同中有关资产权利证书的延续手续。如果公私合作特许经营项目中的一些权利证书，例如股权证书、经营权证书、收费权证书及商标、专利技术的使用权协议等在移交日前已期满的，项目公司有义务办理以上证书的延续手续，并移交政府。

（4）项目合同财产移交的风险转移。移交协议还应对移交过程中的财产转移风险责任作出约定。一般而言，在项目移交日之前的财产责任或风险，由项目公司承担，除非该责任或风险是由政府方的过错造成的；在移交日之后的责任或风险应由政府承担。

（5）移交标准。项目资产移交后，项目的设施、设备应达到能够继续运营的状态。具体而言，移交标准应满足以下两项。

第一，项目中移交的各类资产的权利必须是完好的，例如项目中的土地所有权未被质押给第三方，等等，项目包含的无形资产的所有权划分是清晰的，当然一种特殊情况是在项目提前移交时，尚未清偿项目贷款的担保除外。

第二，项目设施技术性能完好，具备运营的条件。项目设施应符合双方约定的技术、安全和环保标准，标准的参照系具体是什么，是按照国内标准还是国际标准，该如何评判，这些问题都应在事前签订的合同中有所说明。具体来说，可以单列一项"经营状况良好度评价"通过一套指标进行规制。

（6）移交质量保证。为了保证公私合作特许经营项目资产和设施能够继续运营，公私合作特许经营项目合同可能会规定关于项目资产和设施移交的质量保证。第一，项目处于移交阶段时，移交的项目设施完好度必须在经过专业移交委员会评定后，达到政府方的认可，同时，也需满足实现合同约定的由多维度指标体系构建的评价标准。第二，缺陷责任期。项目公司应保证在移交后的一段时期内，保证项目在由于项目移交前的任何操作缺陷，或违约行为而导致的项目设施的非正常损耗的维护工作，及承担环境污染的责任，但正常磨损的情况除外。

（7）移交维修保函、保险和公私合作特许经营项目供应商对项目设施的质量保证。为了更好地保证项目资产和设施质量，除了上述的质量保证期外，政府还可以要求项目公司提供维修保函。第一，维修保函。在项目合同届满前，项目公司应向政府提供合同约定的移交维修保函。第二，转让受保险或者承包商提前保证。在移交阶段，项目公司应当将所有因项目经营而发生的未到期的各类担保凭证无偿移交给政府方；移交完成后，政府需按照合同在规定期限内继续履行凭证上应付的保费支出责任。

（8）项目移交的其他事项。移交的其他事项，一般是指移交项目公司相关的物品和项目员工的培训。第一，项目公司应于移交日期之后的一定期限内，自行采取措施处理与项目经营无关、处于合同约定之外的各类物件。第二，如果项目公司需要项目员工培训的，项目公司可以提供培训并保证受训员工能够完成项目合同履行的工作需要。

根据上述条款的说明，我们可以把特许经营的移交环节细分为四个步骤：移交准备阶段、性能测试阶段、资产交割阶段、绩效评价阶段。项目移交操作流程如图7-2所示。

图 7 - 2　项目移交操作流程

7.1.1.4　移交阶段需要注意的问题

（1）移交准备工作。双方应协商安排以下合同条款：

第一，准备工作内容和进度安排。应设立移交机构，比如由双方项目负责人和有关人员组成一个委员会或移交工作组。移交的工作包括：移交资产的清点；移交资产价值评估，必要时可邀请第三方评估机构参加拟定移交财产的清单；确定移交的时间和地点；确定需要移交员工的清单。以上工作一般由政府负责，项目公司予以配合。政府负责项目移交前的准备工作，项目公司负责资产的接收工作。

第二，明确双方的责任。移交前项目资产的风险由项目公司承担，移交后由政府承担。项目公司应作出移交资产权利清晰、资产质量符合约定、没有任何隐瞒或虚假的保证或声明，如有违反，承担相应责任。

第三，移交工作的衔接。双方的移交工作人员应当定期召开会议或采用其他沟通方式确定移交事项，及时讨论和解决移交过程中的问题。

（2）项目资产移交合同的内容。资产移交合同应约定：第一，移交范围；第二，进度安排；第三，移交验收程序；第四，移交标准；第五，移交的责任和费用；第六，移交批准和完成确认；第七，其他事项。

（3）项目公司移交资产中的一些问题。第一，项目资产移交的风险预防工作；第二，分清财产的性质，防止权属关系争议；第三，项目人员安置风险；第四，项目土地的移交工作。

7.1.2　非正常移交

7.1.2.1　非正常移交的含义

非正常移交可分为提前终止（提前收购）移交和延迟移交两种形式。公私合作特许经营项目提前终止是指公私合作特许经营项目并未在项目合同约定的移交日期内进行移交，而是提前终止了，导致公私合作特许经营项目提前终止的原因按照责任主体划分可分为三类：政府方违约、社会资本方违约和由于不可抗力导致的任意一方违约，等等。而根据规定，在发生违约事件后，若违约方及时采取补救措施，在规定期限内，使得公私合作特许经营项目能够重新正常运作，那么项目并不会提前终止；但如果违约方缺乏补救能力，或者逾期采取补救措施，则另一方有权选择终止公私合作特许经营项目，提前进行项目的移交处理环节。图 7 - 3 清晰地给出了项目面临违约风险时，项目提前终止的具体框架。

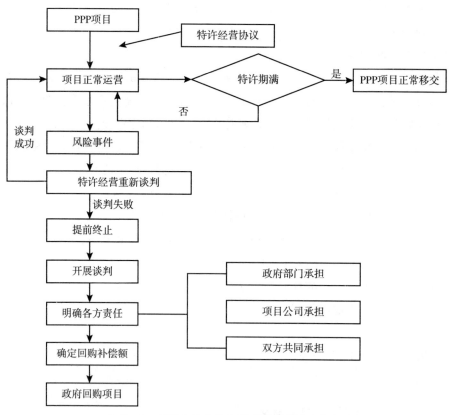

图 7-3　公私合作特许经营项目提前终止框架

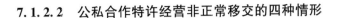

7.1.2.2 公私合作特许经营非正常移交的四种情形

我国财政部对项目提前终止的情形进行了具体规定，对于非正常移交的具体情形和责任人进行了分类和说明，指出当订立合同的任何一方在合同执行期间发生任何不遵从合同的行为，即违约。合同订立者有权要求终止项目，而由于违约导致的利益受损方有权根据自己的受损程度提出具体的赔偿条件。具体而言，根据导致违约的主体或者事由，将公私合作特许经营提前移交分为社会资本方违约提前终止、政府违约提前终止、政府提前选择终止和不可抗力第三方导致项目终止。

（1）政府部门违约导致项目终止。因政府部门违约导致合同终止，是指在项目期限内，根据合同约定条件，因政府部门违约而造成项目合同终止，比较常见的情况有：政府指定的执行机构解散、关闭或资不抵债，除非该政府指定机构在协议项下的权利和义务转让给一个能够继续履行该机构义务的、具有合法地位和相应商业职能的受让人。

（2）因社会资本方违约而导致协议终止。因社会资本方违约的合同终止，是指项目运营期限未满，但根据特许经营协议约定条件，因社会资本方违约而导致项目公司合同终止。比较常见的情况有：项目公司未能根据公私合作特许经营合同的要求向当地政府提交履约保证金；在相关重要事件日期的当日或之前没有实现该重要事件，并且项目公司在收到当地政府书面通知后的一定时间内，仍没有实现该重要事件；项目公司未能按照行业规定及当地政府规定对项目进行建设，而且项目公司在收到当地政府书面通知后的一定时间内，仍未采取有效补救措施；根据公私合作特许经营协议，项目公司被视为放弃项目的建设；项目公司没有根据特许权协议的规定对项目进行运营和维护。

（3）政府单方终止项目协议。政府单方终止项目协议可能出于两种原因：第一，政策、法律变更；第二，社会公共利益需要。政府单方面提前终止公私合作特许经营项目协议，是出于公共利益的考虑，由于形势的变化或社会的发展，原本规划的公私合作特许经营项目可能不再是最优选择，甚至变成了地方民生经济的阻碍。

（4）因不可抗力或者第三方因素导致的社会资本退出。该种情况的发生，其实不该归咎于签署协议的政府方或者社会资本方，因为它往往是不可预见，或者难以避免的，但是，双方往往会在协议中提前对其进行约定，列出一系列不可抗力事件：例如自然灾害，像洪水、地震、泥石流等对项目的破坏；政治事件，例如工人罢工导致公私合作特许经营项目运行的停摆；战争的爆发，敌方空袭对于项目设施的针对性打击等。尽管不可抗力造成了公私合作特许经营项目运行的困难，但是这并不意味着公私合作特许经营项目的终止，双方可以进行项目再谈判和重新协商，选择对原本协议进行调整，促使公私合作特许经营项目"重获新生"。但若双方未就不可抗力发生后公私合作特许经营项目的继续经营达成一致性的意见，那么任意一方均有终止公私合作特许经营协议履行的权利。而依据我国的《合同法》的具体法规，双方将通过行使解除权，使得公私合作特许经营项目协议失效。

7.1.2.3 提前移交的关键影响因素划分

通过对上述公私合作特许经营项目提前终止情况的详细论述，我们发现，导致公私合作特许经营项目提前移交背后的影响主体可分为四类：政府、社会资本方、双方和不可抗力因素。

（1）政府过失：在可控的法律环境下，政府部门未遵循之前与社会资本方订立的公私合作特许经营项目协议，完成协议规定的政府应当完成的应尽的责任，例如按时发放政府补贴，履行年度政府财政支出责任，或者由于政府前期对于公私合作特许经营项目实施的调研工作不够到位，使其在项目实施中期违反承诺，提出对于合同条款进行重大修改，造成项目运行的困难等。

（2）社会资本方过失：在不存在政府干预的情况下，在项目经营期间，由于项目公司决策失误或者经营不善导致的项目运营成本上升、资不抵债乃至公司进入破产程序，或者项目公司违法违规对项目现金流、声誉等造成重大损失的，抑或是项目公司提供的公共物品或者公共服务质量无法满足合同规定，达到预期的。

（3）双方兼有过失：双方由于缺乏协调或者协商，在一些需要项目公司和政府方共同进行决策的事务中出现差错，例如对于外部环境缺乏估计，未能及时就协议的具体细节进行重新订立或调整，造成的损失应由双方共同承担。

（4）第三方不可抗力因素：如自然环境的变化、政府无法预见和处理的政治或法律环境的变化、民意的突然变化等。

7.1.2.4 提前终止移交下的责任分担标准

一旦公私合作特许经营项目发生提前终止，如何处理责任的划分，就成为了一个至关重要的问题，一旦处理失当，很容易造成合约双方在利益上产生冲突和矛盾。根据已有的文献研究，我们可以根据责任归宿法将提前终止的责任划分为四类：政府担责、社会资本方担责、双方共同担责（均有过失）、双方共同担责（均无过失，由不可抗力引起）。

（1）政府担责。在政府方存在过失的情况下，例如强行干预项目实施、未及时给予应尽的项目财政补贴等导致项目提前终止移交，政府方需要承担项目终止责任，此时为保证项目公司的权益，政府应将项目以合理的价格进行回购，并在此基础上，对项目公司受损的利益给予充分的补偿。

（2）社会资本方担责。在社会资本方存在过失的情况下，例如由于经营决策失误、人员管理不当、违法违规决策等造成运营成本严重超支、收到有关监管部门惩处乃至项目公司资不抵债破产，项目公司成为承担项目终止责任的一方。

（3）双方共同担责（均有过失）。在双方均负有决策义务的事项产生失误时，例如未根据市场环境、法律环境等变更对原本的合同条款重新进行订立和调整时，项目提前终止应由双方共同担责，并根据事先合同约定的共同责任（有过失）分担条款规定的比例，分别向对方进行经济补偿。

（4）双方共同担责（均无过失，由不可抗力引起）。在双方对于不负有决策失误责任的事项上进行责任分担时，例如自然灾害的发生、政治事件、战争等不可控、不可预见、不可提前准备的事项发生时，双方应当根据协议的不可抗力事件责任分配清单规定的担责比例进行责任的分配。

7.1.2.5 项目非正常移交的补偿行为

公私合作特许经营项目的移交补偿方式，主要分为无偿移交和有偿移交两种，根据不同的移交形式，通常采取的补偿形式见表7-1。

表7-1　　　　　　　公私合作特许经营项目移交补偿方式分类

移交形式	补偿形式
期满终止无偿移交	采用BOT/TOT/ROT等模式运作的项目，可以在《公私合作特许经营项目协议》中约定，项目期满终止时，项目公司将项目资产无偿移交给政府
提前终止无偿移交	因某些不可抗力事件导致的提前终止情形，政府与社会资本各自承担风险，互不补偿
期满终止有偿移交	可以在《公私合作特许经营项目协议》中约定，项目期满终止时，政府需向项目公司支付对价回购资产或向项目公司股东支付对价回购项目公司股权
提前终止有偿移交	《公私合作特许经营项目协议》中针对提前终止的不同情形分别设置不同补偿方案

7.1.2.6 公私合作特许经营项目移交的补偿

（1）项目移交的补偿方式种类。项目移交的补偿方式分为无偿移交和有偿移交两种。

（2）项目移交的补偿方案确定原则。若公私合作特许经营项目因为各类原因导致提前移交，则需要根据担责主体按比例进行补偿，补偿的具体金额和条件，应该在特许经营协议中制定专门的条款，予以说明和约定。若没有实际说明，那么补偿的标准应当按照使得利益受损方"恢复到受损前相同经济水准"的原则，报批政府相关部门审核同意后方可执行。

（3）完善公私合作特许经营项目非正常移交下的补偿条款。公私合作特许经营项目终止情况下的补偿条款应根据项目终止实际情况进行全面分析。对不同责任方造成的项目终止情况，启动对应的终止补偿机制。项目公司退出项目后所获得的补偿款金额的大小可遵循以下原则：第一，因政府方违约，导致项目公司退出时得到的补偿金额最多；第二，因不可抗力事件导致项目公司退出时得到的补偿金额次之；第三，因项目公司违约导致自身退出时得到的补偿金额最少。

（4）项目提前终止的一般补偿机制。项目提前终止的一般补偿机制和终止补偿金额中的相关指标如表7-2、表7-3所示。

表7-2 项目提前终止的一般补偿机制

序号	终止事件	终止补偿金额
1	在项目建设期间内，项目公司发生违反合同或法律的行为致使项目提前终止	A1 - A2
2	在项目建设期间内，由于政府的违约行为导致项目公司无法行使完备的特许经营权	A1 + A2
3	在项目经营期间内，项目公司发生违约行为导致项目提前终止	A1 - A3 + A7
4	特许经营期内由于政府的违约行为，导致项目公司方无法行使完备的特许经营权，最终使得特许经营权被全部或部分收回致使项目提前终止移交	A1 + A3 + A7
5	由于第三方因素或者不可抗力导致的公私合作特许经营项目提前终止移交	A4 - A6
6	由于各种外部环境的变化，例如不可预期法律法规的调整导致的公私合作特许经营项目提前终止	A1 + A5 + A7

表7-3 终止补偿金额中的相关指标

终止补偿金额方案	备注
A1	是指特许经营协议提前终止之日时项目公司资产账面净值
A2	建设期终止违约金，其计算公式为项目方成立公司实际注册资本金金额乘以约定利率再加入时间贴现因素
A3	项目公司在较短的特许经营期间（一般来说小于等于4年）内的预期净利润值，其中预期净利润值在已中标的项目公司投资人中的中标文件中有所说明

续表

终止补偿 金额方案	备注
A4	公私合作特许经营项目进入提前移交阶段，资产评估中介机构给出的项目当前的资产净值
A5	项目公司在较短的特许经营期间（一般来说小于等于 2 年）内的预期净利润值，其中预期净利润值在已中标的项目公司投资人中的中标文件中有所说明
A6	当第三方因素或者不可预知和预防的事件导致项目提前终止时，保险赔付款应当全部归于项目公司获得
A7	移交阶段开始，项目公司向政府方提供的各类动产，例如机器设备零部件等的资产评估值

7.1.2.7 存在于公私合作特许经营项目移交阶段的各类风险

在移交阶段，具体来看，可能会受到以下几种具体风险的影响：经营风险中的移交阶段前后设备维护是否达标的风险；法律风险中的由于不可预知的法律法规变更而导致的合同被动变更的风险；金融风险中的由于宏观经济指标，例如国际市场利率、汇率、通货膨胀等变化，导致利润率等经营指标不如预期的风险；政治风险例如政府方在非正常移交过程中不遵守合约履行回购义务导致移交失败的风险。

以下，我们将对公私合作特许经营在移交阶段可能面临的具体风险做详细的说明。

（1）外部法律法规出现变动风险。当中央或地方层面出现新修订或颁布的法律条文影响到双方签订的公私合作特许经营协议中的重要条款时，可能会出现一种极端情况：即原本符合法规的合同中的条款可能在新修订或颁布的法律条文中不适用，这可能会对公私合作特许经营移交造成阻碍。

（2）政局是否稳定的风险。政局是否稳定，是公私合作特许经营全生命周期正常运作的基础，一旦外部环境中的政治局势不满足条件，那么公私合作特许经营项目无论进行到哪个阶段，都可能会被迫终止。

（3）公私合作特许经营所在具体经营领域行业规范发生调整。如果相关部委对相关行业下达了新的规范、指导意见等行政条文，那么原本存在于公私合作特许经营协议中规定的合同双方面临的权责，可能发生变化乃至是逆转，这是公私合作特许经营项目在移交阶段合同当事人需要特别注意的一点。

（4）政府不履行合同。在移交阶段，这种风险可能主要体现在政府不及时验收项目公司移交的项目设备，或者当由于自身问题导致项目提前终止移交时，不按照规定给予项目公司足额的赔偿款等。

（5）政府腐败导致的风险。在这里的政府腐败主要是指参与公私合作特许经营项目的政府官员在各环节凭借自身的政治权利，获取财物的行为。在移交阶段，这种风险主要体现在索要部分移交资产的行为上，这种行为会增加项目公司的经营成本，增大移交的难度。

（6）移交后项目设施不达标。由于监督不力，导致项目公司滥用项目设施的道德风险行为，主要体现在移交阶段。因此，强调移交设施在移交前后在短时间内满足一定的评价标准是极为重要的。

（7）设备维护风险。该点与第（6）条类似，指的是如果移交后项目设施不达标，那么会导致政府方重新经营项目时，需要频繁地对设施设备进行维护，带来运营成本的提高。

（8）协议设计不当风险。协议设计不当风险，是指双方在公私合作特许经营项目开始前的协议订立阶段，由于条款设计不全面、缺乏前瞻性、弹性较低、权责划分不够清晰、不符合现行法规等因素导致的风险。

（9）违约风险。无论是政府方、项目方还是第三方不可抗力因素，都可能导致违约行为的发生。

（10）由货币贬值引发的风险。货币贬值可能引发以本币结算的物品名义价格有所变化，严重时甚至会导致项目提前终止移交。

（11）由于利率波动引致的风险。利率风险一般是指在公私合作特许经营项目移交前，由于利率变动给项目带来的风险，这主要体现在投资的成本上，如果项目运营期间的利率有大幅度的上升，那么公私合作特许经营项目运行预期成本也会升高。

（12）国际汇率市场波动引致的风险。此类风险主要体现在业务衍生到国外的公私合作特许经营项目，或者公私合作特许经营项目日常经营业务涉及以外币折算的情形。

（13）不可抗力引致的风险。不可抗力通常可细分为自然不可抗力和人为外部不可抗力。自然不可抗力主要是指一系列自然灾害，例如台风、地震、泥石流、海啸等难以预知和避免的自然现象，自然不可抗力对公私合作特许经营项目造成的损害，其发生的机理不掺有人为因素；而人为外部不可抗力则主要包括战争、罢工、外国制裁、瘟疫爆发等人为但是政府方和社会资本方均无法控制的因素，这种情况发生的概率一般比较低，但是一旦发生，对于公私合作特许经营项目的影响是巨大的。

（14）残值风险。残值风险是指项目在移交后，经过移交委员会的评估，总体价值远低于预期水平的情形。

（15）环保风险。一旦公私合作特许经营项目的环保水准达不到预期，那么可能会导致民众反对而提前终止移交，同时，环保标准的不断提高，也可能使得原先符合旧有评价体系的公私合作特许经营项目到移交之日不再符合新的标准。

（16）有形和无形资产的转让风险。移交后的有形资产之上附着的权利可能是不完整的，而移交的无形资产，例如技术专利需保证在移交后无第三方申诉权利，否则，可能在政府方接手项目后遭到法律诉讼等事端。

7.1.2.8　应对移交阶段可能的风险措施

面对公私合作特许经营项目移交阶段可能存在的风险，合同双方主要有四种策略来应对：规避风险、利用风险、转化风险和控制风险。

（1）应对政治类风险。面对各类政治风险，例如政局动荡、国际制裁、法律法规条文变动等重大环境变化，合同当事人无法完全掌握此类风险，一般采取保守型的风险控制的手段：一方面，在此类风险发生后，对于利益受损方进行补偿，例如政府给予社会资本方政府补贴、税收优惠、贷款便利等；另一方面，尽可能在合同订立之时，对于可能发生的此类风险利用条款进行固化，同时，通过市场化的担保机制，例如为项目购买相应保险来摊平此类风险发生时政府方造成的财政损失。

（2）应对经营类风险。公私合作特许经营项目经营期累积的风险将会不断垒砌，最终可能造成公私合作特许经营项目的非正常移交。在公私合作特许经营项目周期中，经营期往往占据了很长一段时间，为了防范此类风险发生，一般采用以下两种方法：一是需要在合同中明确项目经营方对于经营状况的责任；二是建立政府对于公私合作特许经营项目的常规动态监管机制，搭建政府方与社会资本方就项目经营状况和战略调整做出决策的平台，避免因沟通不当或者监管不严而导致原本可避免的经营失误发生。

（3）应对法律风险。法律风险中常见的一种即是协议条款冲突风险，对于此类风险，如果双方能在协议订立初期进行合理的条款设计，即采取风险规避的方式，可妥善解决，而对于合同任意一方因为不遵守协议条款而产生的违约风险，宜采取风险控制的策略，因为即使前期合同再完善，项目实施的主体依然是人，所以违约行为在项目实施的任何阶段都有一定概率发生，只有通过前期合同的约束和实施过程中的全方位监管，才能将违约风险控制在一定水平之下。

（4）应对金融类风险。对于这类风险，一般而言，可以创新性地运用市场机制，将其熨平乃至转化为利润。例如在合同中加入价格随指数动态调整机制，或者采取对冲手段、购买商业保险等对金融风险进行转移，使得此类风险在移交阶段降低到最小。

（5）应对其他风险。对于其他风险，主要是不可抗力导致的风险，应当采取控制、转移的方法，一方面，通过购买保险的方式将风险转移给保险公司共担，另一方面，在合同中提前约定发生此类风险时双方承担的赔偿比例。同时应在协议中列示一条，专门应对不可抗力而筹备的不可抗力风险损失准备金。针对残值风险，应当主要采取风险控制的手段，主要是在移交阶段对移交的项目设施的质量进行把关，组成专业的质量评判委员会，严格进行质量验收、性能测试和返回重修等环节，直到新移交的项目能满足政府方接收后质量不出现明显的下滑，依然可以平稳运行。

7.2 公私合作特许经营项目移交阶段资产评估与财政风险管理技术

7.2.1 移交阶段资产评估的方法应用

7.2.1.1 特许经营项目提前移交回购条款的设计——以公路 BOT 项目为例

（1）资产评估在回购条款设计中的重要现实意义。当前我国对于公共设施，尤其是基础设施依然具有巨大的需求，无论是经济发展，还是公民的日常生活都离不开公路。但是，公路建设有两个特点：一是投资经营周期长，前期需要很长的时间进行规划、选址和施工工作，一条公路的设计寿命一般在几十年；二是投资金额巨大，一般而言，私人部门很难独自筹集资金承担此类项目的全过程。

（2）提前回购条款的设计。若在特许经营项目的招标中，一公路设施 BOT 项目中标价为 P，在前期订立的合同中规定项目经营期为 T，项目每年需要花费的平均运营成本为 M，项目前期总投资额为 I。项目投资公司在前期的市场调研中通过一系列指标预测，认为在未来 PPP 建设完成后相当长的时间内，与公路需求量相关的例如人口、GDP 等指标将均匀增长。假定该公路的年均交通量随时间 t 的变化可用如下模型进行刻画：

$$Q(t) = Q_0(1 + \alpha)^t \tag{7.1}$$

式（7.1）中，α 是预测得到的公路年交通量增长率；Q_0 是预测得到的项目运营的初始交通通行量。

在一个 PPP 项目中，有投资人参与的最低约束条件为在特许经营期间内，投资方通过项目经营所获得的收益可以恰好弥补建设和经营所发生的总成本损耗，用方程表示为：

$$I = \int_0^T \left[PQ(t) - M \right] e^{-rt} dt \tag{7.2}$$

式（7.2）中，T是特许协议中的运营期；P是投资人项目运营过程中的通行费用；e代表自然对数值；M是项目运营中的年运营成本；r是收益折现率，取BOT项目投资人的基准收益率。

假定根据上述模型，在预计合同规定的特许经营期T期之内，实际运行后，市场需求将远高于前期调研推测出的预期需求量，在不调整项目服务收费价格的前提下，项目公司将获得远超预期的回报，此时社会资本方的实际项目收益率也将超过合同中所规定的值。我们假定投资人提前完成了合同中规定的经营收益，即在$T_0(T_0 < T)$时间点达成。此时方程可表示为：

$$I = \int_0^{T_0} \left[PQ_1(t) - M \right] e^{-rt} dt \tag{7.3}$$

那么，根据项目落成后现实的运营情况，可以得到实际公路年同行量应随时间变化满足如下关系：

$$Q_1(t) = Q_1(1 + \alpha_1)^t \tag{7.4}$$

式（7.4）中，α_1是公路实际运营过程中平均年交通量增长率，$\alpha_1 > \alpha$；Q_1是项目实际运营的初始年交通通行量。

而根据以上方程联立求解得出的T_0，为项目投资人达到约定收益率的时间点，一旦超过T_0，在移交之前，项目方将会获得超额利润，因此，政府应当在T_0之前进行回购。

（3）政府提前回购条款的可行性分析。BOT项目中的合约设置需要兼顾到效率和公平，同时也需要满足公共物品提供服务的最低要求：一方面，需要使得投资方获得一定范围的收益，以保持其进行持续投资和经营的热情和积极性；另一方面，需要避免投资方通过公私合作特许经营的形式，以较高的价格垄断提供公共服务，获得大量的超额收益，使得政府负担加剧、社会福利有所减少。因此，在BOT的核心——特许经营条款中，政府合理地与投资方提前约定项目收益率的上界和下界，以确定一个浮动区间。一般而言，当政府进行回购时，其给出的购买价格往往使得项目投资者获得高于最低收益率但低于最高收益率的利润率。而对于BOT项目中的最低收益率，一般而言，我们需要参照市场化的利率来确定，通常会以同期国债最高利率或者商业银行定期存款最高利率作为标杆，然后进行微调，最终确定。

7.2.1.2 提前移交环节补偿方案的设计——以公路 BOT 项目为例

（1）资产评估在补偿方案中的重要意义。关于公私合作特许经营项目提前终止方面的研究，大多还集中在导致公私合作特许经营项目提前移交发生背后各方面因素的定性研究，而对于提前移交中，有关具体回购策略的细节，例如回购价格的确定等，还缺乏统一的标准，进行量化研究，而这也是情有可原的，因为每个公私合作特许经营项目的合约结构都千差万别。

在新的发展阶段里，为了使得公私合作特许经营模式更好地满足现实需求，保持经营的稳定性，有必要对公私合作特许经营提前终止的补偿问题进行详细深入的研究。

（2）公私合作特许经营项目提前移交终止与项目资产市场价值评估。市场价值法（markte—value method）是当前较为常见的提前终止状态下政府方对于投资方进行补偿的办法。具体来说，可分为两种类型：一是重新招标法，二是市场价值估算法。重新招标法，即通过自由竞标的方式决定出最高的出资投标价格，用以反映市场价格，而补偿的标尺即是按照最高的出资额进行调整确定。这种方法的缺陷在于，一般来说由于公私合作特许经营项目涉及的领域，偏向于准垄断性的公共物品领域，对于参与者的资金规模、技术标准有着相当高的进入门槛，因此，该情境下市场机制发挥资源配置功能的最基本运行要素可能不健全。同时，招标往往交易成本很高、运作复杂。这种方法还因为参与者较少且容易受到政府方的干预，使得公平性有所降低。因此，市场价值估算法往往在实际运用中更为常见。市场价值估算法主要是依据贴现因子，从提前移交之日起到原定的正常移交之日的时间段为依据，将这段时间内经营方预计获得的现金流折现，最后进行加总，此时的市场价值即为现金流折现值。而比较上述两种方法，第二种显然可以更全面地将公私合作特许经营的实际收益率与未来预期收益率相连接，因此，下文将使用市场价值估算法进行说明，并建立公私合作特许经营项目提前终止移交下的政府补偿决策模型。

（3）构建提前终止移交下的政府补偿决策模型并求解补贴额。第一，市场价值预测模型的构建及求解。根据国内外现有的研究成果，对于公私合作特许经营项目提前终止下补偿额的确定，主要有两种方法：一种是账面价值法，另一种是市场价值法。这两种方法分别应用于两种不同类型的公共项目。

账面价值法一般是用于不产生稳定现金流的非营利性项目，例如科教文卫领域下的事业性项目，如学校、医院、公共养老院等。同时，如果公私合作特许经营项目处在建设阶段，未进入经营阶段就已经提前移交终止，也可采用账面价值法。而市场价值法主要适用于可以产生稳定现金流的盈利性公共项目，例如高速公路、过江大桥等交通设施建设，此类项目在假定未来客流需求量和其他金融因素不发生显著变化的前提下，可以通过未来现金流进行一定程度的贴现并以此来确定提前终止移交的项目现值。

下面主要利用时间序列模型，以公路设施 PPP 项目为典型案例，主要构建了以未来交通量和经营维护为主要参数的数学模型，最后计算模拟出在提前移交状态下该项目的预计市场价值。

在构建模型之前，我们需要做出一些符合现实的假设来确保模型能够顺利地被构建。

假设一：一个高速公路建设项目经过政府方审核决定采用 PPP 模式进行建设经营，在与社会资本方成立的项目公司签订的合同中规定，特许经营期为 r 年，其中建设期为 w 年，则运营期为（r－w）年。但由于某种因素，在第 i 年，PPP 项目将面临提前移交终止的局面。

假设二：在项目经营期间内，假定通行这条公路的车辆是同质的，且公路畅通无阻，设定每辆车通过公路所需缴纳的费用为 P。假定公路收费价格在合同初期订立时就已经被固定，因此，在项目的实际运行期间内，项目投资方获取的总收益费用是一个固定数值。

假设三：公路设施作为一种公共物品，其运行带来的效益有两种，一种是直接效应，即项目方通过运行项目而获得的直接经济收益；另一种是外溢效应，即社会公众通过享受公众服务而得到的自身福利水平的提高。本模型从项目公司的经济效益出发，只考虑项目带来的直接效益，不考虑公共物品的外部性，我们假定该公路设施在第 i 年的现金流为 CF_i，而现金流的定义为该年的项目经营发生的现金流入减去发生的现金流出的净值，假定该 PPP 项

目在第 i 年的现金流入为 CI_i，现金流出为 CO_i。则此时第 i 年的现金流入可用方程表示为：

$$CF_i = CI_i - CO_i \tag{7.5}$$

假定项目投资方除了通过公路经营收取使用者通行费以外没有其他的获取收益的渠道，而现金流出也主要是源于项目经营所必须发生的各类日常运营活动。因此，项目运营期间 T_f 年和在此期间公路上实际运行的交通获取的费用总额，构成一个二元的时间序列。在此模型中，实际发生的数据和预测未来的数据是有所区分的：我们假定未来第 i 年的交通量记为 Q_{i1}，运营维护成本记为 C_{i1}，未来第 i 年的现金流为 CF_{i1}，则有 $CF_{i1} = PQ_{i1} - C_{i1}$，以第 T_{f+1} 年作为基准评估点，设 r 为考虑资金时间价值下的折现率，则该 PPP 项目当前的市场价值的计算公式可以表示为：

$$PMV = \sum_{i=1}^{T-T_f} CF_{i1}(1+r)^{-i} \tag{7.6}$$

第二，补偿决策模型的构建及求解。

假设四：提前终止移交下的补偿形式和支付形式在市场机制下的实现是多样化的，可以使用现金结算、股权质押转移、资产重组等多种形式，支付时也可采取一次性全额支付、分期支付、代付等支付形式。在本模型下假定，补偿形式为现金补偿，支付形式为一次性支付，且在 T_{f+1} 年年初全部完成。

设项目公司第 i 年的建设成本为 I_i，则项目公司在实际运营的 T_f 年里收益的累积净现值为：

$$NPV_i = -\sum_{t=1}^{m} I_i(1+r)^{-i} + \sum_{t=m+1}^{T_f} (PQ_i - C_i)(1+r)^{-i} \tag{7.7}$$

若 $NPV_i > 0$，则表示到 T_f 年，项目公司的收益大于付出的成本，开始获得净收益；若 $NPV_i < 0$，则表示项目公司获得的收益还未能完全覆盖付出的总成本。一般来说，提前移交终止情况发生时（包括人为因素和不可抗力导致的情况），违约方需要承担补偿费用，弥补对方损失，消除违约行为发生导致的各种负面影响。

第三，模型参数讨论。根据式（7.7）的净现值解，项目第 i 年的建设投资 I_i、项目实际运营期年限 T 等均为实际发生的或者已确定的数据；无风险

收益 r_0 取短期国债利率；折现率 r 可参照同类型项目的折现率加以确定；项目公司将补偿金用于投资的平均收益率可根据私人资本以往投资的收益率进行确定；政府部门的惩罚系数在取值时不宜过高，否则可能因为支付费用过高，使得政府部门难以承担成本而拒绝支付赔付费用；项目未来的交通量 Q_{il} 和运营维护成本 C_{il} 可通过构建预测模型进行预测。社会效益增加值需根据 PPP 项目的类型来确定，不同性质的 PPP 项目由于外溢性的不同导致其对社会效益的增加率是不一样的，同时这种外溢性本身也可能是异质的，例如公路 PPP 项目外溢性偏向于经济效益，而科教文卫的外溢性偏向于民生效益。分别计算由政府部门回购项目后产生的社会效益和由项目公司继续运营至特许期满时的社会效益，两者相减就是社会效益的增加值。

在提前移交模型中，若项目公司是发生违约行为的一方，则政府方合同中约定的项目公司享有的收益应当按一定比例进行折扣，该比例可以表示为 a，具体可以通过政府和公司对于原合同进行再谈判来确定。

因不可抗力导致提前移交的项目，一般来说在合同订立时会通过购买相关保险的方式，来通过市场机制分担和化解风险。

7.2.1.3 公私合作特许经营项目移交阶段资产评估主要关注点

（1）合同提前终止时移交的补偿评估。补偿评估一般采用成本法或市场法，特殊情况可能采用收益法。如果公私合作特许经营项目合同对于提前终止时各项资产补偿评估有约定的，应按约定的内容进行评估。具体如表 7 - 4 所示。

表 7 - 4 公私合作特许经营项目涉及移交阶段的资产评估及参数测算类型

序号	评估对象（参数测算）	具体涉及的情形	涉及阶段	评估目的
1	土地使用权	作价入股、抵押融资、提前终止时的补偿、有偿移交、TOT 时的移交	执行、移交	出资、融资、转让、补偿
2	无形资产	作价入股、抵押融资、提前终止时的补偿、有偿移交、TOT 时的移交	执行、移交	出资、融资、转让、补偿

序号	评估对象（参数测算）	具体涉及的情形	涉及阶段	评估目的
3	房屋、建筑物、构筑物	作价入股、抵押融资、提前终止时的补偿、有偿移交、TOT 时的移交	执行、移交	出资、融资、转让、补偿
4	企业价值	股权转让、质押融资、提前终止时的补偿	执行、移交	出资、融资、转让、补偿
5	公私合作特许经营项目存量资产价值	作价入股、抵押融资、提前终止时的补偿、有偿移交、TOT 时的移交	执行、移交	转让、补偿

注：在公私合作特许经营项目实施的各阶段中，所涉及的资产评估业务委托方通常为政府、项目实施机构、社会资本、项目公司中的一方或多方。

（2）项目正常移交阶段的资产评估。在项目移交时，资产评估主要存在两种情形，一是了解移交资产价值，二是为有偿移交提供价值参考依据。项目移交时的资产评估需要重点关注以下方面：第一，移交阶段所涵盖的资产边界，这涉及什么类型的资产的评估问题，即资产评估的对象问题。第二，一般来说，当公私合作特许经营项目协议中对评估方法选用有约定的，应从其约定。倘若没有明确规定具体的评估方法，可根据实际情况，例如移交资产的本身类型、特质和现有的评估条件来确定。第三，需要设置合理的资产评估标准，将所有可能影响到资产剩余价值的各种因素、反映资产剩余价值的各类特征充分考虑在内。

7.2.1.4　特许经营项目的资产属性不同界定方法辨析——以 BOT 为例

尽管 BOT 项目由项目社会资本方负责设计、施工、建设，但是其项目所有权并不掌握在项目公司手中，而是隶属于政府方，但是，在项目特许经营期间，该项目的实际控制权却是在项目公司手中。而在此期间的公私合作特许经营项目的收益和成本的计算和所有权都是清晰可定义的，故根据企业会计核算原则，公私合作特许经营资产项目，仍然按照资产科目进行核算。而对于项目的资产属性界定问题，目前大致有四种不同的分类方式。

（1）项目界定为固定资产。按照会计准则的定义，所谓固定资产即是超过一个会计年度的试用期间，有具体形状的，主要用于盈利用途的资产。按照这个定义，对于公私合作特许经营资产项目来说，总体来看，作为公共设施建设类型，其主体一般是有形的，例如公路项目、水利设施项目，是可以具体化的。从盈利性来说，虽然公私合作特许经营项目具有公益性的特质，但是项目方却可以在特许经营期间内通过运营来弥补项目建设期和运营期的成本，并获得合同约定的预期利润（正常运营状态之下），而且特许经营期也远远长于一年，所以将会计准则与公私合作特许经营实际运营的特点相对比，公私合作特许经营项目被界定为固定资产是有一定依据的。

（2）项目界定为长期股权投资。长期股权投资是从资产的所有权组成形式的角度和时间的跨度来定义公私合作特许经营项目资产的。从所有权形式来看，公私合作特许经营项目至少是两方，一个是政府方，另一个是由一家及以上企业组成的社会资本方。以 BOT 项目为例，其实际上是多方进行合作投资的行为，政府方让渡的是公私合作特许经营项目在较长时间内的特许经营权和收益权，而私人部门付出的是在建设期间的投资建设成本，和在特许经营期间内维持运营所需的运营成本。在特许经营期间内，政府可以参与监督，但是社会资本组成的项目公司才是掌握实际运营情况的主体。公私合作特许经营项目基本满足长期性和投资品的特点，但是，根据会计准则，长期股权投资在处置时不能无条件地赎回，应当付出一定权益进行等价交换，而这与特许经营项目在移交阶段"项目公司将公私合作特许经营项目全部无偿给政府方"的做法是相违背的。

（3）BOT 项目界定为金融资产。根据会计准则的定义，债务权益属于金融资产，在建设期间项目公司的前期投资可以看作对政府方应付的债务责任，应当被列入长期收款科目，而政府对于项目公司在运营期间的预期收益权则是债务偿还的一种方式。

（4）BOT 项目界定为无形资产。这里的无形资产是指将公私合作特许经营项目的价值从构建项目运营的有形资产的价值剥离，落脚到特许经营项目的核心——特许经营权上来，实际上在协议中，我们发现项目公司获得的并不是实物资产，而是一种使用收益权，除此以外并无其他在项目中进行收益获取的方式，这符合无形资产的条件。

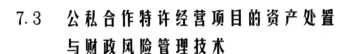

7.3 公私合作特许经营项目的资产处置与财政风险管理技术

7.3.1 公私合作特许经营项目下的社会资本退出路径

公私合作特许经营模式下，社会资本的退出方式是根据退出方移交的标的特征形式的不同，可以分为项目特许经营权转让、项目股权转让和项目资产转让三种具体经营形式。

7.3.2 股权转让退出

股权转让的主体指的是项目公司，其是指原有的社会资本需要退出，但是却利用公司的壳，借股权变更的形式，改变项目公司的实际控制人，而项目的资产产权和管理经营权的归属依然在原来的项目公司名下。社会资本方通过转让股权的方式，实现投资公私合作特许经营项目的回报收益。

根据转让对象的不同，股权转让一般分为两种形式：直接转让给政府方和转让给政府指定机构之外的第三方，例如其他有意向进入公私合作特许经营项目进行投资的社会资本。广义上，公开上市也是股权转让的一种形式。

（1）对政府方的股权转让。公私合作特许经营模式下的传统退出方式，是对政府方进行股权转让，指社会资本退出公私合作特许经营项目，并将其持有的项目公司的所有股份全部转移给政府方。最终弥补投资成本，并取得合同规定的一定收益。但在 2015 年之后，政府回购方式被明文禁止，同时，地方融资平台也因为逐渐被剥离融资功能而不再承担被转移项目方的角色。

（2）股权转让至政府方之外的第三方。第一，一般意义上的股权转让。传统意义上，股权转让即是项目公司通过股权变更实现实际控制人的变更，原有的项目投资者实现获得投资收入，而新的投资者进入项目合作程序。第二，公开上市。公开上市是实现社会资本退出的一种方式，其主要是利用资本市场机制，实现原有投资方的有效退出。

（3）我国公私合作特许经营模式以股权转让形式实现社会资本退出存在的问题。第一，在当前公私合作特许经营协议中规定，社会资本退出只能在一定时期后进行。第二，对于社会资本的退出决策政府方具有变相审批权。政府方对于社会资本退出的限制具有客观的合理性，这也就可以解释为什么当前我国地方的公私合作特许经营模式的开展存在"政府热、企业冷"的局面。因此，如何在控制项目退出环节的整体风险，和保证社会资本进退的灵活性之间取得平衡是公私合作特许经营模式下各阶段发展需要攻克的重要问题之一。

在规则的调整下，政府回购形式演变成了两种可能的形式：一种是政府制定有政府背景或者与政府方关系密切的企业接受社会资本方转让的股权；另一种是在合同中进行协议规定，要求公私合作特许经营项目的社会资本方为其股权或者贷款融资机构提供一定的担保。综上所述，股权转让虽然具有可行性，但是政府方采纳此途径的意愿较低。

7.3.3 资产转让退出

而与股权转让的形式相反，在资产转让退出方式中，项目公司本身的股权结构并未发生任何变动，而是以资产为标的的所有权发生了转移，因此，此过程中，最重要的是如何实现经营涉及的所有类型的资产均能完好地从项目经营方转运至政府方。

而项目的资产转让，根据具体移交资产特征的不同，分为不动产资产转让和动产资产转让。具体而言，不动产资产转让涉及的主要内容包括土地权益，土地附着物权益，与不动产相关的各类保险、税收凭证，与不动产相关的各类如质量保修等服务权利保障凭证。

有关动产资产转让，主要涉及的内容包括项目日常经营所必需的设备、设施及其配套装置、与动产相关的各类抵押权等附加权益、与动产相关的各类附加费用在移交阶段前必须要全部结清，并出具相关凭证。与动产相关的各类如保修单、质量凭证等保障服务权益的移交等。

对于一个完整的公私合作特许经营项目而言，一般动产的转让和不动产的转让兼有。资产转让的范围是否全面，性能是否达标成为评判资产转让是否成功最为重要的标准。对于政府方而言，产权的转移是较为简单的，只需要进行产权变更手续，一旦项目的资产符合转让的条件，走完流程便可实现项目资产的交割。

7.3.4 特许经营权转让退出

公私合作特许经营项目的特许经营权转让，是公私合作特许经营模式下社会资本退出的另一重要路径。以 BOT 模式为例，政府方将特许经营权出让给社会资本方，此时社会资本方仅拥有特许经营权而无项目所有权，因此在社会资本方转让特许经营权完成之日，即实现了社会资本的退出。根据《基础设施和公用事业特许经营管理办法》可知，"特许经营是指政府采用竞争方式依法授权中华人民共和国境内外的法人或者其他组织，通过协议明确权利义务和风险分担，约定其在一定期限和范围内投资建设运营基础设施和公用事业并获得收益，提供公共物品或者公共服务。"项目公司因该授权而拥有的栢关权利，即为特许经营权。

从上述特许经营的定义中可以看出，虽然特许经营双方是合作关系，通过协议明确双方的权利义务，但是由于特许经营权本身具有公益性质，因此被特许人的确定并不是完全的双向选择的结果，而是由政府规定的竞争程序确定，要求被特许人具备符合要求的资格和条件。政府特许经营权的行使将直接关系到公共物品和公共服务的供给，影响基础设施和公用事业的运营，因此，特许经营协议除了具有一般意义的财产属性外，还具有一定的行政许可和人身专属特征，原则上不能转让。我国 2004 年颁布的《市政公用事业特许经营管理办法》第十八条规定了行政机构可以取消特许经营权的情形，包括擅自转让、出租特许经营权等，从侧面规定了特许经营权不得转让。但在2015 年正式施行的《基础设施和公用事业特许经营管理办法》中却删去了禁止转让的条款，对特许经营权的转让未做具体规定，留下了法律空白。

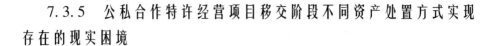

7.3.5　公私合作特许经营项目移交阶段不同资产处置方式实现存在的现实困境

目前我国公私合作特许经营项目采用股权变更形式的项目转让，主要受到两方面的约束：一是对于社会资本转让股权的变更的"锁定期"，二是政府对于项目转让审批权的垄断。同时，现有条文对于股权转让在不同情形下的处理细节也缺乏说明。

（1）股权转让限制较多。当前，对于公私合作特许经营项目经营期间的股权变更限制较多，因此未来公私合作特许经营条文的制定和修改，应当在保证公私合作特许经营项目正常经营不受影响的前提下，尽量降低对于社会资本通过股权变更形式实现项目进退的门槛规定。

（2）锁定期限制过于笼统和泛化。尽管锁定期制度从表面上看，只要社会资本渡过了锁定期，就可以对股权进行变更，但实际上，政府方在与社会资本签订合同时往往会将锁定期拉长，使得其覆盖特许经营期的全部时间段。在这种情况下，锁定期失去了其设计的原有职能。

（3）政府股权转让审批权过于集中。根据有关规定，政府对于公私合作特许经营项目社会资本方股权转让具有最终的拍板权。而现实中的已经实践的公私合作特许经营项目，往往也在协议中通过条款规定，项目公司在任何阶段的股权转让，都需提前报送政府方进行审批。倘若社会资本方未按照上述程序，擅自私下与第三方社会资本进行股权的转让，那么政府方有权单方面提前终止公私合作特许经营项目的进行。

（4）政府审批权限范围模糊。公私合作特许经营项目公司的参与主体为社会资本方和政府方两方，表面上看，合同上双方的地位是平等的；从承担职能的角度看，政府方既是公私合作特许经营项目的参与者，又作为社会公众的"代理人"，对于公私合作特许经营全生命周期的运行进行监督；从股权变更的主体来看，如果是政府方授权代持的股权转让没必要进行限制；从监督者审批周期的长度来看，当前政府方对于社会资本方股权转让的审批周期长度是没有限制的，这可能会导致由于政府行政审批效率过低而影响股权转让，最终使得公私合作特许经营项目经营受到波及的恶果。

第一，政府审批缺乏具体标准。公私合作特许经营模式中，政府方的角色不如社会资本方作为单纯的投资者那样纯粹，其往往扮演着既是"裁判员"又是"运动员"的角色，当然，基于公共服务领域的自然垄断特性，这是可以理解的。但当前的公私合作特许经营规范并未对政府审批权的运用范围、时限做出任何细节上的说明。

第二，政府审批周期没有限制。当前，由于公私合作特许经营项目涉及股权转让事项的政府审批周期缺乏限制，导致即使社会资本方进行股权转让经过了政府的事先同意，但还是有可能会因为审批时间缺乏硬性约束，使得政府行政审批机关将此事项的优先级大大下调，最终导致的结果是股权变更报批时间拖延常态化，对于稳定参与或者有意向参与公私合作特许经营项目的社会资本方的预期，是极为不利的。

（5）特定形势下的股权转让缺乏细节说明。当前股权转让的特殊情况，包括存在担保的情况下的股权受让和行使介入权后的股权转让。

第一，履行担保情形受让方无限制。公私合作特许经营模式中，在项目融资阶段利用质押等融资工具进行项目融资的案例并不罕见。而财政部发布的《政府和社会资本合作模式操作指南》，考虑到了公私合作特许经营项目中利用股权转让实现贷款的项目参与者对于融资资金进行担保的情况，并且认可了在此情况下项目股权转让突破"锁定期"的限制。而这种情况下，涉及股权质押的股权转让一般需要得到政府方的知情和同意，并经由法院对股权质押协议进行仲裁和判决后最终生效。但是现有的公私合作特许经营条文，往往对于存在股权质押协议情况下的受让方的条件缺乏限制。

第二，未规定行使介入权后的股权转让。所谓介入权是指在公私合作特许经营项目出现巨大风险，导致项目经营可能终止的情况下，政府或融资机构通过遴选合适的机构暂时代替引发风险的项目经营者接管项目的权利。在行使介入权时，项目公司的股权结构可能会发生变动，甚至整个项目的控制权都被转移给有能力稳定项目风险，使得公私合作特许经营项目回归正常运营的新的接管方，原有的项目公司会被排除出局，失去其负责项目运营的权限。而现有的 PPP 规定中，对于政府方行使介入权的说明比较详细和丰富，但是对于另一种情况，即债权人行使介入权的规定比较少。

（6）未考虑到政府股权退出的情形。政府持有的项目公司股权必然属于国有资产，因此，应当按照《中华人民共和国企业国有资产法》（以下简称《国有资产法》）的规定，对政府退出公私合作特许经营项目情形下的国有资产处理进行运作。根据《国有资产法》对国有资产交易形式的规定，国有资产交易只能通过两种方式进行：一种是在专门的国有产权交易所进行出让，另一种是采用协议出让。我们需要了解的是，由于公私合作特许经营项目的退库，都会由对应的项目管理库通过定期发布退库名单，或者以公告的形式向社会进行公开，因此，一旦该公私合作特许经营项目退库的信息披露，项目公司如果完全进入市场机制进行交易，其市场价值很有可能相较退库之前产生明显的缩水。而因为项目公司的一部分股权为国有性质的股权，所以还会导致国有股权价值的同步缩水，造成国有资产的流失。根据《国有资产法》，对进入协议程序进行交易的国有资产进行严格的限定：一是关系到国家安全、经济命脉的行业，二是只能在国有控股企业之间进行转让，三是必须要经过国资委的审核批准。这里的表述实际上不够清晰，例如什么是"关系到国家安全、经济命脉的行业"，现有的公私合作特许经营相关法规并未给出具体的说明。同时，即使退库后公私合作特许经营项目中的国有资产被判定为可以进入协议程序进行交易，如何将国有资本与项目公司总资产进行剥离，如何确定协议交易的价格，也依然没有明确的规定。

7.3.6 公私合作特许经营资产处置

公私合作特许经营资产处置，包含公私合作特许经营项目建设过程中形成资产的处置和项目公司股权层面的处置两种情况。广义的公私合作特许经营资产处置包括债、股和夹层。债只是单纯的再融资手段，不涉及一般意义上的资产处置，如公私合作特许经营项目专项债券、公私合作特许经营项目收益债等。

7.3.6.1 公私合作特许经营项目资产直接市场化处置模式

对于公私合作特许经营项目在移交阶段需要处置的资产，可以直接采用市场化的方式处置。其主要包括由项目公司或者委托第三方在项目所在地出售、拍卖（招投标）需要处置的资产，有政府投资的项目，还可以利用各地的公共资源交易平台，来处置项目公司各类资产。在采用直接市场化处置项目公司资产时，需要注意以下几点：（1）资产处置程序的公开性；（2）处置价格的竞争性；（3）资产处置信息的公开性。

7.3.6.2 公私合作特许经营项目资产金融资产交易平台处置模式

在财政部政府和社会资本合作中心的指导下，我国目前已有两家专门针对公私合作特许经营项目的资产交易和管理实体平台进入运营，为需求方提供服务。一个是位于天津的天津金融资产交易所公私合作特许经营资产交易和管理平台，另一个是上海联合产权交易所的"上海公私合作特许经营资产交易中心"。此类交易平台往往具有专业化、市场化和覆盖面广的特点。

7.4 公私合作特许经营项目的移交中财政风险监管技术选择及对策

针对上述我国公私合作特许经营项目在移交阶段存在的问题，结合我国经济社会发展的实际需要，可以分非正常移交和正常移交两种情况，我们需要制定相应的对策，来控制政府财政风险。

7.4.1 非正常移交项目财政风险的管理对策

对于因双方违约等原因造成的项目提前终止，需要移交项目及其资产情况，并重点解决以下问题。

7.4.1.1 坚持公私合作项目长期经营的方针，将退出作为例外情况处理

由于公私合作特许经营项目的特殊性，在指导思想上应坚持长期经营的方式，公私双方应充分理解这一点。特别是社会资本方，在参与公私合作项目时，应是企业的一项长期战略，而不是一时的策略。建立必要的退出制度，将社会资本方退出作为例外情况处理，不鼓励社会资本方为了自身利益而中途退出项目经营。

7.4.1.2 规范社会资本退出机制，降低政府财政风险

首先，要明确社会资本退出特许经营项目的条件。社会资本退出特许经营项目的条件主要包括以下几点：社会资本方在经营过程出现企业破产、倒闭情况；社会资本方经营出现重大困难，被迫调整企业发展战略，需要退出公私合作特许经营项目；由于国家政策发生重大变化，社会资本方无法继续开展项目经营；由于市场供求管理发生重大变化，社会资本方已无力开展项目经营；由于政府方出现违约，社会资本方不得不退出项目经营。通过上述规定，将社会资本方退出项目经营界定在例外的，迫不得已的条件下，防止社会资本方随意甚至恶意退出项目的情况，防止由此而产生的政府财政风险。其次，要规范社会资本方退出的程序。在公私合作特许经营协议中需要明确规定，不论上述何种原因，社会资本方退出特许经营项目，都需要经过同级政府的批准，不能随意退出。最后，社会资本方退出时，所有资产的处置，都必须经评估后采用市场化处置的方式，尽可能降低政府财政的损失。对于符合条件的社会资本方，项目公司的资产可以在 PPP 项目二级市场上开展交易，促使其较为顺畅地退出公私合作经营项目。

7.4.1.3 严格控制政府回购项目，减少政府财政风险

对于非正常终止，提前移交的公私合作特许经营项目，严重影响当地企业居民生产生活的项目除外，政府要严格控制项目回购，以防社会资本方有机可乘，造成政府财政重大损失。对于一般项目可以采用提前终止经营、清算移交的方式。而对于确实需要回购的项目，在回购的程序、回购的标准、

回购的方式、回购的透明度等方面，都要做出明确的规定。在回购的程序方面，需要社会资本方提前向政府部门提出回购申请，并提交回购方案，政府实施机构组织专家论证会进行论证，并聘请资产评估机构对项目公司的资产经营状况进行评估，在此基础上，上报同级政府批准。在回购的标准方面，需要以市场价格为基础，对项目公司的资产进行评级，回购价格原则上应低于评估价，以有效控制政府财政风险。在回购的方式方面，对于需要回购的资产，要以现货交易的方式完成回购，按双方约定的时间完成款项的交割。在回购的透明度方面，政府要及时发布有关信息，接受社会监督，防止暗箱操作，加重财政负担和风险。

7.4.1.4　因违约形成的项目终止，依协议严格划分违约责任承担风险

对于因违约而提前终止经营并移交资产的项目，需要具体分析原因，明确划分责任。首先，因政府违约原因造成的项目终止并移交，政府方需要在评估的基础上，按照市场正常价格收购项目资产，并赔偿社会资本方损失。其次，对社会资本方违约造成的项目终止及移交，项目公司的资产可按协议无偿移交给政府，或者自行处理。同时，政府应追究社会资本方的责任，补偿政府财政的损失，降低财政风险。对于在项目运营中有运营保函的项目，在社会资本方违约后，应按协议提取保函，弥补政府财政损失。对于有运行保险的项目，在社会资本方违约后，应通过向保险公司索赔，减少政府的损失和降低财政风险。除上述两个方面外，对于社会资本方有能力履约却恶意违约的情况，可以通过法律手段，追究其违约责任，补偿政府财政损失。

7.4.2　正常移交项目财政风险的管理对策

7.4.2.1　把握无偿移交资产项目管理的监管技术重点

对于 BOT、TOT、ROT 等无偿移交资产的公私合作特许经营项目，在项目经营期满，向政府移交资产时，要重点把握以下几点：无形资产、抵押担保、资产性能、维护承诺等。即针对不同的项目，应开发相应的资产移交清

单，明确移交的数量、标准等事项，逐项验收，以免出现漏洞给政府财政带来潜在的风险。（1）无形资产。指和项目公司固定资产等实物资产相关联的各类专利权、著作权、非专利技术使用权、商誉等。这些无形资产和项目公司实物资产存在密切关系，或者是依托项目公司实物资产开发、发展的，能够为项目的运营带来实际的经济效益。在项目公司实物资产移交时，这些无形资产也必须移交，如果让社会资本方带走，会形成政府利益的损失以及相应的财政风险。（2）抵押、担保等事项。在移交的资产中，注意核查有无附加在资产上的抵押、担保等事项。在公私合作特许经营项目不同的经营模式中，情况差异较大。在 BOT、ROT 等模式中，项目的资产所有权归政府所有，项目公司只有使用权，无处置权，也不能利用项目的资产设置抵押、担保等事项。而在其他类型的经营模式中，如果项目公司对项目资产拥有所有权，则可以设置抵押、担保等事项，但在项目终止，向政府移交资产之前，需要解除附加在资产上的各类抵押、担保等事项，以保证资产的顺利移交，以及资产移交之后，政府能正常使用、处置这些资产。（3）核查各项机器、设备和设施等的性能，能否达到协议规定正常使用的要求。（4）维修承诺。在项目资产移交政府后的一定期限内，社会资本方需要承担维修承诺，以保证各项资产正常提供公共服务的能力。在移交清单中需要检查社会资本方的承诺是否清晰、可行。

7.4.2.2　把握有偿处置资产项目的监管技术重点

在现阶段的公私合作特许经营项目中，期满向政府无偿移交资产的居多，而解除特许经营协议，由社会资本方经营，部分资产出售给政府，或者政府回购项目的较少。对于有偿向政府处置资产的项目，在移交监管技术方面，需要注意以下几点：（1）资产的评估。为了保证资产处置的客观、公平、公正，政府方需要聘请资产评估事务所、注册会计师事务所等有评估资质的第三方评估机构，采用科学的方法，对资产的价值进行评估。在资产评估机构选择上，可以采用招投标的方式通过市场竞争选择。同时，在开展资产评估的过程中，要注意对评估方法选择的监督，保证评估的合理。（2）处置的价格。在资产评估的基础上，考虑到公共服务项目的公益性，政府可按略低于评估价值的价格收购项目公司的资产，尽可能减轻政府财政负担，降低财政风险。（3）处置的方式。对于需要处置的资产，尽可能地采用市场化方式公开处置；对于政府不需要的资产采用包括招投标、资产交易市场，以及公共资源交易平台等方式处理。同时，及时办理款项支付等业务，减少和社会资本方的矛盾和冲突，维护政府信誉。

7.4.3 完善法律制度保障项目资产顺利移交

公私合作特许经营项目的成功运行，离不开条文清晰、体系完整的法律法规，这样才能规范公私双方行为，控制风险。目前公私合作特许经营的管理"多龙治水"，没有统一的法律条文予以规范，且立法层次比较低，对公私合作特许经营的规范约束较为薄弱。因此，需要加快立法，引导社会资本在项目移交环节的行为，保障公私合作特许经营项目后续的持续运行，实现社会资本的有序退出。从立法层次而言，中央层面，加快《政府与社会资本合作条例》《特许经营条例》等相关法规的出台，对社会资本退出的各个环节作出纲领性的规范，给全社会有志于参与公私合作特许经营模式的社会资本吃下一颗"定心丸"。条件成熟时由全国人大正式发布《政府与社会资本合作法》《特许经营法》。从地方层面而言，对于公私合作特许经营项目的规范，需要根据地方实际情况，例如经济发展水平、融资难易程度、政商环境等，因地制宜地给予公私合作特许经营模式一定的规范和激励政策。最后，需要完善社会资本权利受损的诉诸法律的途径。在公私合作特许经营项目的现实执行过程中，由于法律对于公私合作特许经营模式中的合同所属的性质不明确，到底是民事合同还是行政合同缺乏统一的意见，因而，当公私合作特许经营项目非正常移交时，如何处理对社会资本的救济，仍然存在争议，因此，现实的法律缺位使得实际救济产生的效果无法让社会资本方得到适当的帮助。可以考虑涉及特许经营的条款发生争议，按行政合同处理，协议中不涉及特许经营的条款，按民生合同处理。这样，能够有效维护公私双方的利益。

第 8 章

公私合作特许经营项目财政
风险管理的国际经验研究

8.1 发达国家公私合作特许经营项目
财政风险管理的国际经验

8.1.1 英 国

8.1.1.1 发展历程

英国大规模推广 PPP 模式，可以追溯到 20 世纪七十年代末八十年代初的新公共管理运动，政府为解决征税困难等问题导致的财政资金缺口与基础设施建设资金需求之间的矛盾，逐步引入社会资本参与公共物品和公共服务的提供。1992 年英国政府正式启动"私人融资计划"（以下简称 PFI)①，在 PFI 模式下，政府部门和私营部门通过签署长期合同，规定双方责任，公共部门依然负责提供核心的公共服务，私营部门则是利用自身管理技术，以及资金优势参与到项目的运营和管理当中。社会资本的引入一时取得了良好成效，

---

① 裴俊巍，曾志敏 . 地方自主与中央主导：国外 PPP 监管模式研究 ［J］. 中国行政管理，2017（3）：151 – 156.

1993 年在英国财政部内成立了私人融资工作组（PFP）以对 PFI 项目进行管理，1997 年在财政部内设立 PFI 工作组负责 PFI 的项目筛选、政策指引等推广工作，之后在财政部以外成立了专门的 PPP 中心（英国伙伴组织关系，简称 PUK）代替原先工作组。

2010 年英国成立了基础设施建设局（IUK），负责 PFI 项目建成后的基础设施运营。这一阶段 PFI 模式在英国得到了广泛运用，逐步涉及学校、医院、公路、监狱、住房、废物废水处理设施等公共设施领域，但随着 PFI 模式在基础设施领域的不断扩张，其存在的问题也在不断显露：股权投资者获利高风险小、招标过程繁琐耗费大量时间和成本、透明度不足、合同周期长灵活性不足等问题，给英国政府带来了风险和公众压力。为此英国政府在 2012 年，针对 PFI 模式存在的不足，设计推出了改进后的 PF2 模式，该模式在提高项目效率、改良股权融资方式、增强监督、增加透明度，改善风险分担机制等方面都做出了改进。同时还成立了公共股权投资机构中央控制单元（CPU）① 对 PF2 模式进行管理。PF2 模式在英国一直延续至今，但其中仍然存在着 PFI 模式下难以克服的缺陷，项目价值的评估不合理、周期长灵活性不足、私营资本利润率高等问题依然是英国政府正在努力改进的地方。

8.1.1.2　模式特点

英国是最早使用 PPP 模式的国家之一，是 PPP 的先驱者，经过近 30 年的发展，英国的 PPP 模式呈现出以下显著特征。

（1）PFI（2012 年后改为 PF2）模式为主，较少采用特许经营模式。由于特许经营模式下需要使用者支付使用费，PFI/PF2 模式下则是政府付费，而在英国的社会制度下，政府为全民提供医疗和教育等公共服务，所以 PFI/PF2 模式在英国使用较为广泛。

（2）英国没有颁布专门针对 PPP 的相关法律。英国曾处于欧盟之中，欧盟针对 PPP 的相关法律文件和指南在英国依然适用，故而英国仅通过设计一系列的政策和 PPP 指南对 PPP 项目进行管理。同时英国成立了 PPP 咨询机构

---

① 闫海龙. 英国 PPP 模式发展经验借鉴及对我国的启示［J］. 商业经济研究，2016（12）：122－123.

实现 PPP 的宣传和推广。

（3）英国的 PPP 项目适用广泛，覆盖到各行各业。PPP 模式在英国有较长的运行历史，所以 PPP 项目在英国被民众广泛接受。并且由于 PPP 在英国主要用来提供公共物品和服务，故 PPP 项目主要集中在教育、医疗、交通、废弃物处理等公共领域。

（4）英国的 PPP 项目运营周期普遍较长。英国所有的 PPP 项目中有八成左右的项目期限在 20～30 年，少量交通类项目的期限甚至超过 40 年，[1] 运营周期过长所产生的项目价值变化、项目估值不准确等缺陷，是英国 PPP 模式运行的一大问题。

（5）英国的 PPP 项目具有清晰的风险划分。英国的 PPP 模式下，项目的超期完工风险、预算超出风险以及项目运营中的风险由私人部门负担。如果项目未能完工或者完工后未达预期目标，政府均不会向项目公司支付费用。

8.1.1.3 财政风险管理

英国在 PPP 项目的识别、准备、采购、执行和移交环节，都具有较为完善的风险管理方法。完整的风险管理流程和较为先进的风险管理意识，使得英国的政府部门在 PPP 项目中承担较小的风险。

在识别阶段，英国对项目进行"物有所值"（VFM）的判断，以识别项目存在的财政风险。英国是将物有所值评价引入 PPP 模式的先驱，因此 VFM 与 PPP 项目的结合也相对成熟[2]。英国财政部为在 PPP 项目中规范应用 VFM，颁布了《资金价值评估指南》，明确规定物有所值的评价流程标准[3]。通过 VFM 评价，英国政府可以清晰地判断项目所带来的收益是否大于项目建设运维过程的投入成本，以及项目是否需要利用 PPP 模式。并且英国政府在项目运营期也会持续进行 VFM 的评价，以判断项目有没有较好实现项

---

① 孙欣华. 英国 PPP 模式发展特点，主要监管措施及对我国的启示 [J]. 经济研究导刊，2015：20.

② 姜宏青，徐晶. PPP 项目物有所值定性评价国际经验及启示 [J]. 地方财政研究，2018（6）：105 – 112.

③ Darrin Grimsey, Mervyn K Lewis. Are Public Private Partnerships value for money? Evaluating alternative approaches and comparing academic and practitioner views [J]. Accounting Forum, 2005, 29（4）：345 – 378.

目初期的预期。

在准备阶段，英国建立了完善的管理体系，政府成立了专门处理 PPP 相关事务的部门机构，经过不断改革形成了包括中央、地方、中央地方交叉的三层六类管理体系①，每一层又分别成立相关机构对具体事宜进行管理。中央建立以 IUK 为核心，包括国家审计署和 PPP 涉及领域政府部门在内的管理体系，IUK 主要负责 PPP 相关的政策制定以及项目审批，审计署围绕 PPP 项目展开事前事中事后审计工作，旨在保障项目运行的规范性，相关政府部门主要负责支持相应行业的 PPP 事务。地方由当地政府在权限范围内因地制宜地制定相关 PPP 政策，拥有一定的自主权。中央和地方交叉的管理层主要涉及的部门机构，是采购管理部门和地方伙伴关系公司，协助地方政府在 PPP 项目全生命周期各阶段开展工作。除此之外，英国已经形成了较为完整和规范的 PPP 项目立项决策体系。② 从项目发起到价值评估，再到审批决策的一整套决策体系，每一环节都需要通过审核才能进入下一环节。而为保证决策体系的顺利运行，英国财政部自 2003 年以来相继颁布多个纲领性政策文件，指导 PPP 项目立项评价与决策。与此同时，英国财政部组织各部门针对不同行业的特性制定了操作性更强的行业指导手册和相关文件，更加详尽地阐述了各行业 PPP 项目的筛选和决策过程的做法。

在采购阶段，为选择最适宜的社会资本方参与 PPP 项目建设，英国政府在招标过程中引入了竞争机制，通过项目建议书的报价来反映 PPP 存在的风险，以此达到风险的合理分配。在招标进程中，为了准确判断不同报价反映的项目风险，政府比较了考虑变量的 PFI 值与未考虑变量的数值，并且以建立风险矩阵的方式对各类有可能发生的风险进行预测，通过判断风险是否能够转移、是否能够协商解决、是否能保留三方面对其进行分类。社会资本投标时，可同时提交标准 PFI 投标报价和有变量的 PFI 报价，标准 PFI 报价严格按照政府方确定的风险承担方式进行，而在有变量的 PFI 投标报价中，社会资本方可根据自身对相关风险的管理能力和市场预期，来确定是否由其

---

① 肖文星. 国外 PPP 模式的发展概况及对我国的启示 [J]. 经贸实践，2018 (7)：11–12.
② Burger P, Hawkesworth I. How to attain value for money：comparing PPP and traditional infrastructure public procurement [J]. OECD Journal on Budgeting, 2011, 11 (1)：4.

承担某种风险及承担比例，并反映在报价中。

这种竞争机制一方面可以准确高效地预测项目未来风险，另一方面赋予社会资本自主权去管理项目风险，公私双方共同管控风险。对于处在英美法系的英国而言，法无禁止即可为，PPP项目的合同设计显得尤为重要，在经过竞争机制的相互博弈过程后，公共部门和私人部门需要就双方达成一致的结果订立合同。为强化项目各参与方的契约意识，降低合同违约风险，英国先后颁布了《公共合同法》《公用事业单位合同法》，以及《PFI/PPP采购和合同管理指引》等政策指南。同时为了使得合同制定更为规范化、标准化，《PFI合同规范化第4版》对于在合同期间可能发生的诸多情况拟定了相对应的管理细则，并制定了相应的风险处理办法。①

在执行阶段，为了方便政府监督和社会监督，英国政府一直在不断完善PPP项目的信息公开机制，通过在项目公司增加监督人员等方式对社会资本方的行为进行全方位监督。首先政府将项目有关的审批流程公之于众，使企业对项目有更大的确定性和把握，其次要求私人部门提供预期和实际的净资产收益率、政府持有公众股的所有项目的年度报告以及项目资金使用情况和项目负债等财务信息公开，在财政部网站上披露项目的审批信息，这样一来包括政府部门、私人资本、社会公众在内的诸多利益相关者都可以有途径来获取PPP项目相关的财政信息。除此之外，在执行环节，英国环境部制定了KPI绩效评价体系，项目能否合格、能否达到预期决定了英国政府是否会支付款项。同时在项目执行过程中，政府会运用动态调价机制，根据项目类别采取不同的定价机制，为不同的机制设计了具体的操作流程。一旦项目所处环境发生实质改变，就可运用这一机制对价格进行动态调整。英国出台的融资政策提出政府以小股东的形式进入项目，使得私人部门可以获得较为长期的债务，降低了私人部门的融资压力，而英国保险市场成熟度较高，令缺少自行化解风险手段的私人部门可以选择通过保险市场对冲部分风险，更好地推动了项目的风险控制，降低了项目执行环节的风险。

在移交阶段，英国政府同样要对项目的完成情况进行价值评估，物有所

---

　　① Farquharson E, Clemenciat D M, Yescombe E R, et al. How to engage with the private sector in Public – Private Partnerships in emerging markets［M］. Econ Papers：World Bank Publications，2011.

值评价方法（VFM）在此环节依然发挥重要作用，政府部门对已经完成的项目进行价值评估判断其完成后产出的价值是否与预期相同。

8.1.2 法 国

8.1.2.1 发展历程

作为世界上采用 PPP 模式较早的国家之一，法国在 PPP 领域的探索和推进历程时间较长，极具创新性。特许经营模式是 PPP 在法国发展最成功的模式，而将社会私人资本以特许经营形式引入到公共领域建设的历史十分久远。1438 年，法国贵族便凭借莱茵河货物运输管理特许经营合同进行收费。16～17 世纪，法国政府将大部分运河和桥梁等公共基础设施的修建特许经营权授予私人部门。18 世纪，"特许经营制度"被正式确定下来，私人部门可持特许经营权进行运营的领域拓展到了铁路、地铁、供水、供电行业。19 世纪，"特许经营权制度"发展成"租赁制"，即在以政府为主体的监管下，由私人部门提供公共服务，并以使用者付费的形式获取相应收益。特许经营模式也被政府推广到了高速公路、废水处理、集中供热等领域。20 世纪 90 年代，受英国发展 PFI 模式影响，法国将以政府付费形式运行的 PFI 模式引入法国，并建立双轨制的 PPP 制度体系，将使用者付费的特许经营模式和政府付费的 PFI 模式共同纳入 PPP 制度框架内。2004 年，法国政府为政府付费的 PFI 模式专门制定了《由国家、国营企业而来的伙伴关系合同法案》（以下简称《伙伴关系合同法案》），并依法设立了法国 PPP 中心（MAPPP），专门负责服务伙伴关系合同（CPE）的相关事宜。2006 年，MAPPP 和 IGD 为监督 PPP 运行设立了监督观察机构，由 ICG 管理，用于监测 PPP 在法国的市场变化，促进 CPE 的有效运行。2008 年，《伙伴关系合同法案》因与税法冲突进行修订，将 PPP 模式的内涵拓宽。2009 年，法国政府再次对该法案进行修订，旨在为伙伴关系合同运行起到更好的指导作用。为完善 PPP 的法律体系框架，法国政府随之制定了一系列其他法律政策制度进行补充，例如"国家担保制度""储备资金制度"等，旨在更好地保障伙伴关系合同的有效运行。

随着推广范围的扩大，PPP 项目的发展极大地促进了法国经济的增长，拉动内需，缓解政府资金压力。据 IGD 的评估显示，每年 CPE 和 DSP 带来的收入占法国 GDP 的 5%①。从 2005 年至 2011 年，CPEs 的数量起伏跌宕，但在后期显著增加。受 2008 年金融危机影响，市场上的 PPP 项目面临延期和终止的风险。因此，法国总统公开宣布政府支持 PPP 融资，并于 2009 年出台经济刺激方案，加强对 PPP 项目的融资支持。此外，法国政府还出台了 100 亿欧元的国家保障方案和 80 亿欧元的"联合融资方案"等。政府大力推动的 PPP 模式在法国的发展迅速，增强了社会资本方的投资信心，唤醒了 PPP 市场低迷的趋势。

在法国政府的大力推崇和支持下，PPP 模式结合法国国情，在各个领域发挥了广泛的积极影响，在缓解政府部门压力的同时，也为政府购买制度带来了新鲜的血液，促进财政改革。

8.1.2.2　模式特点

（1）特许经营模式与伙伴关系模式双轨制，形式多样。法国借鉴英国的 PFI 模式，并将其引入成为政府付费的"伙伴关系 PPP 模式"，与特许经营模式双轨并行，利弊互补，创新了传统政府采购制度，便于根据项目需求对 PPP 模式灵活选取。随着 PPP 项目的推进，法国目前形成了三大类运营模式：第一是特许经营模式，公共部门将公共设施的特许经营权交给私人部门，私人部门采用使用者付费的形式，对 PPP 项目进行运营管理，自负盈亏，并承担运行阶段可能出现的风险。第二是所有权公私共有，私人部门将现有的公共领域设施承租下来，对其进行维护运营，这在法国水务管理领域发挥的作用尤其明显。第三是政府单位直接管理模式，私人部门作为公共物品或服务的供给方，不能直接将用户作为获取营业收入来源，而是政府负责支付合同约定的报酬，多见于公共交通项目。

（2）基于合同的法律体系相对完备，两路径管理清晰。PPP 在法国的发展已历经三个世纪有余，在法国政府的大力支持下已经建立了相对完备的基

---

①　裴俊巍，王洁. 法国 PPP 中的伙伴关系合同 [J]. 中国政府采购，2016（7）：38－41.

于合同关系的 PPP 法律框架体系，为 PPP 项目运行打造了良好的法律环境。2004 年，法国制定了第一部专门服务于 PPP 模式的法律文件《伙伴关系合同法案》，明确指出 PPP 合同是典型的行政合同。2008 年，法国国民议会推广实施了 PPP 模式合同法律，对 PPP 合同中的公私合作关系、适用范围、项目期限、盈利模式、风险以及投资方式等方面做出了较为清晰的规定。此外政府还制定了一系列其他法律政策制度对 PPP 法律法规进行补充，例如"国家担保制度""储备资金制度"等，旨在更好地保障伙伴关系合同的有效运行。PPP 合同可大体分为两类，与政府付费形式对应的"伙伴关系合同及类似的合同"（CPE）以及使用者付费形式对应的"委托公共服务合同"（DSP），最常见的 PPP 模式即特许经营。两类合同分别适用不同的法律条款。PPP 合同最显著的特征是合同事项包含了 PPP 项目从采购、设计、建设、运营的全生命周期过程，政府通过与社会资本方的合同约定，将 PPP 项目包括风险和收益在内一揽子完整委托给私人部门，督促承包商在建设运营过程中合理运用资源，降低运营成本，提高项目运行效率，有利于达到经济效益与社会效益的最大化。

（3）市场集中度高，政府色彩浓郁。法国的合同承包行业独特，PPP 项目承包商市场较成熟。世界十二大承包商机构中，三家公司位于法国，对于 PPP 项目的运营管理拥有丰富的实践经验。这三个机构持有法国大部分的 PPP 合同，享有较大比例的财政补贴[①]。除了承保公司在 PPP 市场的寡头垄断外，政府在大部分 SPV 公司中持有多数股份，只有极少数的公司由社会资本方主导管理，因此在 PPP 运营过程中政府仍在直接或间接地作为实施主体承担风险。

8.1.2.3　财政风险管理

法国建立的法律制度与管理机构相对成熟，为 PPP 在全生命周期过程中的财政风险管控提供了良好的环境。在保障 PPP 项目顺利运行的同时，各阶段的风险管理手段可有效控制财政风险。

[①]　Chua, David Kim Huat, Yue - Choong Kog, Ping Kit Loh. Critical Success Factors for Different Project Objectives [J]. Journal of Construction Engineering and Management, 1999, 3: 145.

在识别阶段，法国政府十分重视对 PPP 项目前期的评估与筛选。PPP 相关法案规定，PPP 项目的可行性报告中必须包括对项目未来使用率损益状况的预测，保证项目的可盈利性。考虑到项目发起人单独进行前期准备的资金压力大、风险高，以致往往不能提供准确的决策参考，对于 PPP 项目识别阶段涉及的可行性研究、效益评估、项目设计等前期准备工作，大多由政府委托专门机构完成，并且在项目全生命周期的各个阶段都有专业服务机构如会计师事务所、律师事务所、PPP 咨询机构等，进行规范引导和技术支持，避免了由于项目识别工作不到位导致的项目质量低下，进而浪费了财政资金，提高了财政风险。

在准备阶段，法国专门设立了 PPP 管理机构对 PPP 项目进行分类管理。法国的 PPP 中心分为国家、政府部门、地方三个层面设立，主要负责项目审批等前期工作。在国家层面，法国政府根据《伙伴关系合同法案》设立了 MAPPP，由经济、财政和工业部直接领导，专门服务于伙伴关系合同项目，负责 PPP 项目的初步测评和包括合同、技术指导等在内的前期准备工作。在政府部门层面，各部门都设有自己的 PPP 中心。各部门负责的 PPP 项目在实施前，须将可行性研究提交给 MAPPP 审批，通过物有所值论证后才可开展。在地方层面，由于地方政府独立管理地区 PPP 项目，无须将可行性研究提交至 MAPPP 审核，但向 MAPPP 提交审核可以获得中央政府在资金、技术等方面的支持和指导。此外法国政府还建立了较为完备、全面的 PPP 法律体系框架对 PPP 发展加以规范、引导。政府出台了专门服务于伙伴关系合同的《伙伴关系合同法案》，制定了一系列其他法律政策制度进行补充，例如 "国家担保制度""储备资金制度" 等，出台了 100 亿欧元的国家保障方案，确保伙伴合同项目和特许经营项目可以优先享受到贷款。相关法律法规对项目建设运营过程中的具体事项，如 SPV 成立条件、参与方的权利和责任、项目验收、运营年限等方面都有明确的规定。

在采购阶段，与社会资本方签订 PPP 合同时，政府部门对于合同的拟定十分慎重。由于 PPP 项目存在建设周期长、不可控、风险大的特点，为控制财政风险，政府要求合同各方采取严谨的条款来合理预测不可控风险，根据对未来诸多情况的预测，对合同中的相应内容做出合理修订。此外合同各方也可在合同涉及具体条款时，标明对于可能发生的不确定状况未来可通过协商和谈判的方式解决。

在执行阶段，法国政府认为，在项目运营过程中 PPP 项目合作伙伴的综合满意度是最重要的。因此，在项目实施过程中，政府采用动态化调整手段，不断修正各利益主体的满意度。① 项目定价方面，法国将收支平衡管制模型引入价格制定，政府根据收支平衡原则，结合项目所处经济形势，管控价格水平。② 财政补贴方面，在项目建设期，政府会将财政资金限额直接拨付给社会资本，当项目进入运营期时政府便不会再对项目的资金缺口给予补助。③ 融资方面，为保证足够的资金来支撑 PPP 项目的建设运营，法国政府推广了多种融资机制，包括传统项目债务融资、股权融资、Dailly 转让机制，以及租赁等形式，其中 Dailly 转让机制是指金融机构可以通过签订一份特殊的文件，以购买或抵押的方式将其对某些债务人的债权转让给信贷机构，从而使项目公司的风险转移为公共部门风险，政府部门在项目完成的情况下承担了还款责任；④ 此外，政府还出台了相关支持政策如资产证券化资助计划，以增强私人部门的投资信心，提高社会资金的利用效率。绩效评价方面，政府付费情况与项目绩效相挂钩，对于政府付费形式的 CP 项目，如果社会资本无法实现合同约定的项目质量或成本收益值，政府可以选择延迟付费，鼓励社会资本提高项目运营效率与质量。监管方面，法国在特定领域专门设立了政府机构来对 PPP 项目的运营进行监督。

在移交阶段，政府部门对于项目完成的时间和项目质量要求十分严格，如果项目公司发生延误项目等违约行为，将被要求给予政府部门高额赔偿，增强双方的契约意识，以免公共资产流失而削弱政府财力，增加财政风险。

---

① 朱晓龙. 法国公私合作模式（PPP）及经验启示 [J]. 经济研究参考，2017（47）：80-83.
② 谭鑫，马子红，郑丽楠. 国内外公共项目公私合作模式的理论述评 [J]. 广东行政学院学报，2016，28（2）：93-100.
③ Saussier, Stéphane. Introduction. "Partenariats public privé et performances des services publics" [J]. Revue d'économie industrielle, 2012 (4)：11-18.
④ Campagnac Elisabeth, and Deffontaines Géry. Une analyse socio-économique critique des PPP [J]. Revued'économie industrielle, 2012 (4)：45-79.

8.1.3　加拿大

8.1.3.1　发展历程

加拿大是国际公认运用 PPP 模式进行基础设施项目建设最好的国家之一，经过多年在各个行业实行 PPP 模式，加拿大已经形成了独具特色的 PPP 模式。加拿大 PPP 经历了三个时期①：20 世纪八九十年代，加拿大政府开始 PPP 模式的尝试，应用领域由初期的公路、桥梁等交通设施建设，拓展到教育、医疗等公共服务行业。在探索阶段，联邦政府和省级政府对 PPP 项目没有统一的规划，各个项目单独进行。1993 年加拿大政府成立加拿大 PPP 国家委员会（CCPPP），用以记录 PPP 项目的发展。2000 ~ 2005 年加拿大的 PPP 开始进入发展时期，这一时期加拿大政府认识到 PPP 项目对经济增长和国民就业的促进作用，开始出现省级的规划以及公私合作的管理机构，2003 年加拿大开始推广 PPP 模式，PPP 的项目数量持续增多，涉及的行业也在逐渐增多，但是由于发展初期 PPP 项目主要在省级政府开展，故发展时期的 PPP 项目主要集中在省级政府分管的教育、交通、医疗等行业。2006 ~ 2010 年加拿大的 PPP 项目逐步走向成熟，这一时期联邦政府看到了 PPP 模式的优势，开始加大对 PPP 项目的支持，2007 年加拿大联邦政府成立"加拿大公私合作基金""加拿大建筑基金""全国口岸基金"等 PPP 专项基金为 PPP 项目提供专门的融资优惠，2008 年加拿大财政部设立了所属联邦政府但通过商业模式运营的 PPP 中心，名为 PPP 加拿大（PPP Canada），PPP 加拿大通过议会上交 PPP 项目报告，对 PPP 项目进行监测，提升项目的价值和效益，改善 PPP 项目供给。在加拿大政府的支持下，加拿大的 PPP 项目发展稳定，在 2008 年金融危机时期依然保持活跃。加拿大 PPP 模式逐渐成熟，PPP 项目也在全国范围内的经济基础设施和社会基础设施中普遍开展起来。

---

① 于雯杰. 国外 PPP 产生与发展概述 [J]. 经济研究参考，2016（15）：45 – 49.

8.1.3.2 模式特点

加拿大是典型的联邦制政体，这也决定了加拿大的 PPP 模式在立法层面、机构设置层面，以及公民满意度层面的联邦体制特征。

（1）没有统一的 PPP 法案，各省级政府政策不同。由于加拿大是联邦体制国家，联邦及联邦以下政府具有较为独立的立法权，加拿大的各省级政府根据各自权限范围内的 PPP 项目情况，制定各省的 PPP 政策，并承担各自权限范围内的 PPP 事项处理责任。为在全国范围内规范 PPP 的应用，联邦政府发布了 PPP 管理条文，明确 PPP 的实施目标，搭建了管理 PPP 的宏观框架。而加拿大的省级政府就其主要承担的省内基础设施建设运用 PPP 筹集资金建设基础设施。省级政府对可采用 PPP 的项目类型、PPP 合作程序及步骤、省内主管机构及责任划分等较为详细的事项，发布省级的 PPP 管理规范。另外，市级政府还会针对 PPP 项目的立项、启动、执行、绩效评估、监督等 PPP 的运行环节发布 PPP 管理方法，进行更为具体的管理。

（2）分级管理 PPP 项目，各省级分设 PPP 中心。在联邦体制下，各省级政府不仅有相对独立的立法权，还具有相对独立的管理机构对省内的 PPP 项目进行管理。加拿大的 PPP 中心分为联邦和省级两级①。联邦级的 PPP 中心于 2008 年在财政部下属成立，名为 PPP 加拿大负责审核所有中央实施项目的 PPP 模式适用性评估，同时负责协助联邦政府宣传推广 PPP 模式，参与项目的具体实施。省级的 PPP 中心则是在联邦 PPP 中心的指导下，负责管理本省的 PPP 项目，但由于各省情况存在差异，部分省份还没有建立 PPP 中心，目前阿尔伯塔、安大略、魁北克、卑诗、纽宾士域、萨斯喀彻温等省，已经建立起 PPP 中心。

（3）重视民众满意度，注重项目的民意调查。由于 PPP 模式在加拿大的交通基础设施、供水设施、教育、医疗等公共基础设施领域均扮演着重要角色，对民众具有极大的影响，因此，加拿大政府十分重视收集民众对 PPP 项目的意见和态度，并将收集到的民意反馈到后续的 PPP 项目运作过程中。另

---

① Quium, A. A Guide book on Public – Private Partnership in Infrastructure [M]. Bangkok：UN – ES-CAP, 2011.

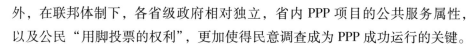

外，在联邦体制下，各省级政府相对独立，省内 PPP 项目的公共服务属性，以及公民"用脚投票的权利"，更加使得民意调查成为 PPP 成功运行的关键。

8.1.3.3　财政风险管理

加拿大的 PPP 模式一直处在稳步发展中，即使在 2008 年金融危机时期，加拿大的 PPP 项目仍然保持着活跃状态，这与加拿大在财政风险管理方面做出的各项举措是分不开的。

在识别阶段，加拿大政府首先会对 PPP 项目的可行性进行评估，判断项目是否具备 PPP 模式的潜力与可行性，然后根据潜在 PPP 供给标准对项目进行评估，研究项目条件和可行性，从战略层面考察项目风险、成本、供给、目标、约束，最后量化项目存在的风险，确定项目适合的 PPP 模式。加拿大的 PPP 项目评估过程中一直以物有所值（VFM）作为项目选择的原则，即在购买货物、服务和实施工程项目时，不仅要考虑价格因素，还要综合考虑质量、投标者业绩、供应方案可靠性、对环境和社会的影响等因素，从而实现风险从政府部门向社会资本的合理转移。另外，加拿大引入传统交付模型和另类融资采购法（AFP）到 PPP 项目的评估环节，使得 PPP 项目的量化评估更为准确，对风险的把控也更为合理，对项目的风险分担具有指导性作用，督促社会资本管控，降低范围内的项目风险。政府在此阶段采取的财政风险管控手段，主要用以筛选适合 PPP 模式的项目，避免 PPP 项目过多导致质量不过硬的现象发生，提高财政资金的使用效率，降低财政风险。

在准备阶段，从管理机构方面来看，加拿大在联邦级和省级政府分别设有 PPP 中心，负责对 PPP 项目进行宣传推广、PPP 基金的协调，以及 PPP 项目的部分开发任务，同时两级 PPP 中心有职责对 PPP 项目进行审核，从源头保证了 PPP 项目的合规合法。从风险分担方面来看，加拿大 PPP 国家委员会（CCPPP）将风险的合理分配放到了加拿大 PPP 的定义中进行强调。加拿大政府在项目实施前，会公开征集意向参与者及意向书，组建专业的项目运营团队，从外部聘请顾问，对项目实施中可能存在的风险进行全面把控，高效合理地分配项目风险，制定全面的项目实施计划。同时，加拿大政府还引入了适合的 PPP 双方补偿机制，当需要将风险由加拿大政府转移至私人部门时，政府应该给予私人部门更高的收益，将高收益作为风险转移的交换条件，实现风险和收益的合理配比。

在采购阶段，联邦政府积极制定高效招标流程，完善 PPP 项目采购流程，配合 PPP 项目的实施。另外，政府还引入了竞争性机制，将全球社会资本引入本国 PPP 市场进行竞争，利用竞争机制实现风险和收益的合理分配。采购阶段方式和手段的创新旨在为 PPP 项目挑选最优社会资本方，保证后续项目顺利运行，提高项目成功率，保障财政资金的使用效益，降低财政风险。此外，为优化采购阶段的选择模式，加拿大政府在采购阶段也引入了物有所值评价。在签订合同时，加拿大政府和私人部门会将 PPP 项目实施过程中，双方分别需要承担的风险明确写在合同中。合理的风险补偿机制和明确的风险责任划分机制通过合同明确下来，双方权责分明，减少了项目实施过程中的责任纠纷，避免了政府"兜底"现象发生。

在执行阶段，从融资方面来看，联邦政府建立了多项专项基金为 PPP 项目提供无偿补助、有偿补助、贷款和贷款担保等资金支持方式，最高可支持某一 PPP 项目 50% 的开发费用和 25% 的成本费用，实现高额资金保障，为各级 PPP 项目建设提供资金支持。加拿大政府还将经济实力雄厚的资本方引入到融资机制中来，保证了项目运行平稳的资金链，也降低了项目的融资成本。从监管方面来看，联邦级 PPP 中心和省级 PPP 中心共同对 PPP 项目的执行情况进行监管，强化了 PPP 项目运行中的规范性。除此之外，加拿大政府将民众也引入 PPP 项目的设计和监管之中，加拿大 PPP 国家委员会每年会征集民众对所在社区 PPP 公共设施项目使用过程中的态度和意见，作为 PPP 执行过程中的重要指标，借助民众实现对项目执行过程的反馈调整。完善 PPP 项目的监管体系有利于督促社会资本提高 PPP 项目的运营质量，保障财政资金的效率。

在移交阶段，加拿大政府严格遵守合同中明确的风险责任，只有完成的 PPP 项目的质量或提供的服务符合特许经营合同中约定的标准，政府才会同社会资本办理移交手续，支付相应的费用。加拿大政府还明确了各项目参与方权责，避免发生责任推诿的现象，同时也减少了私人部门在运行 PPP 项目过程中管理不严格、项目质量不达标导致公共资产流失的现象。

8.1.4　澳大利亚

8.1.4.1　发展历程

20 世纪 80 年代，为了弥补基础设施快速发展带来的资金不足问题，澳大利亚尝试将 PPP 模式运用到基础设施建设领域。PPP 模式运行之初，政府仅为解决资金问题，将较少的风险转移给私人部门，PPP 模式的引入不仅解决了资金不足问题，还促进了经济增长，取得了良好的效果。澳大利亚政府意识到了 PPP 模式的巨大优势，为了进一步促进经济增长，澳大利亚政府开始大量引入社会资本，并将 PPP 项目的建设和运营风险更多地转嫁给私人部门，过高的风险负担和与风险不匹配的少量收益，使得大量的私人企业难以支撑，最终导致澳大利亚第一阶段的 PPP 项目宣告失败。2000 年以来在澳大利亚的财政情况相比 80 年代和 90 年代有了一定程度好转后，澳大利亚政府吸取第一阶段推广 PPP 模式中得到的教训，再次将 PPP 模式引入国家的重大工程项目的建设中，这一阶段澳大利亚政府采取对现行法律进行合理的修正，甚至制定一项特别法律的措施，以便充分发挥政府和私人公司各自的优势。2001 年 PPP 项目建设较多的南澳大利亚州将州财政部成立的 PPP 专案组调整为置于财政部内的正式 PPP 中心，负责包括 PPP 项目在内的重大项目审查，后续 PPP 中心演变为"项目与国企部"。各州级政府对 PPP 模式的探索在取得一定成效的同时，也暴露出全国范围内 PPP 模式发展不平衡、信息不透明、效率低下等弊端。

PPP 模式需要在国家层面达成一致，2008 年澳大利亚通过出台《澳大利亚基础设施法案》，同时设立基础设施局，其中的工作人员由联邦政府、州政府、地方政府及社会资本四类机构人员组成，由联邦的交通部部长任命，受部长指派，经由部长向澳大利亚政府委员会进行定期的工作汇报。基础设施局主要负责帮助政府合理规划基础设施建设，拟定基础设施融资制度政策，向涉及基础设施的社会各方提供咨询、指导等服务。同年基础设施局与国家

PPP 论坛制定出台了《国家 PPP 政策及指引》①，对全国范围内的 PPP 项目进行规范与引导，同时各地出台的相关 PPP 文件失效。而为了进一步管理 PPP 模式，规范 PPP 合同的制定，澳大利亚政府分别于 2008 年和 2011 年发布了适用于社会基础设施与经济基础设施的标准合同范本。政府的这些举措间接地鼓舞了私人资本的投资热情，使得 PPP 项目在澳大利亚全国范围内实现快速均衡发展。而后在 2014 年，澳大利亚基础设施法案重新修订，将来自商界、学界、政界和私人部门的成员组成一个独立董事会，拟对国家的基础设施建设进行战略性规划。

8.1.4.2 模式特点

澳大利亚的 PPP 模式虽然起步较晚，但是发展迅速，作为 PPP 模式的发展处于世界领先水平的国家，澳大利亚的 PPP 模式具有其鲜明的模式特点。

（1）法律体系完善，政策法规较为详尽。尽管澳大利亚没有针对 PPP 进行专门立法，但设有专项法案，包括《国家 PPP 政策概述》《国家 PPP 指导准则》等总纲领性文件，以及 PPP 项目的投标分析指南，公共项目指标比较分析指南，风险分配、合同管理指南等指导性文件，旨在将对 PPP 项目的指导贯穿于全生命周期中，规范 PPP 的运作过程。与此同时，澳大利亚各州政府和联邦政府的相关部门拟定了关于规范公私合作安排的政策文件。作为国家 PPP 管理机构，澳大利亚基础设施局主要负责分析各级政府对于基础设施建设的实际需求，以及对国家基础建设做出规划。各地分别组建 PPP 管理机构，负责 PPP 项目的文件审核以及监督管理等工作，各类指导性文件也使得 PPP 的运行有据可依，保证了 PPP 运作的合法性与规范性。

（2）自下而上的发展模式，州政府具有较高灵活性。在 PPP 项目运营方面，澳大利亚的 PPP 项目运营是各州各自为战②。联邦政府与州政府会分别成立 SPV 公司为其服务。联邦政府层面的项目公司负责全国范围内的 PPP 项

---

① 赵静，常非凡. PPP 模式在世界主要国家的实践及可持续性分析 [J]. 宏观经济管理，2018 (6)：76 - 83.

② 黄腾，柯永建，李湛湛，王守清. 中外 PPP 模式的政府管理比较分析 [J]. 项目管理技术，2009 (1)：9 - 13.

目的管理，主要起到统筹兼顾的作用；州政府层面的项目公司主要负责各州 PPP 项目的具体事务，执行相关决策。联邦政府对于 PPP 项目的管理机构是澳大利亚设施局，负责制定 PPP 项目的相关政策、作出相关决策，并对地方 PPP 的管理机构进行监督；州政府的 PPP 中心工作人员主要来源于 PPP 行业各领域专业人员，负责制定各自特定管理办法，对地方开展的 PPP 项目进行指导和监管。尽管各州都会设立 PPP 管理机构对 PPP 项目负责，但是只有少数州政府会专门设立 PPP 中心这一管理结构，大部分州政府将 PPP 管理机构设在了财政部门。

（3）建立标准合同体系，规范 PPP 项目合约。PPP 模式具备的运营周期长等特点，造成了 PPP 项目较高的违约风险。为了规范 PPP 行为，促进 PPP 合同的标准化，澳大利亚先后颁布了适用于社会基础设施与经济基础设施的合同范本，增强各项目参与方的契约意识，弥补 PPP 项目的弱点。合同范本对各类 PPP 合同中的条款都有明确规定，指出要将风险分担机制、争端解决办法等事项予以明确，避免因条款不清晰造成各参与方发生矛盾。

8.1.4.3　财政风险管理

澳大利亚引进 PPP 模式的时间与中国相似，但是澳大利亚的发展速度却比中国快很多，PPP 模式的快速发展与澳大利亚全面的风险管理措施是分不开的。

在识别阶段，全国性 PPP 指导文件规定政府在项目实施前需要核实服务需求，确保这个服务需求是地区优先发展及公众需要的服务；还需要通过项目评定判断项目的投资价值，以及比较可能的供给模式，并且从物有所值角度判断 PPP 模式是否真正适合该项目。政府依靠物有所值论证在 PPP 模式与政府建造模式中做出选择，并提出 VFM 定性评价，需要分析 PPP 项目在规模、长期性、风险转移机会、全生命周期成本、创新性、竞争性等方面，可以更好地满足物有所值的关键条件，通过更完善的规划和物有所值分析，来提供更好的公共服务。政府在筛选 PPP 项目前需要明确地区发展需求，从源头规避由于 PPP 模式应用不当造成财政资金亏损，削弱政府财力，增加财政风险的现象发生。

在准备阶段，澳大利亚政府制定了 PPP 指南，旨在指导 PPP 项目运行和管控财政风险。联邦级和州级的 PPP 指南都对 PPP 项目发起和审批的流程、风险分担原则等内容有明确的规定。在项目立项决策方面，澳大利亚基础设施局，发布 PPP 发展指南，进行项目评估，分解 PPP 项目决策过程，在对项目进行决策时充分考虑项目的可行性以及未来预期风险，保证决策的科学性。此外，澳大利亚将全面成本—效益分析作为项目立项决策的法定程序，科学地判断项目价值，确保 PPP 项目运营具有经济效益与社会效益，保障财政资金的使用效率。

在采购阶段，澳大利亚政府会在订立合同前，明确公私部门的角色和责任。在将具体条款落实到合同之前，项目各参与方就所要承担的风险与责任进行明确划分，保证权责合理分配，并在合同中进行说明。私营部门既可以参与建设，又可以负责运营；政府部门则应在项目全生命周期过程中监管到位，避免违规操作。合同法对于合同参与方违约情况有相应的处置办法：如果企业违约，企业信誉度会降低，同时会失去参与其他合作项目的权利；如果政府违约，公众可通过投票来对当局管理人员提出反对意见。该法律提高了各参与方的违约成本，强化契约意识，降低违约风险，为合同的顺利履行提供了法律保障。该法律赋予了政府部门和社会资本履行合同的义务，降低了 PPP 项目的违约风险，保障项目的顺利运行，从而使得财政资金得以有效利用，降低财政风险。

在执行阶段，澳大利亚政府注重审计和监督环节，政府部门应对 PPP 项目的概况、组织方式和风险分担等商业属性进行公开披露，以满足社会大众的监督需求，督促社会资本提高项目运营效率、保障项目质量、充分利用财政资金与公共资源提供服务。另外，澳大利亚建立了严格的绩效考评机制，社会资本一旦违约，将失去良好声誉与后续的参与机会，该机制加大了企业违约的机会成本，督促其履行项目合同，有效保障了投入 PPP 项目的财政资金的使用效益，降低财政风险。

8.1.5 日本

8.1.5.1 发展历程

20 世纪 80 年代，经历泡沫经济破裂后的日本面临财政资金缺口扩张，国债膨胀的境况，亟待扩大内需，拉动经济增长，改变经济低迷局面，但大力推进基础设施建设会造成债务积压的恶性循环。为了促进经济增长，唤醒民间资本的活力，日本政府进行了公共部门的财政改革，于 20 世纪 90 年代将 PPP 模式引入公共物品与服务的提供事业中，以降低公共事业的运营成本，提高供给公共物品的效率。借鉴他国政府将 PPP 引入国内进行建设的经验，日本政府也将 PPP 引入国内，与政府提供公共服务或产品的传统模式相比，PPP 模式中的社会资本具有更加丰富的实践经验，节省资金的同时还可以提供更加优质的公共服务，提高公众满意度，缓解政府的财政支出压力。因此日本政府结合国情在民间大力推崇 PFI 模式，自此 PPP 项目在日本逐渐推广开来。

PPP 在日本的快速发展，加快了日本对于公共财政改革的步伐，日本政府对于 PFI 模式的管理也格外重视，于 1999 年颁布并推广了《利用民间活跃资本促进公共基础设施建设法律》（以下简称《日本 PFI 法》），随即在文化教育领域实施，根据实践中出现的问题对法律进行修正，推动 PPP 相关法律的完善。在政府的大力推广下，PFI 模式应用的范围被逐步扩大，涉及教育与文化、基础设施建设、社会福利等诸多领域。此后政府通过吸取 PPP 项目在实践中的经验教训，对《日本 PFI 法》进行了 6 次修改，相继引入了社会资本方发起项目制度、公共设施运营权制度、公务员派遣制度和民间提议项目制度等，旨在贯彻落实 PFI 规定，促进日本财政制度改革，激活民间资本的活力，促进公共基础设施建设。此外，为了构建完整的 PPP 模式管理框架，日本还出台了包括"物有所值指南""进程指南""风险共享指南""合同指南""监督指南"等具体引导规则。日本政府还对法律实施过程中发现的 PPP 项目漏洞进行不断完善与补充，先后颁布实施了 PFI 项目基本方针及

5 项指导方针，旨在准确指导 PPP 项目运行，规范 PPP 运转行为。在管理机构方面，为了加强对 PPP 模式的规划和探索，根据 PFI 法第二十一条规定，日本内阁于 1999 年为 PPP 项目专门成立了 PFI 推进委员会，负责调查 PFI 的实施情况并向首相报告、提出建议；同时在总理府成立 PFI 推进室，主要负责以 PFI 法为基础的基本方针的制定和 PFI 推进委员会一般事务的管理。2006 年，日本政府在东洋大学创办了 PPP 研究中心，推动学者对于 PPP 领域的深入探讨。

在引入 PFI 模式的短短几十年中，得益于日本政府的大力支持与民间资本接受新鲜事物的快速性，PFI 在日本迅速扎根生长、发展，为日本政府带来了良好的效益，在社会上引起了积极反响，并在提供公共设施建设，拉动经济增长的过程中起到了关键作用。

8.1.5.2 模式特点

（1）立法完善，管理机构健全。日本政府对于利用 PPP 提供公共物品和服务这一路径十分支持并大力推崇，在法律和管理机构上都力求为 PPP 模式打造良好的发展环境。日本于 1999 年出台了《日本 PFI 法》，使得 PPP 模式在日本的发展有专门法律可循，并在之后进行对此法案进行了 6 次修改，相继引入了社会资本方发起项目制度、公共设施运营权制度、公务员派遣制度和民间提议项目制度等。此外，日本还出台了包括"物有所值指南""进程指南""风险共享指南""合同指南""监督指南"等具体引导规则；颁布实施了 PFI 项目基本方针和 5 项指导方针，力求完善 PPP 模式法律框架体系，指导 PPP 项目在实践中的应用。为了方便规划和监督 PPP 模式在日本的发展，日本政府成立了专门的政府机构——PFI 推进委员会，负责信息搜集、项目咨询、提出建议、公众宣传等工作，并在总理府成立 PFI 推进室，主要负责拟定 PPP 相关政策，以及选择合适的社会资本方参与到 PPP 项目中来。其后又在东洋大学创办了 PPP 研究中心，推进 PPP 模式的发展研究，创新 PPP 应用路径，激活民间资本力量。

（2）项目实施领域教育文化行业居多，失败率极低。目前日本开展的 PPP 项目位于教育文化领域的数量最多，其次是环境和健康领域和城市建设领域，相关项目主要涉及医疗设施、公路、公园、下水道设施、港湾设施等，其他领域 PFI 模式也有涉及。此模式特点与 PPP 模式在日本的推广路径有关，日本的 PPP 项目基本是由小型公共设施向大型交通运输类基础设施发展的。这是由于在 PPP 引入日本的初始阶段，政府部门和社会资本方的人力、物力、财力不能满足过高的建设要求，PPP 项目基本围绕小学校舍、美术馆、图书馆等与居民生活密切相关的领域为中心实施，以政府付费为主。随着在 PPP 项目实践中的经验逐渐积累，和日本政府推广使用者付费型及混合付费型 PPP 项目力度的增大，在交通基础设施领域的 PPP 项目逐渐增多。值得一提的是，PPP 在日本推广的几十年中，累计发起的项目数量不多，但项目失败的数量几乎为零。

（3）项目操作形式 BTO 主导，政府为主要实施主体。PPP 模式在日本的操作形式主要包括 BOT（建设—运营—移交）和 BTO（建设—移交—运营）两种，BTO 与 BOT 模式的区别在于，若采用 BOT 模式，公共设施建设完毕后社会资本方可持有设施所有权运营一段时间后再将所有权转移给政府，但 BTO 模式则规定，社会资本方在项目建设完成后将设施所有权移交给政府运营。在实践中，BTO 项目数量居多，这与 PPP 在日本的发展特点有关。日本的 PPP 项目通常具有投资规模大、运营周期长、公益性强的特点，为了维持项目运营的持续效益，日本政府更多地采用 BTO 模式，政府部门应作为 PPP 项目的主要实施主体。①

8.1.5.3　财政风险管理

在识别阶段，《日本 PFI 法》规定，对于预期风险不可控、不符合条件的 PPP 项目，例如 PPP 项目的采购流程不合理、项目需求紧张与 PPP 项目特点不相符、PPP 模式不能节省财政资金、PPP 项目的实施得不到公众的支持等，政府应选择中断处理，避免承受过高的财政压力。为准确评估发起项目的风险，日本委托专门机构，采用定量和定性结合的方法进行物有所值评价，强调量化、透明，将项目全生命周期各个阶段的风险、价格计算在内，将传

---

① 景婉博. PPP 模式的日本经验及启示［J］. 中国财政，2017（2）：66－67.

统模式下的 PSC 值同 PPP 模式下的 LCC 值加以比较得出 VFM 指标，该指标越大越能表明选择 PPP 模式更有利于节省项目建设和运营成本。当风险难以定量时，可根据定性评价综合作为判断 PPP 项目能否实施的依据。从源头筛选能够创造预期经济效益和社会效益的 PPP 项目，为以后项目的顺利开展奠定了扎实基础，缓解了财政压力，减少财政风险。

在准备阶段，从管理架构方面来看，日本政府专门成立了政府机构——PFI 推进委员会，负责为 PPP 运行提供专业咨询、宣传等前期工作，推动 PPP 项目的开展；在总理府成立 PFI 推进室，负责主要政策的制定及项目实施者的选择；在东洋大学创办了 PPP 研究中心，鼓励民间 PPP 咨询机构的发展，这些机构和协会主要负责对国家发起 PPP 项目的实施情况和民间资本的意见进行必要的调查研究。《日本 PFI 法》规定，政府部门作为项目发起主体，必须事先制定购买服务的内容和质量要求并实施监管。以政府与民间社会资本两个角度对 PPP 进行深入研究、监管，为更好地推动项目运行积累实践经验，促进项目成功开展，发挥财政资金效益最大化，有效地控制财政风险。

在采购阶段，《日本 PFI 法》认为在选定社会资本方时必须准确评估项目公司的盈利能力和风险控制能力等，明确风险分担方式，保证合同的规范化。在风险分担方面，公私双方应在对项目进行实地考察、对项目预期风险进行合理预测后，再进行探讨、谈判，将预期各类风险在公私双方之间合理分配。一般地，由于不可抗力因素如自然灾害、政策变更等造成的风险由政府承担，在全生命周期过程中由于人为因素造成的风险由社会资本方承担。公私双方之间要合理分配风险，实现合作效益最大化，避免政府承受过高的财政负担。

在执行阶段，从定价方面来看，根据"成本加成定价"的定价理念，日本对 PPP 项目的价格规制主要采用总成本原则定价方法。目前日本政府更多倾向于购买服务型的付费方式，降低社会资本方的利益损害，降低私人部门承担的风险，但同时对于政府部门的财力提出了较高的要求，变相增加了财政支出，提高了公共部门的财政风险。从融资方面来看，为了保障 PPP 项目的资金来源，日本政府和民间机构各出资 100 亿日元成立了日本民间资金活用推进有限公司（PFIPC）①，该公司主要为使用者付费型 PPP 项目给予金融支持。当 PPP 项目公司进行融资时，PFIPC 主要以优先股或次级债券的形式参与进来，进而发挥杠杆效应，撬动民间资本参与 PPP 项目融资，减轻财政融资压力。

8.1.6 美国

8.1.6.1 发展历程

纵观特许经营模式在美国的发展历程，主要可以分为四个阶段②：第一阶段为萌芽阶段（19 世纪至 20 世纪 40 年代）。19 世纪前期美国就开始使用各种形式的 PPP 模式，但是在这一阶段，PPP 模式并没有在美国得到广泛推广，美国依旧主要由政府负责各类基础设施的建设。只有部分州政府在缺乏财政资金建设基础设施的情况下，选择采用 PPP 模式进行提供公共资产模式的补充。第二阶段为探索阶段（20 世纪 50 年代至 80 年代）。这一阶段是 PPP 模式在美国高速发展的时段。由于新能源的普及，美国政府征收的燃油税大幅度减少，同时各领域存在的基础设施由于时限过长而开始老化，亟待政府进行维修和拓建。在日益增长的基建需求与财政收入下降导致的财政资金缺口扩大的矛盾之间，美国政府选择采用 PPP 模式来解决"燃眉之急"，由此美国各级政府开始重视对 PPP 模式的应用。第三阶段为推广普及阶段（20 世纪 90 年代至 21 世纪初）。在意识到 PPP 模式对政府提供公共物品过程中起到的重要作用后，美国开始吸取英国、澳大利亚等 PPP 发展成熟国家的经验，大力推广 PPP 模式。第四阶段为加速阶段（2007 年至今）。2007 年，美国爆发次贷危机，并随之爆发了危及全球的金融危机。政府收入急剧减少，财政资金缺口逐步扩大。然而金融危机后美国经济低迷，急需加大基础设施建设来拉动公众需求。为刺激市场需求并减轻财政负担，2009 年美国政府出

---

① 闫竹，赵伟欣，陈志敏. 日本 PPP 发展中政府的作用及对我国的启示［J］. 现代管理科学，2017（7）：118－120.
② 林俊. 美国 PPP 发展经验及启示［J］. 财会月刊，2017（30）：75－79.

台了《美国复兴和再投资法案》，旨在鼓励社会资本加入到基础建设行业中来。《美国复兴和再投资法案》也进一步明确了利用 PPP 模式，引入社会资本参与到基础设施建设中的长久规划。在美国政府与社会公众的支持与推广下，PPP 模式在美国的发展步伐日益加快。

8.1.6.2　模式特点

（1）联邦层面无专门立法，州政府立法自由。作为联邦制国家，美国各个州都具有较大的独立立法权和执行自由。目前联邦层面没有针对 PPP 模式进行统一专门地立法，而是以州为单位，州政府根据各州的实际情况因地制宜，结合地区特色和需求制定具体的法案或者规定条文，按照各自制定的管理流程独立推进各地 PPP 项目的发展。联邦层面的法律在 PPP 项目推进发展中扮演的角色只是对各州政府的相关立法给予最基本的指导和规范作用。

（2）非政府组织推动项目发展，州政府自行设立 PPP 中心。联邦政府针对 PPP 模式的发展没有专门设立统一的 PPP 中心进行管理，目前，美国国内的 PPP 项目主要由美国 PPP 理事会牵头的非营利组织，以及无党派组织与机构进行项目进程的推动。由于 PPP 项目在交通部门的广泛应用，联邦交通运输部根据联邦交通法案的授权，也负责 PPP 模式的推广工作。具体管理和指导 PPP 项目的政府部门均位于各州的 PPP 中心，大多数州的 PPP 中心都设置在交通部门内，少数州政府将 PPP 管理机构设置在财政部门。

（3）PPP 发展行业和区域差异明显。PPP 项目在美国分布的领域相对集中，主要分布在交通、基础建设，以及污水处理领域。另外，在法律和管理机构方面，由于美国的联邦政府没有设立专门管理 PPP 项目的法律法规和官方部门，各州自主发展，而各州的特点和需求存在差异，州政府的管理能力和方向参差不齐，PPP 模式的区域发展势必会拉开差距。

（4）PPP 模式呈多样化发展。顶层设计决定了 PPP 模式在美国发展的体系框架，由于美国各州和地方政府在立法和机构监管方面都具有较大的自主权，各地区结合自身需求和当地特点自由发展，因此在 PPP 模式与各州具体领域进行结合时就演变出了不同形式的 PPP 模式。美国 PPP 理事会将 PPP 项目分成了两类，一类是对新建项目采用 PPP 模式；另一类是对需要运营和维护的已有项目采用PPP模式。针对每一类项目，应根据项目需求采用不同的PPP模式，例如，对于新建项目采用BOT等PPP模式；对于已有项目采用LBO等PPP模式。

8.1.6.3　财政风险管理

在识别阶段，美国政府部门运用VFM定性评价方法作为筛选PPP项目的工具。美国的物有所值定性评价首先需要选择合适的指标，继而进行指标评价，根据《P3 – Screen Supporting Guide》（2013）[①] 可知，指标涉及7个方面17项指标，涵盖法律、公共支持、组织能力、支付能力等多个角度，根据使用者需求赋予指标不同权重，从而对PPP项目进行定性评价。美国联邦公路管理局在《Value for Money Assessment for PPP》（2012）[②] 中指出VFM定性评价应当在项目开展的多个阶段重复进行，并强调采用多指标分析法进行分析的重要性。除采购决策阶段，交付模式筛选阶段也会运用到VFM评价。慎重筛选适合的PPP项目，以确保资金投入可以得到回报，保障财政资金的安全性，有利于降低财政风险。

在准备阶段，联邦政府会针对特定领域出台PPP项目操作指南等政策文件，旨在各州政府管理PPP进行统筹指导。各州法律法规的出台对当地PPP项目的发展具有引导和规范作用，加快PPP项目的推进效率，提高财政资金的使用效益。从管理机构层面来看，各州政府设有PPP中心，以规划和监管地方PPP的推进和发展，由于PPP项目大多分布在交通运输领域，大部分州政府将管理机构设置于交通部门，小部分设置在财政部门。由于缺乏统一的规划设计，各州PPP发展的程度不同，PPP中心的职能和权利也不同。

在执行阶段，从定价方面来看，政府应用投资回报率管制模型[③]来评估

---

① Federal Highway Administration. Office of Innovative Program Delivery. P3 – Screen supporting guide [Z]. USA，2013.
② Federal Highway Administration. Value for Money assessment for Public – Private Partnerships [Z]. USA，2012.
③ 谭鑫，马子红，郑丽楠. 国内外公共项目公私合作模式的理论述评 [J]. 广东行政学院学报，2016，28（2）：93 – 100.

PPP项目的过程并进行定价，首先该模型通过实际测算为项目制定一个合理的投资回报率，然后再根据其投入资本，确定合理报酬额。在采用可行性缺口补助和政府付费方式的PPP项目中，该方法可有效防止社会资本为取得超额利润而向政府索取过高报酬，削弱政府财力，变相增加财政负担的问题。从融资方面来看，美国用于支持PPP发展所需的资金主要来源于三类融资工具：一是私人活动债券，最早由美国州政府和地方政府发行，私人活动债券（PAB）以其免税的特性成为PPP的首选融资工具；二是《交通设施金融和创新法案》信贷计划，一种专门为分布在公共交通领域的PPP项目提供长期融资的融资工具；三是《水设施金融和创新法案》信贷计划，由政府部门为PPP项目提供的贷款政策，贷款利率水平低至长期国债国定利率，并且由政府为其直接进行贷款担保。美国政府为PPP项目提供融资资金或贷款担保，一方面降低了项目的融资成本，便于项目顺利运营；另一方面增加了政府或有债务风险，PPP项目运营一旦出现问题，政府部门就会负担大量的债务，加大财政风险。

8.2 发展中国家公私合作特许经营项目财政风险管理的国际经验

8.2.1 印度

8.2.1.1 发展历程

在众多发展中国家中，印度特许经营模式的发展处于较为领先的水平。20世纪90年代左右，PPP模式开始在印度发展起来，起步相对较早。总体而言，特许经营在印度的发展历程可大体分为三个阶段[①]：第一阶段为

---

① 黄正华，郑伊. 印度PPP发展概述——基于第二届亚洲PPP治理论坛暨第三届公共采购国际论坛会议综述［J］. 中国政府采购，2017（2）：54-61.

1991～2006 年。该阶段存在的 PPP 项目比较分散，主要集中在道路和桥梁行业，印度中央政府和邦政府均参与其中；这一阶段，PPP 开始有初步的法律和政策规定，但对于 PPP 的管理尚不成体系。第二阶段为 2007～2011 年。这一阶段政府开始逐步建立健全制度管理体系，加强顶层设计。第三阶段为 2011 年之后。PPP 在印度的发展取得了结构优势上的突破，印度政府完善了 PPP 政策框架、PPP 指南等指导 PPP 运作和管理的政策文件，发布了 PPP 工具并优化了选择社会资本方作为特许经营伙伴的程序；这一阶段，由于政府对 PPP 政策方面的突破性改革，吸引了大量民间资本参与到项目中来。

8.2.1.2　模式特点

（1）法律框架分散化，缺乏统一专门的特许经营模式立法。作为联邦制国家，印度的中央政府和联邦政府都具有立法权。从关于特许经营模式的整体法律框架来看，特许经营模式相关法律呈现出分散化的特点，尚不存在专门为特许经营项目运营管理制定的法律法规，只有相关政策文件和管理指南。

（2）特许经营模式促成国家间合作，与国际接轨。特许经营模式在印度的发展还具有国际化特征。在印度开展的特许经营项目吸引了一部分国际资本，近年来，共有来自 19 个国家和地区的私人资本参与到印度的近 120 个 PPP 项目中来，包括英、德、法、美、瑞士、菲律宾等国，其中参与项目最多的是英国和中国[①]。同时，印度政府积极与国际组织合作，如世界银行、亚洲开发银行等。

（3）基础设施项目准备草率，项目失败率较高。印度虽然发展迅速，但 PPP 项目的成功率得不到保证。据相关材料显示，印度的 PPP 项目失败率远远高于发展中国家的平均数据，由于种种原因被中断或取消的 PPP 项目不在少数。所有被取消的项目都集中在 2009～2012 年之间，原因在于印度在此期间在没有准备充分的情况下，发起了大量基础设施建设项目，在项目运行过程中诸多隐患如项目资金链断裂、土地问题、项目参与方违约等问题相继爆发，导致大量项目被迫取消。

---

① 沈梦溪. 印度 PPP 模式下的外国投资发展路径及启示［J］. 国际经济合作，2016（8）：28－33.

8.2.1.3 财政风险管理

在识别阶段，为了评估 PPP 项目的准确性，印度政府采取了"双保险"审核机制。第一层审核是由政府专门设立的 PPP 评估委员会来完成，由来自法律、金融等行业的专业人士对将要发起的 PPP 项目进行评估，并将评估结果明确反映在 PPP 项目建议书中，提交评估委员会进行一审；第二层审核是由政府各部委来完成，在一审通过后，各部委对项目建议书中涉及内容再次进行详细审核。有效促进筛选 PPP 项目的科学合理，保障投入项目中的财政资金收支平衡。

在准备阶段，为准确引导政府部门、事业单位、国有企业同社会资本方之间的合作，使得工作人员在进行实际操作时有据可循，印度中央政府颁发了一系列指导文件和 PPP 工具书，包括《中央 PPP 项目规划、评估和审批指南》《PPP 基础设施项目财务支持方案和指南》及《印度基础社会项目开发基金方案和指南》等，向相关人员传递特许经营模式理念和专业知识，规范项目各参与方的操作，为防范财政风险提供制度保障。在管理架构方面，为了便于管理和推进 PPP 项目在基础设施领域的发展，政府在经济事务部门专门成立了 PPP 中心，主要负责协调 PPP 项目运行与开展等工作。同时为了提高政府机构管理 PPP 项目的效率，印度政府通过建立 Kelkar 委员会（即印度政府财政秘书 Vijay Kelkar 为首的委员会）来对项目运转过程中公共部门和私人部门的行为进行独立监管，促进 PPP 项目的规范管理，以及政府职能的贯彻落实。

在执行阶段，从融资方面来看，为防止项目资金链断裂的情况发生，印度政府设立了印度基础设施金融有限公司（IIFCL），作为一个政府全资公司来给基础设施项目提供长期金融支持，以弥补在项目运营过程中出现的资金缺口；同时，为对 PPP 项目提供短期融资以维持资金链平稳，政府还成立了VGF 适应性缺口补偿基金。从信息公开方面来看，为保证 PPP 项目信息的及时披露与公开，政府成立了 PPP 项目的中央数据库和网站，向邦政府和公众传达最新的信息，接受社会公众的共同监督，以提高对 PPP 项目的管理效率以及财政资金的利用效率，减少因项目资金使用不到位而积累财政风险的现象。

8.2.2 南非

8.2.2.1 发展历程

非洲各国中，南非地区的特许经营模式发展最为成功，相关立法、管理机构较为完善。为了加强对特许经营项目的管理，1997年南非内阁批准成立了一个跨部门工作小组（即为南非政府设立在财政部，用于管理特许经营各类事项的PPP中心），由它制定一系列的法律法规、文件规定并进行体制改革，为PPP模式的发展与应用创造有利的环境。除管理机构外，南非在法律上一直在规范特许经营项目的管理。在结合国际经验和项目实践过程中的教训基础上，南非政府在国家级、省级、市级层面均有PPP相关的专门法律法规、部门规章以及规范性文件。1999年，南非政府出台了南非第一部PPP法律——《公共财政管理法案》；2000年，南非政府又依据该法制定了关于PPP的《财政部16号准则》，用以规范PPP操作；2007年南非通过了关于省级管理PPP的规定《财政部/省级部门和地方政府服务实现与PPP指南》。经过对于各级层次法律的修正补充，目前南非已经形成一套关于特许经营较为完善的法律体系，为PPP在南非的发展营造了良好的法律环境。作为发展中国家，特许经营项目在南非运行较为成功，其管理经验也值得学习和借鉴。

8.2.2.2 特许经营模式特点

（1）特许经营法律体系完善，相关管理机构独立运行。南非政府专门为特许经营管理制定了法律，在PPP法律指导方面堪称先驱者。其立法涉及国家、省级、市级三个层级，还有部门规章及规范性文件。国家级层面和省级层面的PPP项目适用的法律包括《公共财政管理法案》和《财政部16号准则》，而《市级财政管理法法案》主要用于引导和管理市级层面的PPP项目。在规章政策方面，主要有针对国家、省层面的《公私合作伙伴指南》和《PPP标准化规定》，针对市级地方政府层面的《市级公共服务供应及PPP指引》，此外，政府出台的其他政策文件对特许经营模式的管理也偶有提及补充。

南非关于特许经营项目的管理工作由财政部负责，国家层面在财政部内设有 PPP 中心，协调管理特许经营相关事宜。省级、市级层面也设立相应机构共同承担 PPP 运行管理工作，并向国家立法部门负责。

（2）特许经营模式应用广泛，医疗卫生领域效果显著。南非作为非洲发展中国家的一员，囿于国情，医疗卫生行业一直处于供不应求的状态。由于资金的缺乏和医疗技术的短缺，南非政府作为公共部门，能够提供医疗卫生服务的数量和质量都满足不了当地百姓的需求。为了缓解公立医院资源匮乏、技术短缺、服务供给不足等问题，大部分南非地方政府选择采用特许经营模式，引入民间资本，将公立医院与私立医院以特许经营模式紧密联系起来，共同发展。

8.2.2.3　财政风险管理

在识别阶段，南非对特许经营项目中的关键方面进行详细审查，以评估政府所承担的风险和可以做出的承诺，相关职能部门也被要求进行成本—收益分析。《公共财政管理方案》规定，政府部门应该在一个项目进行最终决策之前，实现对所有主要资本项目的恰当评估。《PPP 手册》规定了有关经济评估信息所应该达到的程度：识别并量化所有现金流所导致的经济影响，以及项目产生的其他影响；对所有投入和产出的影子价格/机会成本进行细致的计算，包括外汇、公共资金边际成本，公共资金机会成本（贴现率），可交易的和非可交易的投入，可交易的和非可交易的产出（包括消费者剩余）等。政府对于评估和筛选项目采取的谨慎手段，可有效控制引入 PPP 导致的财政支出责任，降低财政风险。

在准备阶段，南非对于特许经营项目的管理机构安排：财政部设有 PPP 中心进行统筹规划；省级和市级政府也设立相应机构，共同承担 PPP 管理指导。PPP 中心通过项目可行性研究和分析来为公共机构提供技术支持，以引导 PPP 发展的正确方向；财政部下的资产和债务管理部门会站在政府财政状况、直接承诺和或有债务的视角来对 PPP 项目进行评估，双管齐下，从而达到对于特许经营项目较好的监管效果。

在采购阶段，南非《PPP 手册》对如何进行项目采购阶段的风险监督有明确规定。与社会资本方签订特许项目合同时，《公共财政管理法》规定，由内阁成员提出的所有担保和抵押，都需经过财政部部长的同意和批准。财政部下的资产和债务管理部门有专门针对国有部门信用担保及其或有债务的管理机制。在这一健全的管理机制下，信用层面上的财政风险可以得到合理的控制。

在执行阶段，南非政府对信息披露尤为重视，根据《市政财政管理法案》要求，当一个PPP项目的可行性研究完成后，市政主管会计必须将可行性报告及相关的其他文档提交给国会，供国会作为决策参考；市政当局应该在国会会议商讨该问题之前60天上交PPP项目议案；地方社区以及其他利益相关方可在被邀请后提交对于该PPP项目的意见或异议；将特许经营项目的相关细节披露给社会公众，包括但不限于可行性报告；另外，所有的市政PPP协议都应进行主动披露。社会公众可以通过财政部网站等途径获得代表PPP项目财政特征的信息文件，例如PPP项目类型、PPP协议、财务日期等。

8.2.3 巴西

8.2.3.1 发展历程

在巴西，特许经营模式已经成为建设基础设施项目的常用方式，特许经营项目在改善巴西基础设施方面起到了一定的积极影响，巴西政府也将特许经营模式普遍用于吸引民间资本，提高公共设施投资率。

8.2.3.2 特许经营模式特点

（1）特许经营法律独立，公私双方实现"风险共担利益共享"。由于巴西是联邦制国家，因此PPP法律体系的构成包括联邦层面法律和州层面法律。为引导PPP项目正确的发展方向，联邦层面颁布了《公私合作关系法》；州政府在各自管辖区域内因地制宜，制定适用于各种PPP的法案。联邦的PPP法案对PPP的具体内涵做出了详细说明，统一了在国内实施PPP项目的目标，并就选择合适的社会资本方、组建SPV公司、签订特许经营合同、政府机构在融资阶段的担保方式、落实政府监管职责等一系列贯穿项目全生命周期的 PPP 项目行为作出了明确管理条文，旨在事事有法可依，有据可循。

（2）基本形成"两大领域、三级政府、四类项目"的特许经营格局。"两大领域"指的是 PPP 模式在巴西的分布范围主要集中在基础设施建设与民生工程两大领域，基础设施建设涉及的行业主要有交通、能源等，民生工程涉及的行业主要为医疗卫生、教育文化等。"三级政府"指的是 PPP 项目的发起者有联邦政府、州政府及市政府。"四类项目"指的是 PPP 项目的分类，根据巴西 PPP 法案的规定，巴西的 PPP 模式分为特许经营、基础设施、公共管理与私人发起四类。

（3）政府担保与银行政策性贷款构成特许经营两大支柱。在筛选和发起特许经营项目时，巴西联邦和地方政府将 PPP 项目能够带来的利润作为首要审核标准，并对项目盈利的最低水平给予担保。政府对于不同类别的特许经营项目，采取的担保方式也不同。同时，为了减轻政府的财政压力，维持财政收支平衡，减少项目运营成本，银行会对项目提供适当的政策贷款。

8.2.3.3 财政风险管理

在识别阶段，巴西联邦和地方政府在筛选和发起特许经营项目时，对项目能够带来利润最为看重。因此，项目的可盈利性是政府甄别项目考虑的第一要素。法案规定必须评估某项投资预计可收回的私人企业的资产价值，防止地方政府盲目过度发展 PPP 项目，积累过高的财政风险。

在准备阶段，公共部门发起的所有特许经营项目工程，均须提前将承包方案提交给财政部国库局和参议院进行审核、审批，确保 PPP 项目的合规性。为规范 PPP 项目运行，联邦政府制定了《公私合作关系法》（PPP 法案），该法案明确规定了风险必须在公私合作伙伴之间合理分担，特许经营协议项目运营产生的有效经济利益也应由公私两部门合理共享，充分体现了特许经营模式的本质。在管理机构方面，巴西政府设立了跨部门的 PPP 管理委员会，负责管理联邦的特许经营项目。PPP 管理委员会每年都须将特许经营项目的执行情况总结为报告，递交给国会与审计署进行审议。

在采购阶段，关于政府公共部门进行特许经营模式下的工程招投标和签订工程合同，PPP法案做出了具体的规定。该法案规定特许经营合同价值不能低于两千万雷亚尔；合同应制定一个货币自动调整的条款，必要时不需要公共部门的批准就可以自行启动，及时地应对突发风险；项目合同应事先明确不论是一般还是重大风险均应在公私合作伙伴中合理分担。在合同中需明确风险应对措施与风险共担机制，划分公私双方权责，这样有助于减少合作方矛盾冲突，实现合作效益最大化。

在执行阶段，巴西PPP法案明确规定特许经营项目工程的合同期限不得少于5年也不得多于35年。在融资方面，法案禁止公共部门独立承包特许项目，并限定各级政府在特许项目中的投资额不得超过净财政收入的1%，以避免政府在工程项目中投入的财政资金过多造成财政风险升高；同时，法案规定，社会资本方在工程项目中的投资额一般不得少于30%。对于政府对特许工程项目负有付款义务的，法案明确规定了7种可选择的担保方式。此外，为了降低财政风险，避免社会资本方违约，法案允许公共部门将一定比例的工程款作为保证金扣除，以保证私人部门履行规定的义务。在绩效评价方面，按照特许项目合同中约定的具体目标的完成情况，政府部门根据绩效考核的客观标准，对社会资本方进行绩效考核评价，并根据考核结果相应调整社会资本方的收益情况。

8.2.4 印度尼西亚

8.2.4.1 发展历程

20世纪70年代至90年代，印度尼西亚的年经济增长率高达6%~7%。[①]为了适应经济的快速增长，印度尼西亚邀请私营部门参与到基础设施方面的大规模投资计划中，由此大量公私合作项目在1990年左右被立项。

2005年印度尼西亚颁布"印度尼西亚特许经营法"以促进私人部门的投

---

① 根据世界银行相关资料整理。

资①。2010~2014年印度尼西亚政府进行管理架构改革，进一步完善监督框架。另外，为了解决印度尼西亚国内土地征用政策带来的问题，印度尼西亚政府出台了一系列法规。

8.2.4.2 模式特点

印度尼西亚的PPP模式在东南亚金融危机后，处在重建期，重建中的PPP模式表现出了一些模式形成初期的显著特征。

（1）没有统一管理PPP项目的部门。印度尼西亚尚未建立专门负责PPP项目事务的政府机构或组织，目前PPP相关事宜主要是在政府的投资协调委员会与国家发展规划部门的协助下来推进。

（2）对外商投资审核程序复杂。印度尼西亚一直以来对外商投资持保守态度，外国的投资者如果想要到印度尼西亚投资PPP项目，不仅要遵守印度尼西亚政府的PPP计划，还需要遵照印度尼西亚的外商投资法律来进行申办，而且在申办过程中需要取得大量的许可、批准和证照，还需要外资投资者和当地官僚进行周旋，在完成所有申办过程后，还需要经过印度尼西亚投资协调委员会（BKPM）的最终审批。

（3）PPP项目融资大部分来自国际金融机构。由于目前印度尼西亚国内的银行数量较少，难以为印度尼西亚的大型基础设施PPP项目提供融资，所以印度尼西亚PPP项目的全部，或主要的项目融资都来自国际银行和融资机构，如亚洲开发银行等。

（4）PPP项目集中在基础设施领域。印度尼西亚的PPP模式最初只应用在电力项目中，随着印度尼西亚PPP项目的发展，其PPP项目逐渐涉及交通、道路、水资源、灌溉、饮用水、废水处理等领域。但是印度尼西亚的PPP项目几乎没有离开基础设施建设领域，这与印度尼西亚的经济发展水平是相对符合的。

---

① 裴俊巍，金永祥，甄雅琪. 国际PPP法律政策综述——基于对52国PPP法案的研究 [J]. 中国政府采购，2015（10）：34-36.

8.2.4.3 财政风险管理

尽管印度尼西亚政府在 PPP 发展中还有很多地方不够尽如人意，但是印度尼西亚政府自决定重新启动 PPP 模式以来，一直在不断地推进印度尼西亚的 PPP 改革，创新财政风险管理手段，降低项目全生命周期中的财政风险。

在准备阶段，印度尼西亚政府没有设置统一管理 PPP 项目的机构，但是设有印度尼西亚投资协调委员会（BKPM）和国家发展规划部门（BAPPE-NAS）协助管理。为了向私营部门参与基础设施投资提供更强有力的法律基础，印度尼西亚政府通过了《公私合作伙伴关系（PPP)》第 13 号总统规则①。2011 年底，尤其在项目审核方面，印度尼西亚政府会对从事 PPP 项目工作的官员就 PPP 规章制度和项目的相关特许协议进行培训，要求官员对其有透彻了解。这样促进了项目各参与方在 PPP 运行过程中操作的规范性与合规性，减少因不正当操作造成的财政风险。

在采购阶段，2005 年，印度尼西亚政府制定了新的法规，要求对 PPP 项目进行竞争性招标，即 PPP 项目特许经营者或被许可方的选择必须在竞争的基础上进行，不鼓励主动提出报价。同时，印度尼西亚政府主张开放市场以允许新服务提供商竞争和进入。在合同设计方面，印度尼西亚政府会将各类风险产生时的责任方详细规定在合同中，法律和官僚风险、战争和内乱风险、违反合同风险等被认为是政府的责任，而非政府风险和货币转移风险等被认为是私人部门的责任。

在执行阶段，印度尼西亚政府注重 PPP 项目的审计和监督，将 PPP 透明度视为关键问题。为应对此类透明度问题，印度尼西亚政府在 2010 年采用了《采掘业透明度倡议国际报告标准》，成立了电信监管机构等，保证了 PPP 项目运行的操作规范，减少了因信息不对称等问题导致社会资本向政府索要超额资金，削弱政府财力的现象。为简化项目执行过程中的冲突问题，印度尼西亚政府引入争议解决机制，提高处理冲突事件的效率，避免不必要的资金亏损。在融资方面，印度尼西亚政府建立了一些特殊的计划和机构，为 PPP

---

① Indonesia：An economic masterplan［EB/OL］.（2013 - 06）. https：//search. proquest. com/doc-view/1284605697？accountid = 150587.

项目提供资金支持，其中就包括设立土地基金，根据条例，政府将承担因土地征用成本增加超过特许协议约定价格110%，或总投资成本2%而造成的任何损失。

8.3 公私合作特许经营项目财政风险管理技术的国际经验借鉴

8.3.1 识别阶段

8.3.1.1 物有所值（VFM）论证

在项目筛选和发起时，对项目进行物有所值评估是诸多国家必不可少的流程之一。英国在项目筛选、初始阶段以及运营期都会用到物有所值论证方法，筛选是对任何有可能适合于PFI模式的项目，运用VFM方法做出初步评估；在项目的初始阶段对筛选出的项目再次进行物有所值判断，以识别项目存在的风险；项目运营期也会持续进行VFM的评价，以判断项目有没有较好实现项目初期的预期。加拿大对PPP项目运用VFM评估时，不仅要考虑到价格因素，还要综合考虑质量、投标者业绩、供应方案可靠性、对环境和社会的影响等，从而实现风险从政府部门向社会资本的合理转移，从实质上缓解财政压力、降低财政风险。日本委托专门机构，采用定量和定性结合的方法进行物有所值评价，强调量化、透明，将项目全生命周期各个阶段的风险、价格计算在内，将传统模式下的PSC值同PPP模式下的LCC值加以比较得出VFM指标；当风险难以定量时，根据定性评价综合作为判断PPP项目能否实施的依据。美国的物有所值定性评价首先需要选择合适的指标，继而进行指标评价，指标涉及7个方面17项指标，涵盖法律、公共支持、组织能力、支付能力等多个角度，根据使用者需求赋予指标不同权重，从而对PPP项目进行定性评价。澳大利亚政府依靠物有所值论证在PPP模式与政府建造模式中做出选择，通过 VFM 评价，澳大利亚政府可以直观准确地判断出项目是否适合 PPP 模式，能否实现公共资产与民间资本的有效融合，弥补财政资金空缺，创造预期经济效益。

8.3.1.2　其他筛选评估技术

为了准确测定项目的可行性及潜在风险，各国还采用了其他的评估手段与技术。法国法案规定，PPP 项目的可行性报告中必须包括对项目未来使用率损益状况的预测，保证项目的可盈利性。加拿大引入传统交付模型和另类融资采购法（AFP）到 PPP 项目的评估环节，使得 PPP 项目的量化评估更为准确。澳大利亚将 PPP 项目的事前评估分为两部分：必要性分析与运营模式分析，前者用于判断筛选出的 PPP 项目是否能够满足建设需求，能否让财政资金实现价值；后者用于判断 PPP 项目的运营模式是否可产生预期的社会效益或经济效益。澳大利亚将全面成本—效益分析作为项目立项决策的法定程序，科学地判断项目价值。而日本 PFI 法规定对于预期风险不可控、不符合条件的 PPP 项目，例如 PPP 项目的采购流程不合理、项目需求紧张与 PPP 项目特点不相符、PPP 模式不能节省财政资金、PPP 项目的实施得不到公众的支持等，政府应选择中断处理，避免承受过高财政压力。印度尼西亚政府通过评估项目可行性、项目环境影响、社会经济效益—成本分析、项目风险等判断项目能否达到要求，政府对评估和筛选项目采取的谨慎手段，可有效控制引入 PPP 导致的财政支出责任，降低财政风险。

8.3.2　准备阶段

8.3.2.1　管理架构

为了便于管理和监督 PPP 项目，目前很多国家都会在政府部门设立专门的 PPP 管理机构，负责 PPP 的相关工作。英国政府成立了中央、地方、中央地方交叉的三层六类管理体系：中央建立以 IUK 为核心，包括审计署和 PPP 涉及领域政府部门在内的管理体系；地方由当地政府在权限范围内因地制宜，制定相关 PPP 政策，拥有一定的自主权；中央和地方交叉的管理层主要涉及的部门机构是协助地方政府开展工作的采购管理部门和地方伙伴关系公司。法国的 PPP 中心分为国家、政府部门、地方三个层面，主要负责项目审批等前期工作。加拿大和澳大利亚在联邦和地方政府设有专门的 PPP 管理机构。澳大利亚则有基础设施局负责针对国家范围的 PPP 项目制定相关政策、作出相关决策，并对地方 PPP 的管理机构进行监督。美国没有专门设立管理全国范围 PPP 项目的机构，但各州政府设有 PPP 中心，大多数州设置于交通部门，少数州设置在财政部门。日本成立了专门的政府机构 PFI 推进委员会，并在总理府成立 PFI 推进室。印度政府在经济事务部门成立了 PPP 中心，主要负责协调 PPP 项目运行与开展等工作；同时建立了 Kelkar 委员会对项目运转过程中公共部门和私人部门的行为进行独立监管，促进 PPP 项目的规范管理以及政府职能的贯彻落实。南非财政部设有 PPP 中心进行统筹规划，省级和市级政府也设立相应机构，共同承担 PPP 管理指导；财政部下的资产和债务管理部门会站在政府财政状况、直接承诺和或有债务的视角来对 PPP 项目进行评估，双管齐下，从而达到对特许经营项目较好的监管效果。巴西政府设立了跨部门的 PPP 管理委员会，负责管理联邦的特许经营项目。印度尼西亚政府没有设置专门用于管理 PPP 项目的机构，但设有印度尼西亚投资协调委员会（BKPM）和国家发展规划部门（BAPPENAS）协助管理。

完备的管理体系有利于推动决策制定的科学性，保障项目运行的合理性，促进财政资金得到有效利用。同时也有效减少了项目运营过程中由于公私双方的违规操作、信息不对称、资源浪费、效率低下等问题导致的财政风险，促进了公私部门在项目运营阶段合理分担风险，共同分享收益。

8.3.2.2 风险分担机制

英国的 PPP 项目具有清晰的风险划分。项目的超期完工风险、预算超出风险，以及项目运营中的风险，由私人部门负担。在 PF2 模式下，英国政府在 SPV 公司的股本金比例从 10% 提高到 25%，形成合理分担风险共享利益的机制。加拿大政府引入 PPP 双方补偿机制，当需要将风险由加拿大政府转移至私人部门时，政府会给予私人部门更高的收益，将高收益作为风险转移的交换条件，实现风险和收益的合理配比。澳大利亚政府部门在项目合同签订前，会与私人资本方根据各方从项目中获得的利益，明确双方的责任和应承担的风险，双方达成共识，将风险分配给最有能力承担且能产生最大项目收益的一方。日本相关法律也发布了类似规定。印度尼西亚政府会将各类风险产生时的责任方在合同中详细规定，规定法律和官僚风险、战争和内乱风险、违反合同风险为政府的责任，而非政府风险和货币转移风险等被认为是私人部门的责任。

8.3.2.3　争端解决机制

在英国制定的《PFI 合同规范化第 4 版》中根据发生争议的严重程度，将争议解决机制分为了三种类型：项目各参与方共同探讨解决问题、引入第三方专业人士咨询并吸收建议，以及申请法律介入进行仲裁。同时，明确规定法律手段是最后的解决方式。法国相关法律规定，特许经营合同项目引起的争端，是不可以提起仲裁的，但伙伴关系合同可以用仲裁方式解决。印度尼西亚政府为了简化项目执行过程中的冲突问题，引入了争议解决机制，提高了处理冲突事件的效率。

8.3.3　采购阶段

8.3.3.1　社会资本方的选择

英国和加拿大都引入了竞争机制，实现了风险和收益的合理分配，优化了 PPP 项目的风险配置。在为 PPP 项目选择优秀的社会资本方合作时，为了准确判断不同报价反映的项目风险，英国政府比较了考虑变量的 PFI 值与未考虑变量的数值，加拿大政府将全球社会资本引入本国 PPP 市场进行竞争。另外，在项目实施之前，加拿大政府会公开征集意向参与者及意向书，组建专业的项目运营团队以顺利推进 PPP 项目进程。法国和印度尼西亚政府都会采用竞争性招标的政府采购方式为 PPP 项目选择优秀的社会合作方，并与之签订相关合同协议。日本 PPP 项目的采购方式主要以公开招标和邀请招标为主，确保采购过程的竞争性和公开性。

8.3.3.2 项目公司（SPV）的组建

目前，大多数国家的政府部门在当地特许项目中扮演的角色，仍是项目的主要发起者或实施者。在英国 PPP 模式下，政府是 PFI 项目的主要项目实施者，且因为 PF2 模式的改革使得政府在特殊项目公司的持股比例增加，拥有的权利与需要承担的责任、风险也随之增加。法国政府部门在大部分 SPV 公司中持有多数股份，只有极小部分的公司由社会资本方主导管理。日本的 PFI 项目也主要由地方政府推动，大约 75% 的项目是由地方政府执行。

8.3.3.3 特许经营合同的签订

由于 PPP 项目具有建设周期长，不可控风险大的特点，为控制财政风险，法国、加拿大、印度尼西亚政府都会要求在合同中明确双方应承担的各类风险与责任。此外，合同各方也可在涉及合同具体条款时，标明对于可能发生的不确定状况，未来可通过协商和谈判的方式解决。澳大利亚政府发布了适用于社会基础设施和经济基础设施标准合同范本，会在订立合同前，明确公私部门的角色和责任。在将具体条款落实到合同之前，项目各参与方要对应承担的风险与责任进行明确划分，保证权责合理分配，并在合同中进行说明。合同法对于合同参与方的违约情况有相应的处置办法：如果企业违约，企业信誉度则会降低，同时会失去参与其他合作项目的权利；如果政府违约，公众可通过投票来对当局管理人员提出反对意见。南非的 PPP 法案还明确规定了特许经营合同价值不能低于两千万雷亚尔；合同应制定一个货币自动调整的条款，必要时不需要公共部门的批准就可以自行启动，及时地应对突发风险等细节条款。

8.3.4 执行阶段

8.3.4.1 定价方式

各国采用了不同的定价理念和模型对 PPP 价格进行调整。英国政府运用动态调价机制，根据项目类别采取不同的定价机制，并为不同的机制设计了不同的操作流程，一旦项目所处环境发生实质改变，就可运用这一机制对价格进行动态调整。法国将收支平衡管制模型引入价格制定，政府可根据收支平衡原则，结合项目所处经济形势，管控价格水平，以保持项目的收支平衡。日本用投资回报率管制模型来评估 PPP 项目的过程并进行定价，该方法首先会为企业确定一个合理回报率作为企业在某一特定时期内定价的依据，然后再根据其投入资本，来确定合理报酬额。日本根据"成本加成定价"的定价理念，采用总成本原则定价方法对 PPP 项目进行价格规制。

8.3.4.2 付费方式

各国根据当地 PPP 模式的发展类型采用不同的付费方式。部分国家的 PPP 项目以政府付费为主要付费形式。英国由于社会制度的原因，主要是政府为全民提供医疗和教育等公共服务。日本政府更倾向于购买服务型的付费方式。而像法国一样推广特许经营项目较多的国家，PPP 项目以使用者付费为主。在采用可行性缺口补助和政府付费方式的 PPP 项目中，社会资本有可能会为取得超额利润而向政府索取过高报酬，削弱政府财力，变相增加财政负担，因此在项目的运营过程中应保证监管力度，严格保障项目质量，及时调整不合理价格，避免积累较高财政风险。

8.3.4.3 融资担保机制

英国政府为了确保 PPP 项目的成功落实，对 PPP 项目进行了担保；成立了养老金投资平台；政府以小股东参股到项目公司中便于私人部门获得较为长期的债务，有利于增加保险公司投资公共基础设施建设的意愿和机会。法国政府推广了传统项目债务融资、股权融资、Dailly 转让机制、租赁等多种形式的 PPP 项目融资机制，并出台了相关支持的制度政策，如"国家担保制度""储备资金制度"、资产证券化资助计划、国家保障方案等。加拿大联邦政府建立多项专项基金为 PPP 项目提供无偿补助、有偿补助、贷款和贷款担保等资金支持方式，例如加拿大建筑基金与全国口岸基金，最高可支持某一PPP 项目 50% 的开发费用和 25% 的成本费用，为 PPP 项目的运营提供资金支持资本市场融资；为了便于 PPP 项目筹集资金，加拿大政府还专门为创造一类金融市场供 PPP 项目进行融资融券。日本政府和民间机构各出资 100 亿日元成立了日本民间资金活用推进有限公司（PFIPC），为使用者付费型 PPP 项目给予金融支持。美国主要推广了私人活动债券、《交通设施金融和创新法案》信贷计划、《水设施金融和创新法案》信贷计划三类融资工具。印度政府成立了政府全资的印度基础设施金融有限公司（IIFCL）和 VGF 适应性缺口补偿基金，来对符合条件的 PPP 项目提供金融支持。南非政府成立了 PPP 管理项目开发基金，为 PPP 项目提供服务。巴西政府对不同类型项目按规定提供担保措施，巴西经济社会发展银行（BNDES）向特许经营项目提供政策性贷款。印度尼西亚政府成立了土地基金和印度尼西亚基础设施担保基金，为私人部门提供资金补偿，并设有国际金融机构参与组建的印度尼西亚基础设施融资公司（IIF）为合格项目提供融资；确保项目合格后政府也会为项目提供担保机制，降低项目风险。

8.3.4.4　财政扶持政策

为降低 PPP 项目的运营成本，各国政府出台了财政补贴、税收优惠等财政扶持政策以支持项目的开展。财政扶持政策实际上增加了财政支出或减少了财政收入，削弱了政府财力。如何掌握财政扶持力度，使得 PPP 项目产生的效益可以弥补财力的流失是降低财政风险的关键。在项目建设期，法国政府会将财政资金限额直接拨付给社会资本，因此当项目进入运营期时政府便不会再对项目的资金缺口给予补助。印度尼西亚政府会通过为项目提供运营补贴，或某些实体设施的方式对 PPP 项目提供直接支持，还会采取税收激励和可行性缺口补贴等措施，对基础设施 PPP 项目提供成本支持。

8.3.4.5　绩效评价

绩效评价环节对于鼓励社会资本提高项目运营效率与质量尤为重要，其有效保障了投入 PPP 项目的财政资金的使用效益，减轻财政负担。英国的《标准化 PF2 合同》明确规定，政府和承包人每年要评审 PPP 合同绩效和 PPP 项目效率，主要通过两项制度完成，即绩效监控和支付机制；同时，英

国环境部还制定了 KPI 绩效评价体系，项目能否合格、能否达到预期决定了
英国政府是否会支付款项。在法国，对于政府付费形式的 CP 项目，如果社
会资本无法实现合同约定的项目质量或成本收益值，政府可以选择延迟付费。
加拿大的 PPP 规范条文《加拿大战略性基础设施基金法》规定，PPP 项目的
确定与评估应清晰梳理项目目标，关注项目预期产出。澳大利亚合同法规定，
合同双方必须履行合同条款，在法律层面保障了 PPP 项目合同的履约情况，
督促社会资本按照合同约定保障 PPP 项目质量；社会资本一旦违约，将失去
良好声誉与后续参与机会，此举加大了企业违约的机会成本，督促其履行项
目合同，有效保障了投入 PPP 项目的财政资金的使用效益，降低财政风险。

8.3.4.6　信息公开机制

英国政府一直在不断完善 PPP 项目的信息公开机制，通过在项目公司增
加监督人员等方式，对社会资本方的行为进行全方位监督，将 PPP 项目的审
批流程公之于众，使企业对项目有更大的确定性，并将私人资本的预期和实
际净资产收益率、政府持有公众股的所有项目的年度报告、项目资金使用情
况和项目负债等财务信息，以及项目的审批信息公开在财政部网站上，这样
一来包括政府部门、私人资本、社会公众等诸多利益相关者，都可以有途径
来获取 PPP 项目相关的财政信息。澳大利亚也会采用类似的披露行为来加大
信息公开力度，有利于社会各界对 PPP 项目的监督。加拿大 PPP 国家委员会
每年会征集民众对所在社区 PPP 公共设施项目的使用过程中的态度和意见，
作为 PPP 执行过程中的重要指标，实现对项目执行过程的反馈调整，并引入
公众进入项目建设中，更直接地参与到城市公共事业的标准、基础设施收费
以及确立税收形式等事项中。

为了保证 PPP 项目信息的及时披露与公开，印度政府成立了 PPP 项目的
中央数据库和网站，向邦政府和公众传达最新的信息。南非政府制定的《市
政财政管理法案》要求，特许项目的可行性研究报告，以及所有的市政 PPP
协议都应主动披露，保证社会各界可以通过财政部网站等途径，获得代表
PPP 项目财政特征的信息文件，例如 PPP 项目类型、PPP 协议等。此外，《国
际会计准则第 37 号 – 准备、或有债务和或有资产》规定与 PPP 有关的资产

债务，应包含于政府的资产负债表中。巴西政府在信息公开方面采取的措施尚不完备，相关法律法规并没有明确规定，将地方政府所承担的所有负债披露在资产负债表中，特许项目给地方政府带来的隐性（或有）负债也得不到完全的公开。印度尼西亚政府在 2010 年第 26 号总统条例中采用了《采掘业透明度倡议国际报告标准》，并成立了电信监管机构等，保证了 PPP 项目在部分行业的信息透明度。

8.3.5 移交阶段

各国分别通过严格把关 PPP 项目的移交质量、提高社会的违约成本等手段，来管控财政风险。英国政府在项目移交时运用物有所值评价方法对项目的完成情况进行价值评估，政府部门对已经完成的项目进行价值评估，判断其完成后产出的价值是否与预期相同。法国政府对于项目完成的时间和项目质量要求十分严格，如果项目公司发生延误项目等违约行为，将被要求给予政府部门高额赔偿。加拿大政府也同样规定，只有完成的 PPP 项目的质量，或者提供的服务符合特许经营合同中约定的标准，政府才会同社会资本办理移交手续，支付给其相应的费用。

参 考 文 献

［1］财政部政府和社会资本合作中心.国外 PPP 案例选编［M］.北京：中国商务出版社，2014.

［2］财政部政府和社会资本合作中心，E20 环境平台.PPP 示范项目案例选编——水务行业（第二辑）［M］.北京：经济科学出版社，2017.

［3］财政部政府和社会资本合作中心，中共中央党校新型城镇化课题组，北京方程达咨询有限公司.PPP 示范项目案例选编——城镇综合开发（第三辑）［M］.北京：经济科学出版社，2017.

［4］财政部政府和社会资本合作中心.PPP 模式的融资问题研究［M］.北京：经济科学出版社，2017.

［5］达霖·格里姆赛，莫文·K·刘易斯.PPP 革命：公共服务中的政府和社会资本合作［M］.济邦咨询公司，译，北京：中国人民大学出版社 2016.

［6］丁伯康.PPP 模式的运用与典型案例分析［M］.北京：经济日报出版社，2017.

［7］马海涛，温来成.政府与社会资本合作（PPP）前沿问题研究［M］.北京：中国财政经济出版社，2017.

［8］欧亚 PPP 联络网.欧亚基础设施建设公私合作（PPP）案例分析［M］.王守清，译，沈阳：辽宁科学技术出版社，2010.

［9］世界银行.政府和社会资本合作（PPP）参考指南（第三版）［M］.北京明树数据科技有限公司，译，北京：中国电力出版社，2018.

［10］世界银行集团，PPP 基础设施咨询基金，全球基础设施基金.PPP 合同条款指南（2017 版）［M］.财政部政府和社会资本合作中心，译，北

京：经济科学出版社，2017.

[11] 王天义，刘世坚，罗桂连，邬彩霞. PPP从理论到实践 [M]. 北京：中信出版集团，2018.

[12] 薄涛. 政府与社会资本合作（PPP）财政风险监管问题研究 [J]. 现代商业，2018（4）：115-116.

[13] 鲍程亮，苏苑萍. PPP项目社会资本退出路径探讨 [J]. 交通财会，2017（10）：10-14.

[14] 陈锦涛，朱久霞. PPP模式盘活基础设施存量资产研究 [J]. 辽宁经济，2018（6）：36-37.

[15] 陈少强. 完善PPP财政风险管理研究——基于流量管理和存量管理相结合的视角 [J]. 中央财经大学学报，2018（12）：3-13.

[16] 陈志敏，张明，司丹. 中国的PPP实践：发展、模式、困境与出路 [J]. 国际经济评论，2015（4）：68-84，5.

[17] 崔予贞，马艳花. 基于多层模糊综合评判的PPP项目移交研究 [J]. 山西建筑，2012，38（9）：259-260.

[18] 樊轶侠. 警惕PPP项目中蕴藏的财政风险 [J]. 经济研究参考，2016（30）：17-18.

[19] 高萍，郑植. PPP项目税收政策研究——基于PPP模式全生命周期税收影响的分析 [J]. 中央财经大学学报，2018（12）：14-24.

[20] 高雨萌，王守清，冯珂. 印度德里机场快线PPP项目的失败原因与启示 [J]. 建筑经济，2017，38（6）：27-31.

[21] 郭建华. 我国政府与社会资本合作模式（PPP）有关税收问题研究 [J]. 财政研究，2016（3）：77-90.

[22] 韩喜艳，刘伟. 基于KPI方法的公私合营（PPP）项目绩效综合评价研究 [J]. 建筑经济，2019，40（1）：45-50.

[23] 侯红林. 关于巴西基础设施领域PPP模式的初步探索 [J]. 低碳世界，2017（5）：237-238.

[24] 胡振. 公私合作项目范式选择研究——以日本案例为研究对象 [J]. 公共管理学报，2010，7（3）：113-121，128.

［25］黄腾，柯永建，李湛湛，王守清．中外 PPP 模式的政府管理比较分析［J］．项目管理技术，2009（1）：9－13.

［26］黄正华，郑伊．印度 PPP 发展概述——基于第二届亚洲 PPP 治理论坛暨第三届公共采购国际论坛会议综述［J］．中国政府采购，2017（2）：54－61.

［27］贾康，孙洁．公私合作伙伴关系（PPP）的概念、起源与功能［J］．中国政府采购，2014（6）：12－21.

［28］姜宏青，徐晶．PPP 项目物有所值定性评价国际经验及启示［J］．地方财政研究，2018（6）：105－112.

［29］蒋涌．法国政府和社会资本合作模式的发展及其借鉴意义［J］．法国研究，2016（1）：1－6.

［30］景婉博．PPP 模式的日本经验及启示［J］．中国财政，2017（2）：66－67.

［31］柯永建，王守清，陈炳泉．私营资本参与基础设施 PPP 项目的政府激励措施［J］．清华大学学报（自然科学版），2009，49（9）：1480－1483.

［32］黎昭，温来成，庄佳强，刘合定，尹情．PPP 新政：从热度到理性的回归［J］．财政监督，2018（1）：32－40.

［33］李刚．BOT 融资模式移交阶段风险分析［J］．合作经济与科技，2011（12）：60－61.

［34］李鲁波．城市基础设施 PPP 模式移交阶段风险度量［J］．辽宁经济，2018（8）：34－35.

［35］李明哲．国外 PPP 发展动态述评［J］．建筑经济，2014（1）：5－8.

［36］李香峰．PPP 项目中政府向社会资本或项目公司移交资产的方式研究［J］．法制与社会，2018（23）：75－76.

［37］李秀辉，张世英．PPP：一种新型的项目融资方式［J］．中国软科学，2002（2）：52－55.

［38］李艳天，李林林．英、法两国 PPP 法律规制的比较分析［J］．法制与社会，2018（28）：74－75.

[39] 李志贤. 浅析 PPP 模式财政风险管理 [J]. 中国市场, 2017 (15)：28, 32.

[40] 梁慕宇. 浅述 PPP 项目融资在国内外的发展 [J]. 山东工业技术, 2018 (19)：235, 181.

[41] 林俊. 美国 PPP 发展经验及启示 [J]. 财会月刊, 2017 (30)：75 - 79.

[42] 刘穷志, 任静. 中国 PPP 模式政府监管制度设计 [J]. 财政监督, 2016 (6)：41 - 44.

[43] 刘薇. PPP 模式理论阐释及其现实例证 [J]. 改革, 2015 (1)：78 - 89.

[44] 刘晓凯, 张明. 全球视角下的 PPP：内涵、模式、实践与问题 [J]. 国际经济评论, 2015 (4)：53 - 67, 5.

[45] 刘烨. 详解 PPP 项目中的资产移交问题 [J]. 首席财务官, 2017 (3)：64 - 67.

[46] 刘勇, 肖矞, 许叶林. 基础设施 PPP 项目评价与立项决策的再思考——基于 PPP 模式的国际实践经验 [J]. 科技管理研究, 2015, 35 (8)：185 - 190.

[47] 鲁心逸. 印度 PPP 基建项目审计及借鉴 [J]. 审计研究, 2015 (4)：55 - 59.

[48] 吕汉阳, 徐静冉. PPP 项目操作流程与运作要点之项目移交篇 [J]. 中国政府采购, 2016 (3)：58 - 59.

[49] 马恩涛, 李鑫. PPP 政府债务风险管理：国际经验与启示 [J]. 当代财经, 2017 (7)：24 - 34.

[50] 马国彩, 文俊. 资产评估对 PPP 项目的助推作用 [J]. 中国资产评估, 2015 (12)：34 - 36.

[51] 孟惊雷, 修国义. PPP 模式下项目移交的会计核算研究 [J]. 会计之友, 2018 (10)：92 - 95.

[52] 缪小林, 程李娜. PPP 防范我国地方政府债务风险的逻辑与思考——从 "行为牺牲效率" 到 "机制找回效率" [J]. 财政研究, 2015 (8)：

68 – 75.

［53］聂颖. PPP 模式下地方政府债务风险的防范与化解研究［J］. 辽宁经济, 2018（10）: 18 – 19.

［54］欧纯智, 贾康. 西班牙—法国跨境高铁 PPP 项目失败的教训与启示——基于 PPP 模式发展公用事业的风险分析［J］. 当代财经, 2018（10）: 24 – 32.

［55］裴俊巍, 曾志敏. 地方自主与中央主导: 国外 PPP 监管模式研究［J］. 中国行政管理, 2017（3）: 151 – 156.

［56］裴俊巍, 金永祥, 甄雅琪. 国际 PPP 法律政策综述——基于对 52 国 PPP 法案的研究［J］. 中国政府采购, 2015（10）: 34 – 36.

［57］裴俊巍, 王洁. 法国 PPP 中的伙伴关系合同［J］. 中国政府采购, 2016（7）: 38 – 41.

［58］亓霞, 柯永建, 王守清. 基于案例的中国 PPP 项目的主要风险因素分析［J］. 中国软科学, 2009（5）: 107 – 113.

［59］邵文娉. 对国有企业作为社会资本参与 PPP 的几点思考［J］. 财政监督, 2018（16）: 84 – 88.

［60］深圳市外经贸局课题组. 我国 BOT 项目到期"转让"存在的问题及对策［J］. 开放导报, 2003（7）: 44 – 45.

［61］沈梦溪. 印度 PPP 模式下的外国投资发展路径及启示［J］. 国际经济合作, 2016（8）: 28 – 33.

［62］宋樊君, 温来成. 我国 PPP 法律制度建设的现状、问题及对策［J］. 税收经济研究, 2017, 22（1）: 87 – 95.

［63］宋金波, 常静, 靳璐璐. BOT 项目提前终止关键影响因素——基于多案例的研究［J］. 管理案例研究与评论, 2014, 7（1）: 86 – 95.

［64］孙继斌. 我国 PPP 模式发展的现状、问题与对策［J］. 传播力研究, 2018, 2（12）: 187, 189.

［65］谭鑫, 马子红, 郑丽楠. 国内外公共项目公私合作模式的理论述评［J］. 广东行政学院学报, 2016, 28（2）: 93 – 100.

［66］王宝华. 政府与社会资本合作（PPP）财政风险监管问题研究［J］.

新经济, 2016 (18): 17.

[67] 王广起, 贾秀兰. BOT 投融资模式的风险管理 [J]. 中国给水排水, 2005 (9): 85-88.

[68] 王皓良. PPP 资产持有主体及其处置需求浅析 [J]. 中国工程咨询, 2018 (9): 57-59.

[69] 王灏. 加快 PPP 模式的研究与应用 推动轨道交通市场化进程 [J]. 宏观经济研究, 2004 (1): 47-49.

[70] 王佳. 财政风险视角下 PPP 模式的规范发展 [J]. 地方财政研究, 2018 (8): 33-37.

[71] 王洁. 伦敦地铁 PPP 项目对中国 PPP 发展的借鉴 [J]. 中国商论, 2018 (7): 71-72.

[72] 王金荣. BOT 项目公司项目价值评估 [J]. 工业技术经济, 2009, 28 (7): 32-34.

[73] 王唯, 杜军功. PPP 项目移交阶段的风险应对 [J]. 中国经贸导刊, 2016 (35): 59-61.

[74] 王玺, 夏强. 政府与社会资本合作 (PPP) 财政承诺管理研究——以青岛地铁 X 号线 PPP 项目为例 [J]. 财政研究, 2016 (9): 64-75, 29.

[75] 温来成, 郭莹莹. PPP 项目的政府预算管理问题研究 [J]. 经济研究参考, 2016 (31): 38-44.

[76] 温来成, 刘洪芳, 彭羽. 政府与社会资本合作 (PPP) 财政风险监管问题研究 [J]. 中央财经大学学报, 2015 (12): 3-8.

[77] 温来成, 孟巍. PPP 项目合同管理及其财政风险监管政策研究 [J]. 财政监督, 2016 (15): 5-8.

[78] 温来成, 孟巍. 政府和社会资本合作 (PPP) 项目预算管理及风险控制 [J]. 河北大学学报 (哲学社会科学版), 2017, 42 (6): 78-85.

[79] 温来成, 王涛. PPP 特许经营项目税收支持政策的建议 [J]. 经济研究参考, 2016 (71): 13.

[80] 温来成. 公私合作 (PPP) 中地方政府诚信监管问题研究 [J]. 甘肃理论学刊, 2016 (1): 145-150.

[81] 温来成. 现阶段我国 PPP 模式推广中的几个关键问题分析 [J]. 会计之友, 2016 (6): 2-7.

[82] 温来成. 有效管控 PPP 模式的财政风险 [J]. 财会研究, 2015 (3): 1.

[83] 温云涛. PPP 模式中以财务报告为目的的资产评估业务探讨 [J]. 中国资产评估, 2016 (2): 12-21, 1.

[84] 吴洪樾, 袁竞峰, 杜静. 国际 PPP 项目物有所值定性评价及对我国的启示 [J]. 建筑经济, 2017, 38 (3): 38-42.

[85] 吴孝灵, 周晶, 彭以忱, 段庆康. 基于公私博弈的 PPP 项目政府补偿机制研究 [J]. 中国管理科学, 2013, 21 (S1): 198-204.

[86] 肖文星. 国外 PPP 模式的发展概况及对我国的启示 [J]. 经贸实践, 2018 (7): 11-12.

[87] 谢文泽. 巴西特许经营模式与中巴基础设施合作 [J]. 国际经济合作, 2016 (6): 69-72.

[88] 闫竹, 赵伟欣, 陈志敏. 日本 PPP 发展中政府的作用及对我国的启示 [J]. 现代管理科学, 2017 (7): 118-120.

[89] 严卓华, 辜浩诚, 钟雨洁, 姚宇航. PPP 项目社会资本退出机制研究 [J]. 中国市场, 2019 (5): 44, 46.

[90] 杨高升, 李吉俊. 政府视角下的 BOT 项目提前回购条款的设计研究 [J]. 项目管理技术, 2013, 11 (7): 47-51.

[91] 杨屾. 关于在 PPP 模式下开展评估工作的若干思考 [J]. 中小企业管理与科技 (中旬刊), 2018 (3): 124-125.

[92] 于玲. 混合所有制 PPP 范式: 国有资本治理与公共财政创新的协同变革 [J]. 地方财政研究, 2016 (4): 23-27.

[93] 于雯杰. 国外 PPP 产生与发展概述 [J]. 经济研究参考, 2016 (15): 45-49.

[94] 于洋, 简迎辉. 基于实物期权的 PPP 项目非正常移交决策研究 [J]. 经济研究导刊, 2018 (4): 101-104, 120.

[95] 郁书超. 英国防务项目 PPP 案例分析 [J]. 中国商论, 2017

(18)：78-80.

[96] 张磊. 拉美地区 PPP 发展环境评析 [J]. 国际工程与劳务，2015
(10)：24-26.

[97] 张璐晶. 伦敦地铁：英国 PPP 典范的困扰 [J]. 中国经济周刊，
2018（42）：74-75.

[98] 张玮. 污水处理特许经营资产管理的研究与分析 [J]. 中小企业管
理与科技（中旬刊），2014（7）：56.

[99] 章国美，彭轶群. 保障房 PPP 项目的风险分担机制研究 [J]. 中国
房地产，2018（24）：62-67.

[100] 赵静，常非凡. PPP 模式在世界主要国家的实践及可持续性分析
[J]. 宏观经济管理，2018（6）：76-83.

[101] 周涵婷. 浅析法国 Dailly 机制对我国融资模式的启示 [J]. 法制
与经济（中旬），2013（1）：87-88.

[102] 周好甲. PPP 发展的国际经验 [J]. 中国金融，2016（4）：79-
81.

[103] 周翔. PPP 项目风险分担与管理的国际经验借鉴与启示 [J]. 金
融纵横，2016（3）：31-38.

[104] 朱晓龙. 法国公私合作模式（PPP）及经验启示 [J]. 经济研究
参考，2017（47）：80-83.

[105] 王志芳. BOT 项目融资的风险分析 [J]. 时代金融，2007（4）：
39-40.

[106] 马晓晨. PPP 模式中公共服务项目法律规制问题研究 [D]. 天津：
天津大学，2017.

[107] 苗菁. PPP 项目全生命周期政府寻租行为规制研究 [D]. 天津：
天津理工大学，2018.

[108] 孙巍. 城市基础工程 PPP 项目残值风险的研究和控制 [D]. 淮
南：安徽理工大学，2018.

[109] 滕铁岚. 基础设施 PPP 项目残值风险的动态调控、优化及仿真研
究 [D]. 南京：东南大学，2016.

［110］王佩．基础设施BOT项目特许经营期决策研究［D］.大连：东北财经大学，2016．

［111］王晓腾．我国基础设施公私合作制研究［D］.北京：财政部财政科学研究所，2015．

［112］王悦．PPP模式对地方政府财政可持续性的效应研究［D］.北京：首都经济贸易大学，2017．

［113］吴昺兵．国有法人资本在政府和社会资本合作（PPP）项目中的风险管理研究［D］.北京：中国财政科学研究院，2017．

［114］吴迪．基于风险合理分担的轨道交通PPP项目合同设计研究［D］.南京：东南大学，2017．

［115］胥杰．PPP项目全生命周期质量监管研究［D］.重庆：重庆大学，2015．

［116］徐东升．污水处理特许经营资产管理研究［D］.天津：天津大学，2006．

［117］闫伟全．基础设施BOT项目收益分配激励机制研究［D］.成都：西南交通大学，2016．

［118］杨晨辰．PPP项目移交阶段投资者承诺升级研究［D］.成都：西南交通大学，2016．

［119］孟春．法西铁路PPP项目对跨国铁路建设的启示［N］.中国经济时报，2014 - 07 - 10．

［120］王荆杰．全球PPP模式的发展与风险分析［N］.期货日报，2015 - 05 - 26（3）．

［121］温来成．财政风险，须在PPP项目"全生命周期"内严密防范［N］.中国财经报，2017 - 08 - 24（5）．

［122］丁静．政采PPP应重点关注三大问题［EB/OL］.（2019 - 10 - 21）.http：//www. caigou2003. com/ll/zjgd/4539605. html．

［123］王镜榕．国家发改委派员参加联合国会议助力欧亚"一带一路"沿线国家推广PPP模式［EB/OL］.（2018 - 11 - 22）.https：//www. zhong-hongwang. com/show - 254 - 116099 - 1. html．

[124] 谢玮. 国办 52 号文立"新规": 哪些城市将无缘新建地铁 [EB/OL]. (2018 - 07 - 24). http: //finance. people. com. cn/n1/2018/0724/c1004 - 30165565. html.

[125] Arshad AliJAVED, Patrick T. I. Lam, Albert P. C. Chan. A model framework of output specifications for hospital PPP/PFI projects [J/OL]. Facilities, 2013, 31: 610 - 633 (2013 - 10 - 18). https: //doi. org/10. 1108/f - 02 - 2012 - 0014.

[126] Burger P, Hawkesworth I. How to attain value for money: comparing PPP and traditional infrastructure public procurement [J]. OECD Journal on Budgeting, 2011, 11 (1): 4.

[127] Campagnac Elisabeth, Deffontaines Géry. Une analyse socio-économique critique des PPP [J]. Revue d'économie industrielle, 2012 (4): 45 - 79.

[128] Chua, David Kim Huat, Yue - Choong Kog, and Ping Kit Loh. Critical Success Factors for Different Project Objectives [J]. Journal of Construction Engineering and Management, 1999, 3: 145.

[129] Cuttaree, Vickram, and X. Cledan Mandri - Perrott. Public private partnerships in Europe and Central Asia: designing crisis - resilient strategie sand-bankable projects [M]. Washington: World Bank Publications, 2011.

[130] Darrin Grimsey, Mervyn K Lewis. Are Public Private Partnerships value for money? Evaluating alternative approaches and comparing academic and practitioner views [J]. Accounting Forum, 2005, 29 (4): 345 - 378.

[131] Decreased supply drives record-low canadian PPP yields [EB/OL]. (2012 - 12). https: //search. proquest. com/docview/1282141 169? accountid = 150587.

[132] Farquharson E, Clemencia T D M, Yescombe E R, et al. How to engage with the private sector in Public - Private Partnerships in emerging markets [M]. Washington: World Bank Publications, 2011.

[133] Federal Highway Administration. Office of Innovative Program Delivery. P3 - Screen supporting guide [Z]. USA, 2013.

［134］Federal Highway Administration. Value for Money assessment for Public – Private Partnerships ［Z］. USA, 2012.

［135］Indonesia: An economic masterplan ［EB/OL］.（2013 – 06）. https: //search. proquest. com/docview/1284605697? accountid = 150587.

［136］Kumaraswamy, Mohan, Ling, Florence, Wilson, et al. A review of Australian PPP governancestructures ［J］. Journal of Financial Management of Property and Construction, 2010, 15（3）: 198 – 215.

［137］LCDR Patrick Jankowski, LT Matthew Lehmann, LT Michael P. McGee. Financing the DOD Acquisition Budget: innovative Uses of Public – Private Partnerships ［J］. Thes is Collection, 2006（6）.

［138］Le Lannier Aude, Porcher Simon. Gestion Publique ou Privée ? Un benchmarking des services d'eau en France ［J］. Revue d'économie industrielle, 2012（4）: 19 – 44.

［139］Quium, A. A Guide book on Public – Private Partnership in Infrastructure ［M］. Bangkok: UN – ESCAP, 2011.

［140］Raisbeck, P. , Duffleld, C. , & Xu, M. Comparative performance of PPP's and traditional procurement in Australia ［J/OL］. Construction Management and Economics, 2010, 28（4）: 345. https: //search. proquest. com/docview/213191123? accountid = 150587.

［141］Saussier, Stéphane. Introduction. "Partenariats public privé et performances des services publics" ［J］. Revue d'économie industrielle, 2012（4）: 11 – 18.

［142］Shrestha A. , Chan T. K. , Aibinu A. A. , Chen C. . Efficient Risk Transfer in PPP Wastewater Treatment Projects ［J］. Utilities Policy, 2017, 48（10）: 132 – 140.

［143］Siemiatycki, M. Delivering transportation infrastructure through public-private partnerships. American Planning Association ［J/OL］. Journal of the American Planning Association, 2010, 76（1）, 43 – 58. https: //search. proquest. com/docview/229630752? accountid = 150587.

［144］The current catalysts for US PPP development ［EB/OL］. （2011 – 10）. https：//search. proquest. com/docview/904358190? accountid = 150587.

［145］Tsamboulas, D, Verma, A, & Moraiti, P. Transport infrastructure-provision and operations：Why should governments choose private-public partner-ship? ［J］. Research in Transportation Economics, 2013, 38 （1）: 122 – 127.

后　记

　　这本书是本人承担的国家社科基金项目《公私合作特许经营项目全生命周期财政风险监管技术研究》成果的一个缩减本，基本上反映了课题研究的主要架构和核心观点。从课题的申报到结项，再到本书的出版，中间经历了7、8年的时间，随着政府与社会资本合作模式（PPP）在我国的实践，以及理论研究水平的提升，我和课题组对公私合作特许经营项目财政风险监控技术研究的认识也经历了一个不断深化的过程。

　　从课题研究的内容看，实际上公私合作特许经营项目是广义PPP项目的一种。从PPP模式在我国的发展看，改革开放初期，我国就从BOT等项目开始，探索PPP模式的发展，但过程较为曲折和缓慢，到2014年后，在财政部和国家发改委的强力推动下，PPP项目获得爆发式增长，在2017年清理整顿以前，财政部和国家发改委项目库的项目有1万多个，计划投资额达到20万亿元以上。然而，过快的增长速度也产生了很多问题，诸如将PPP项目作为融资的工具，为地方经济增长目标服务，甚至成为地方官员的政绩工程；PPP项目过多，管理不规范，有些地方的发展超越了地方财政承受能力，甚至产生了地方政府隐性债务；PPP项目管理政出多门，政策指南和制度规范不统一，法制建设滞后，大大增加了PPP项目建设和运营的风险，等等。在2017年以后，经过多次的清库整顿，PPP项目逐步走上恢复、规范发展的道路。从PPP模式国内外的实践分析，PPP模式是公共服务生产和供给的模式之一，既有明显的优势，也存在不足和风险，不能泛化，PPP项目建设和运营一哄而起，一哄而下，则必然会带来更多的混乱和风险，甚至动摇人们对这一模式优势的认识。

　　从包括公私合作特许经营项目这类的PPP模式发展而言，在我国经济社会发展中，还应有更广阔的发展空间。在我国中国特色社会主义市场经济体制下，公有制经济、民营经济等多种经济成分长期共存。中央也一直在强调"两个毫不动摇"的政策，即毫不动摇巩固和发展公有制经济，毫不动摇鼓励、支持、引导非公有制经济发展。在此基本经济制度下，政府和私人资本合作为社会提供某些领域的公共服务就成为了一种必然的选择，尽管目前PPP模式发展还存在着各种各样的困难和问题。通过公私合作方式提供公共物品服务，充分发挥公共部门和私人部门各自的优势，提高公共服务的质量和效率，是提高我国经济社会发展的内在活力、创造力的重要途径之一。因此，我国应该毫不动摇地推动这一模式规范发展、行稳致远。这也是我们完成这一课题后的基本想法，希望对这一领域的实践和学术研究有所推动。

本书的出版，要感谢中央财经大学科研处的大力支持，感谢经济科学出版社王娟编辑的辛勤劳动，感谢课题组老师和同学们的共同努力。

温来成

2023 年 9 月 1 日